언론자유와 사회윤리

나남
nanam

나남신서 1477

언론자유와 사회윤리

2010년 5월 1일 발행
2010년 5월 1일 1쇄

지은이_ 徐正宇
발행자_ 趙相浩
발행처_ (주) 나남
주소_ 413-756 경기도 파주시 교하읍
출판도시 518-4
전화_ (031) 955-4600 (代), FAX : (031) 955-4555
등록_ 제 1-71호(79.5.12)
홈페이지_ http://www.nanam.net
전자우편_ post@nanam.net

ISBN 978-89-300-8477-2
ISBN 978-89-300-8001-9 (세트)
책값은 뒤표지에 있습니다.

이 연구는 연세대학교 1991년도 교내학술연구비의 지원을 받아 이루어진 것입니다.

나남신서 1477

언론자유와 사회윤리

서정우 지음

나남
nanam

머리말

이 책의 목적은 통제 메커니즘을 분석함으로써 진리와 자유의 실체를 밝히는 데 있다. 언론학의 연구방법인 내용분석은 나타난 사실을 밝히는 데에는 대단히 유익한 도구이지만 감추어진 진리의 실체를 밝히는 데에는 한계가 있다고 말할 수 있다.

감추어진 진리의 실체를 밝히고자 하는 학문적 몸부림이 통제 분석이라는 접근방법을 고안하게 한 것이다. 그러니까 진리의 실체란 현재적 내용의 분석만으로는 부족하고 잠재적 내용의 분석이 추가될 때 비로소 규명되는 것이다. 그러니까 진리란 사실이 생산되는 공장의 공정과정을 면밀히 분석할 때 밝혀지는 현상이라고 말할 수 있다.

자유의 규명도 비슷한 차원에서 설명될 수 있다. 자유란 자유상태의 분석만으로는 부족하고 자유상태를 억압하는 제반 통제요소들의 유기적이고도 역동적인 관계를 분석함으로써 그 실체에 접근할 수 있게 되는 것이다. 통제 분석이 유익한 분석도구가 된다는 뜻이다.

이 책은 모두 14장으로 구성되어 있다. 제 1장은 언론의 형상과 본질을 논의하고, 제 2장은 언론학과 언론통제론을, 제 3장은 언론자유에 대한 철학적 사색을, 제 4장은 언론이념의 이론화 시도를, 제 5장은 언론자유와 정치적 통제를, 제 6장은 언론자유와 법적 규제를, 제 7장은 언론자유와 개인적 권리 보호를, 제 8장은 언론자유와 사회적 권리 보호를, 제 9장은 언론자유와 국가적 권리 보호를, 제 10장은 언론자유와 경제적 통제를, 제 11장은 언론자유와 사회적 통제를, 제 12장은 언론자유와 조직적 통제를, 제 13장은 언론자유와 자율규제를, 제 14장은 언론자유를 향한 실천적 과제를 논의하고 있다.

이 책은 순 한글로 가능한 한 쉽게 서술되었다. 그리고 이 책은 가능한 한 저자의 생각과 경험들을 중심으로 집필되었기 때문에 각주를 엄격하게 달지 않았음을 양해 바란다. 대신 책의 뒤편에 참고문헌을 성의껏 첨가했다.

어려운 여건 속에서도 이 책의 출판을 맡아주신 나남출판사 조상호 사장과 편집진에게 마음으로부터 감사의 말씀을 드린다. 그리고 여러 가지로 도와준 한국언론인연합회의 송영두 군에게도 감사하다는 마음을 전하고 싶다.

2010년 봄

서 정 우

나남신서 1477

언론자유와 사회윤리

차례

제 1 장

언론의 형상과 본질

1. 언론이란 무엇인가

1) 세 가지 기본적인 물음

언론을 이해하기 위해서 제기하는 첫 번째 질문은 언론이란 과연 인간과 사회를 위해서 어떤 존재인가라는 물음이다. 이것은 언론에 대한 철학적이고 형이상학적인 물음으로서 언론의 존재론적 의미를 탐구하기 위한 질문이다.

두 번째 질문은 우리는 언론을 어떻게 인식해야 하는가라는 인식론적인 물음이다. 그러니까 두 번째 질문은 언론을 보기 위해서 우리가 끼고 있는 안경의 색깔은 무엇이냐와 관련되는 물음이다. 사물의 실체와 사물에 대한 인식은 같을 수도 있고 다를 수도 있다. 우리가 끼고 있는 안경의 색깔이 흑색이면 삼라만상은 까맣게 보이고 그 반대로 우리가 끼고 있는 안경의 색깔이 초록색이면 삼라만상은 모두 초록색으로 보인다. 언론의 경우에도 마찬가지이다. 실체와 관계없이 인식이 현상을 결정하는 것이다.

세 번째 질문은 우리는 언론과 더불어 무엇을 할 수 있고 또한 무엇을 해야 되는가와 관련된 물음이다. 언론과 더불어 무엇을 할 수 있는가는 언론의 기능론이고, 언론과 더불어 무엇을 해야 하는가는 언론의 역할론이다. 언론의 기능론과 역할론을 합쳐서 언론의 사회철학 혹은 언론의 사회윤리학이라고 말할 수 있다.

인간사회에 존재하는 사물에는 형상과 본질이 있다. 일반적으로 형상은 나타나기 때문에 잘 보이는 특성을 가지는 데 반하여 본질은 감추어져있기 때문에 잘 보이지 않는 특성을 가진다.

인간은 인간의 한계 때문에 잘 보이는 것에는 높은 가치를 부여하고, 그 반대로 잘 보이지 않는 것에는 낮은 가치를 부여하게 된다. 꽃나무에 비유하면 꽃은 형상이고 뿌리는 본질에 해당된다. 인간은 인간의 한계 때문에 잘 보이는 꽃에는 높은 가치를 부여하지만 그 반대로 잘 보이지 않는 뿌리에 대해서는 낮은 가치를 부여한다.

꽃과 뿌리는 둘 다 중요한 존재이자 상호보완적 관계를 유지하는 존재임에는 틀림없다. 그러나 지난겨울 3개월 동안 보이지 않는 땅밑에서 활동한 뿌리의 역사가 없이는 꽃나무는 봄을 맞아 결코 꽃을 피울 수가 없다. 꽃을 피우는 원동력은 뿌리에 있다는 뜻이다.

형상과 본질의 관계도 이와 마찬가지이다. 형상과 본질은 상호보완적 관계를 유지하는 존재이지만 대부분의 경우 형상이 본질에 영향을 주기보다는 본질이 형상에 영향을 끼친다. 보이는 것은 보이지 않는 것의 형상이고, 보이지 않는 것이 보이는 것의 본질이란 사실을 유념할 필요가 있다.

언론은 일반적으로 신문·방송·잡지·통신 등으로 이해된다. 신문·방송·잡지·통신 등은 분명한 언론현상이지만 그들은 어디까지나 언론의 형상이지 언론의 본질이라고 말하기는 어렵다. 그들은 어디까지나 언론의 꽃들이지 언론의 뿌리는 아니라는 뜻이다.

2) 본질과 관련된 몇 가지 관점

언론은 인간사회에 무엇인가. 우리는 어떤 안경의 색깔로써 언론을 인식해야 하는가. 우리는 언론과 더불어 무엇을 할 수 있고 또한 무엇을 해야 하는가. 그러니까 언론으로 하여금 언론 되게 하는 본질은 무엇인가.

언론의 본질은 인간의 의사소통현상(*communication phenomenon*)이다. 언론이란 인간의 의사소통욕구가 역사 속에서 바람을 맞고 비에 젖으며 영근 후 구현된 사회제도인 것이다. 언론으로 하여금 언론으로 꽃피우게 한 뿌리는 인간의 의사소통욕구라는 뜻이다.

인간의 의사소통욕구는 알리는 욕구(표현본능)와 알려는 욕구(정보본능)의 결합으로 구성된다. 이러한 의사소통욕구는 너무나 근원적이고 기본적인 본능이기 때문에 몸짓의 역사→울음의 역사→웃음의 역사→그림의 역사→말의 역사→글의 역사→인쇄의 역사→소리의 역사→영상의 역사→뉴미디어의 역사로 진화·발전해 온 것이다.

인간은 역사 속에서 인간의 의사소통능력을 확장하고 완성하기 위해서 부단히 노력한 것이다. 인간은 자신의 의사소통능력을 확장하기 위해서 처음에는 인쇄매체인 신문을 창안했고, 그 다음에는 소리매체인 라디오를 창안했다. 이어 영상매체인 텔레비전을 창안했고, 최근에 와서는 상호작용매체인 인터넷을 창안하게 된 것이다. 이러한 관점에서 보면, 인류의 역사는 바로 의사소통의 역사라고 말해도 무방하다.

조금 다른 각도에서 보면, 인류의 역사는 의사소통하려는 세력과 의사소통을 막으려는 세력 간의 영원한 투쟁사라고도 말할 수 있다. 언론은 의사소통하려는 세력의 중심에 있고, 권력은 의사소통을 막으려는 세력의 중심에 있게 된다.

따라서 인간의 철학적이고 본질적인 의미는 인간의 의사소통적 존재론(*Homo Communicus*)이나 인간의 상징적 존재론(*Homo Symbolicus*)에서 찾아야 한다. 바꾸어 말하면, 우리는 언론의 철학적이고 존재론적인 의미를 언론의 형상에서 찾지 말고 언론의 본질에서 찾아야 한다는 뜻이다.

그리고 우리는 언론을 볼 때 의사소통이라는 안경을 끼고 언론을 인식할 필요성이 있다. 언론의 기능론과 역할론 역시 궁극적으로는 인간의 의사소통능력을 확장하고 완성하는 방향으로 수렴돼야 한다.

언어는 '인간생성의 기본원리'이고 '인간존재의 집'이다. 의사소통은 '인간존재의 보편적 조건'이고 '인간을 본능에서 영감으로 인도하는 힘'이다. 의사소통의 궁극적 목적은 함께 더불어 사는 공동체를 구현하는 데 있다고 말할 수 있다. 언론도 여기에서 예외가 될 수 없다고 본다.

언론의 본질과 관계되는 두 번째 관점은 사회의 신경계통 혹은 혈관조직이라는 관점이다. 인체의 경우 각 기관들을 연결하는 이음쇠는 신경줄과 핏줄이다. 심장이 중요한 것은 심장이기 때문이 아니고 심장이 신경줄로 다른 기관과 연결되어 있기 때문이다. 따라서 중요한 것은 심장이나 위장 등이 아니고 그들을 연결하는 이음쇠이다.

사회의 경우에도 비슷한 원리가 적용된다. 사회 속에는 정치·경제·사회·문화와 같은 기관들이 존재한다. 이러한 기관들은 고립해서 존재하는 것이 아니고 언론과 같은 연결고리에 의해서 상호 연결되어서 존재하고 기능하는 것이다.

그러니까 정치가 중요한 것은 정치이기 때문이 아니고 그것이 언론에 의해서 다른 기관과 긴밀히 연관되어 있기 때문이다. 언론이 없는 정치를 한번 생각해보라. 아무리 좋은 정책이라도 그것이 언론홍보에 의해서 국민의 가슴속에 뿌리내리지 않으면 정책으로 구현되지 않는다. 따라서 진짜 중요한 것은 각 기관들을 수평으로 혹은 수직으로 연결하는 이음쇠인 것이다.

세 번째 언론이란 세상의 빛과 소금이라는 관점이다. 미국의 소설가인 마크 트웨인(Mark Twain)은 언론의 본질과 관련해서 "세상에는 두 가지 빛이 있는데 그 하나는 하늘에서 내리쬐는 태양빛이요 다른 하나는 땅에서 솟구치는 언론 빛이다"라고 말한 적이 있다.

이와 같이 언론은 세상의 어둠을 밝히는 등불이며 세상의 부정부패와 비리폐습을 예방하는 방부제인 것이다. 언론의 이러한 기능을 환경감시의 기능 혹은 비판의 기능이라 부른다.

정치학 이론에 따르면, 절대 권력은 절대적으로 부패하고, 절대적으로 부패한 권력은 절대적으로 멸망하게 된다. 그러니까 감시되지 않는 권력은 부패한 나머지 멸망한다는 뜻이다.

구소련을 포함한 공산국가들의 멸망이 좋은 예가 된다. 공산주의 이론에 따르면 공산주의 언론은 공산권력의 하위구조로 편입되어 있기 때문에 정치권력을 감시하고 비판하지 못한다. 감시하고 비판하는 언론이 없었기 때문에 공산체제는 붕괴된 것이다.

네 번째 관점은 언론이란 말길(言路)의 관리자라는 관점이다. 율곡은 말을 나라의 원기에 비유하면서 "말길의 열리고 닫힘에 국가의 흥망성쇠가 달렸다"라고 주장했고, 주시경 선생은 "말이 오르면 나라가 오르고, 말이 내리면 나라가 내린다"라고 설파한 바 있다.

말의 질서에는 물의 질서와 마찬가지로 말문(言門), 말길(言路), 말발(言質)이 있다. 물문(水門)이 너무 열리면 물이 넘쳐흘러서 경작지로 유도되지 않고 주택지로 범람해서 재앙을 일으킨다. 말문의 경우에도 비슷한 원리가 적용된다.

물문이 너무 열려도 물길만 단단하게 구축되어 있으면 물은 주택지로 범람하지 않고 경작지로 잘 유도되어서 재앙을 유발하지 않게 된다. 말길의 경우에도 비슷한 원리가 적용된다. 말길이 부실해서 말이 넘쳐흐르면 말의 대자보현상을 초래하고, 말길이 부실해서 말이 땅 밑으로 새 나가면 말의 지하언론현상을 야기하게 되는 것이다.

물문이 너무 열리고 물길이 부실해서 물이 넘쳐흘러도 그 물의 내용(水質)이 유익하고 청결하면 재앙을 일으키지 않는다는 뜻이다.

이와 같이 언론은 말의 질서를 관리하는 사회적 기구이고 언론인은 말의 질서를 관리하는 전문인이다. 물의 질서는 눈에 잘 보이기 때문에 현재적 현상이 되고, 말의 질서는 눈에 잘 보이지 않기 때문에 잠재적 현상이라 말할 수 있다. 인간은 인간적 한계 때문에 현재적 현상에는 높은 가치를 부여하게 되고, 그 반대로 잠재적 현상에는 낮은 가치를 부여하게 된다. 그러나 사회적 영향력이나 여파로 보면 말의 질서가 물의 질서보다 훨씬 중요하다고 말할 수 있다.

다섯 번째 관점은 언론이란 민주화의 견인차라는 관점이다. 언론과 민주주의는 불가분의 관계를 가진다. 민주주의(民主主義)란 문자 그대로 백성(民)이 나라의 주인(主)이 되는 정치이념을 말한다. 백성이 나라의 주인이 되는 길은 물론 여러 가지가 있을 수 있다.

우선 백성이 나라의 주인이 되기 위해서는 나라살림에 대하여 신속하고 정확하게 알아야 한다. 백성이 나라살림에 대하여 무지하면 결코 나라의 주인이 되기 어렵다. "알아야 면장을 한다"는 말은 그러한 관계를 단적으로 표현하고 있다.

백성이 나라살림에 대하여 아는 길은 현실적으로 언론을 통하는 방법밖에는 없다. 오늘과 같은 현대사회에서는 언론이 주로 나라살림에 대하여 백성들에게 알려주는 역할을 수행한다.

언론이 나라살림에 대하여 바르게 전달하면 백성은 나라살림에 대하여 바르게 알게 되고, 백성이 나라살림에 대하여 바르게 알게 되면 바른 민주주의가 구현되는 것이다. 민주주의의 구현을 위한 언론의 역할은 거의 절대적이라고 말할 수 있다. 그래서 미국의 저명한 언론인인 월터 리프먼(Walter Lippmann)은 언론을 "민주주의의 성서"라고 규정한다.

여섯 번째 관점은 언론이란 국가운영의 항해사라는 관점이다. 이 경우 항해사란 배나 비행기의 운행에서 위치·속도·방향을 운행자에게 알려주는 사람을 의미한다. 항해사를 나침반이라고 말해도 무방하다.

국가를 운영하는 주체는 물론 정부이다. 언론은 정부가 국가를 운영하는 데 필요한 위치와 속도와 방향에 관한 기본정보와 지식을 제공한다. 배나 비행기의 운행에서 항해사가 절대로 필요한 것과 마찬가지로 국가운영에서도 언론의 항해사기능은 절대로 필요한 것이다. 항해사 기능이 마비되면 배와 비행기는 큰 사고를 일으키게 된다.

언론의 항해사 기능이란 다르게 말하면 언론의 평가기능을 의미한다. 언론은 대한민국이라는 배가 위도·경도 몇 도 지점에서 어디를 향하여 어떤 속도로 어떻게 항해하고 있는가를 평가하는 기능을 수행한다. 피터 드러커(Peter Drucker)의 표현을 빌리면 "개인이나 국가는 바라는 대로 발전하는 것이 아니고 평가하는 대로 발전하는 것"이다.

일곱 번째 관점은 언론이란 역사의 기록자라는 관점이다. 먼 훗날 우리들의 자손들은 신문과 방송의 내용을 통해서 오늘의 역사를 알게 되는 것이다. 그래서 미국의 저명한 언론학자인 미첼 챤리(Mitchell Charnley)는 "언론이란 오늘이라는 말끔한 포장지에 말아놓은 내일의 역사"라고 규정하는 것이다.

2. 언론의 기능과 역할

언론이란 전술한 바와 같이 커뮤니케이션 욕구의 사회적 구현이다. 커뮤니케이션은 언론의 본질이고, 언론은 커뮤니케이션의 형상이라 말할 수 있다. 커뮤니케이션은 상위개념이고 언론은 하위개념이다. 다르게 말하면, 커뮤니케이션은 전체개념이고 언론은 부분개념이 된다.

이와 같이 언론과 커뮤니케이션은 불가분의 관계를 가진다. 따라서 언론의 기능 역시 커뮤니케이션의 기능과 연관해서 이해하는 게 바람직하다.

1) 커뮤니케이션의 기능

커뮤니케이션은 인간과 사회를 위해서 무엇을 할 수 있고 또한 무엇을 해야 하는가. 개체 차원에서부터 국제사회 차원에 이르기까지 일곱 가지 기능을 제시할 수 있겠다.

(1) 자아실현의 기능

커뮤니케이션은 개체적인 차원에서 인간의 자아실현을 가능케 한다. 세계적인 심리학자인 에이브러햄 매슬로(Abraham H. Maslow)는 인간의 욕구를 생리의 욕구, 안정의 욕구, 소속의 욕구, 인정의 욕구, 자아실현의 욕구로 분류해서 설명한다.

생리의 욕구, 안정의 욕구, 소속의 욕구는 인간의 본능적 욕구에 해당되고 인정의 욕구와 자아실현의 욕구는 사회적 욕구에 해당된다고 말할 수 있다. 따라서 커뮤니케이션은 숀 맥브라이드(Sean McBride)

의 표현을 빌리면 인간으로 하여금 본능에서 영감으로 인도하는 기능을 수행하는 것이다.

인간은 자아실현을 통해서 비로소 인간이 되는 것이다. 따라서 자아실현은 인간으로 하여금 인간되게 하는 길이라고 말할 수 있다. 자아실현은 인간과 동물을 구별 짓는 척도이며 만물의 영장됨을 결정하는 조건이 된다.

(2) 진리발견과 구현의 기능

진리란 의사소통의 전제조건이 충족될 때 비로소 구현되는 것이다. 바꾸어 말하면, 의사소통이 자유롭게 이루어지지 않는 상황에서는 진리란 결코 구현되지 않는다. 이와 같이 진리구현과 자유로운 의사소통 간에는 필연적인 관계가 존재한다.

언론의 자유주의 이론에 따르면, 진리란 가능한 한 모든 정보가 자유롭고 공개된 정보시장에 나와 상호 갈등하고 경쟁하면서 생성되는 마지막 산물(*output*)이 된다. 이 경우, 진리는 진실, 여론, 공론, 공동선, 최대다수의 최대행복 등으로 표현해도 무방하다.

(3) 합리적 조직운영의 기능

커뮤니케이션은 조직운영의 합리성과 정당성을 제고하는 기능을 수행한다. 바꾸어 말하면, 조직운영의 합리성과 정당성은 수평적이든 수직적이든 원활한 조직 커뮤니케이션이 없이는 결코 구현되지 않는다는 뜻이다.

조직운영의 합리성과 조직결정의 정당성 간에는 긴밀한 관계가 존재한다. 그러니까 정당한 조직결정이 없이는 합리적 조직운영은 불가능하게 된다는 뜻이다. 조직결정의 정당성은 어디에서 오는가. 조직결정이란 상의하달(上意下達) 식으로 강요되는 조직에서는 구현되지 않는다. 조직결정이란 수평적이든 수직적이든 원활하고 자유로운 조직 커뮤니케이션의 결과로 도출될 때 비로소 합리성과 정당성을 가지게 되는 것이다.

(4) 균형 있는 사회발전의 기능

커뮤니케이션은 갈등이나 폭력으로부터 해방된 발전을 도모하는 기능을 수행한다. 이것이 균형 있는 발전의 핵심개념이다. 커뮤니케이션은 변화를 발전으로 뿌리내리게 하는 데 핵심적 요소가 된다.

변화와 발전은 동일한 개념이 아니다. 사회에 도입되는 모든 변화는 저절로 발전으로 뿌리내리지 않는다. 어떤 변화는 부평초처럼 뿌리를 내리지 못하고 떠 있다가 사라지는가 하면 어떤 변화는 자연스럽게 뿌리를 내려 발전으로 정착되는 것이다.

무엇이 변화를 발전으로 뿌리내리게 하는가. 가장 중요한 요소는 의사소통이라 하겠다. 어떤 권위에 의해서 물리적으로 강요된 변화는 발전으로 뿌리내리기 어렵다. 사회구성원들이 충분한 의사소통과정을 통해서 채택된 변화라야 발전으로 뿌리내리기 쉽다.

(5) 민주화의 기능

커뮤니케이션은 민주화의 지름길이다. 커뮤니케이션이란 사람들이 상징을 통해서 의미를 공유하는 과정이다. 좀 다르게 표현하면, 커뮤니케이션이란 만남과 대화와 나눔의 과정이 된다. 만남은 커뮤니케이션의 원인이고, 대화는 커뮤니케이션의 과정이고, 나눔은 커뮤니케이션의 결과에 해당된다.

민주화란 그것이 조직의 민주화든, 사회의 민주화든, 국가의 민주화든 반드시 만남과 대화와 나눔의 과정을 통해서 구현된다. 전술한 바와 같이, 언론은 커뮤니케이션의 하위집합이고, 언론의 본질은 커뮤니케이션에 있기 때문에 언론자유는 민주화의 가장 정확한 척도가 된다.

(6) 평화구현의 기능

평화는 인류의 염원이고, 통일은 우리 민족의 염원이다. 대부분의 경우, 전쟁은 무지와 오해와 불신의 결과로서 발생한다. 국가나 민족 간에 존재하는 편견과 고정관념과 자민족우선주의는 국제분쟁의 주된 원인이 되고 있다.

커뮤니케이션은 상징을 통한 의미공유의 과정이고, 만남과 대화와 나눔의 과정이다. 커뮤니케이션은 개인이나 국가나 민족 간에 공통성을 확립하는 과정이고 공통분모를 확장해나가는 과정이다. 그러니까 커뮤니케이션은 이해와 믿음과 사랑을 창조하는 과정이라고 말할 수 있다.

이해의 창조 없이는 평화는 불가능하다. 믿음(信)이란 사람(人)의 말(言)과 직결되는 현상이다. 먼저 말하면 대결이 되고 먼저 들으면 대화가 된다고 한다. 대화는 항상 상대방의 입장에 설 때 용이해진다. 사랑은 전쟁을 극복하고 평화를 구현하는 데 핵심동력이 된다.

통일의 경우에도 비슷한 논리가 적용된다. 경제적 통일이나 정치적 통일 이전에 커뮤니케이션의 통일이 우선되어야 한다. 남북은 민족상잔의 전쟁을 3년 동안이나 한 분단국가가 아닌가.

동서독은 민족상잔의 전쟁을 겪지 않았는데도 1972년 기본조약을 체결한 후 30년 동안이나 만남과 대화와 나눔의 과정을 밟았다. 그러니까 동서독은 정치적 통일을 이룩하기 전에 충분한 의사소통의 과정을 밟았다는 뜻이다.

남북한 간에는 의사소통의 과정이 거의 전무한 상태이다. 같은 민족이면서 자유로이 만날 수도 없고, 편지나 전화를 할 수도 없다. 신문, 방송, 통신, 인터넷은 완전히 차단되어 있다. 그래서 남북한 간에는 전쟁이 끝난 지 반세기가 넘었는데도 적개심과 불신, 편견과 고정관념, 무지와 오해가 난무하고 있다.

이러한 상태로는 어떠한 형태의 통일도 불가능한 것이다. 의사소통의 선결조건이 충족되지 않는 상태에서 비록 정치적 통일이 성사되었다 해도 그러한 통일은 영속되기 어려운 것이다.

이러한 이유 때문에 의사소통은 통일을 위한 필수적인 조건이 된다. 남북한은 상호이해와 믿음과 사랑을 쌓기 위해서 부단히 만나고 대화하고 나누는 과정을 상당한 기간 동안 밟아야 한다. 이것이 통일을 위한 커뮤니케이션 접근의 핵심이다.

(7) 함께 더불어 사는 공동체구현의 기능

커뮤니케이션의 궁극적 목적은 함께 더불어 사는 공동체(*community*)를 구현하는 데 있다. 조선조 시대의 사상가인 율곡의 표현을 빌리면 커뮤니케이션은 악으로 하나 되는 길이 아니고 선으로 하나 되는 길이 된다.

커뮤니케이션(*communication*)과 커뮤니티(*community*)는 '공유한다'는 의미를 가진 커뮤니스(*communis*)에서 유래된 개념들이다. 함께 더불어 사는 공동체는 공유와 나눔의 과정이 없이는 결코 구현되지 않는다. 우리가 이웃인 까닭은 가까이 있기 때문이 아니고 무엇인가를 공유하고 나누기 때문이라고 말할 수 있다.

2) 언론의 기능

언론의 기능은 전술한 바와 같이 언론의 본질이나 커뮤니케이션의 기능과 연관해서 고찰하는 것이 바람직스럽다. 그리고 언론의 기능은 정기능과 역기능으로 나누어 설명하는 것이 좋다. 정기능이란 긍정적인 기능을 의미하고, 역기능이란 부정적인 기능을 의미한다. 언론의 기능은 언론사의 의도와 언론인의 태도에 따라서 정기능과 역기능으로 나타난다.

(1) 언론의 정기능

언론의 정기능은 정보제공의 기능, 환경감시의 기능, 사회교육의 기능, 문화전승의 기능, 오락의 기능, 광고의 기능으로 분류된다.

정보제공의 기능은 학자에 따라서 보도적 기능, 사회적 거울의 기능, 혹은 현실반영의 기능 등으로 개념화되기도 한다. 정보의 기능은 정보의 중요성으로부터 연유한다. 정보는 개인적인 차원이든 국가적인 차원이든 발전의 원동력이다. 정보의 중요성은 정보사회의 도래와 함께 급격히 증대되고 있다. 따라서 정보제공의 기능은 언론이 수행하는 여타 모든 기능들의 공통분모적 요소가 되는 것이다.

환경감시의 기능은 학자에 따라서 비판의 기능, 파수꾼의 기능, 제 4부적 기능, 목탁의 기능, 견제와 균형의 기능, 현실구성의 기능, 빛과 소금의 기능 등으로 개념화된다. 환경감시의 기능은 언론의 해설기능, 분석기능, 탐사기능, 평가기능, 주창기능 등과 연관되어서 수행되는 특성을 가진다.

사회교육의 기능은 학자에 따라서 평생교육이나 성인교육 차원에서 개념화된다. 그러니까 사회교육은 학교에서 이루어지는 정규교육 외에 사회 속에서 이루어지는 일체의 교육을 의미한다. 이러한 교육은 신문, 방송, 잡지, 통신, 인터넷미디어와 같은 언론에 의해서 일차적으로 이루어진다.

문화전승의 기능이란 문화의 시간적이고 공간적인 확산과 발전의 기능을 의미한다. 문화는 물과 같아서 시간적이든 공간적이든 유통되지 않으면 정체되고 퇴보한다. 언론은 문화를 유통시키는 가장 대표적인 미디어가 된다. 특히 대중문화는 대중매체에 의해서 성립되고, 확산되고, 성장하고, 발전한다고 말할 수 있다.

오락의 기능은 수용자에게 연성적 내용물을 제공함으로써 그들을 심리적으로 편안하고 즐겁게 해주는 기능을 의미한다. 언론이 제공하는 내용에는 크게 두 가지가 있는데 하나는 연성적 내용(*soft content*)이고 다른 하나는 경성적 내용(*hard content*)이다.

연성적 내용은 수용자의 쾌락적 욕구를 만족시켜줌으로써 즉각적이고 직접적인 보상을 유발하는 내용인 데 반하여 경성적 내용은 수용자의 현실적 욕구를 만족시켜줌으로써 지연적이고 간접적인 보상을 유발하는 내용이 된다. 따라서 언론의 오락적 기능은 언론의 연성적 기능과 직접적으로 연관된다고 말할 수 있다.

광고의 기능은 마케팅 기능, 커뮤니케이션 기능, 교육적 기능, 경제적 기능을 포괄하는 기능을 의미한다. 마케팅 기능이란 소비자의 구매유도 기능을 의미하고, 커뮤니케이션 기능이란 광고정보의 제공 기능을 의미한다. 교육적 기능이란 상품과 소비생활에 관한 교육 기능을 의미하고, 경제적 기능이란 경제성장에 기여하는 기능을 의미한다.

(2) 언론의 역기능

언론의 역기능이란 중독화의 역기능, 대중조작의 역기능, 반문화적 역기능, '기대혁명'의 역기능, 인권침해의 역기능, 보수주의적 역기능으로 분류된다.

중독화의 역기능이란 수용자로 하여금 사회적 무관심을 조장하고, 비판기능을 약화시키고, 극도의 개인화를 조장하며, 준율성을 조장하고, 사회도피현상을 유발하는 부정적인 기능 등을 의미한다. 중독화의 역기능은 학자에 따라서 마취적 역기능으로 개념화되기도 한다.

대중조작의 역기능은 정치적으로는 선전·선동의 기능을 말하고, 경제적으로는 광고를 통한 충동적 구매현상의 유발과 같은 부정적 기능 등을 의미한다. 대중조작의 역기능은 정치·경제현상에만 국한되지 않고 사회·문화현상에도 광범위하게 존재하는 부정적 기능이라 말할 수 있다.

반문화적 역기능이란 문화의 그레셤 법칙(*Gresham's law*)을 의미한다. 그레셤 법칙이란 악화가 양화를 구축하는 경제원리를 말한다. 그러니까 반문화적 역기능이란 대중문화가 고급문화와 전통문화를 잠식하는 부정적 기능을 의미한다.

'기대혁명'의 역기능이란 수용자의 기대수준을 현실수준 이상으로 확대함으로써 좌절감과 일탈행위를 조장하는 부정적 기능을 의미한다. 미국의 세계적인 정치학자인 다니엘 러너(Daniel Lerner) 교수는 전통사회의 이입 현상의 하나로서 상승하는 기대혁명(*revolution of rising expectation*)이 상승하는 좌절의 혁명(*revolution of rising frustration*)을 낳고, 상승하는 좌절의 혁명이 모든 공격적 일탈의 주된 원인이 된다고 설명한다.[1)]

개인이든 국가이든 기대수준이 현실수준보다 높으면 일탈현상이 야기된다. 현대사회에서의 기대수준은 대부분의 경우 언론에 의해서 상승된다고 말할 수 있다. 따라서 개인의 발전이나 사회의 발전에 필요한 요건은 기대수준을 가능한 한 현실수준에 근접하도록 조정하는 노력이라 하겠다.

인권침해의 역기능이란 인권이 언론에 의해서 침해되는 부정적 기

---

1) Daniel Lerner(1954), *Passing of Traditional Society*, Princeton, N. J.: Princeton University Press.

능을 의미한다. 특히 사회적 약자들의 인권이 언론에 의해서 빈번하게 침해되는 상황을 말한다.

보수주의적 역기능이란 언론의 구조적 특성 때문에 사회변혁에 적극적으로 참여하지 않는 부정적 기능을 의미한다. 자본주의 언론은 기업성과 상업성 때문에 기존 질서를 고수하고 현상을 유지하려는 특성을 지닌다. 자본주의 언론은 대중취향의 최저공분모에 영합하는 경향 때문에 사회구조를 변혁시키는 개혁에는 소극적인 입장을 취하는 특성을 가진다. 따라서 자본주의 언론을 통해서 사회변혁을 구현하기는 구조적으로 어렵게 된다.

3. 언론자유론의 탐색

언론자유에 대한 학문적 연구의 필요성은 무엇인가. 왜 언론학은 언론자유에 대한 학문적 연구를 핵심 연구분야로 삼아야 하는가. 언론자유에 대한 학문적 연구는 언론학의 학문적 체계에 따르면 어디에 속하는가.

언론자유에 대한 학문적 연구의 필요성은 그 현상이 인간과 사회를 위해서 너무나 중요하기 때문이다. 인간과 사회를 위해서 중요한 현상은 반드시 학문적으로 연구되고 실제적으로는 통제되어야 한다. 이 경우, 통제란 긍정적인 부분은 확대발전시키고, 부정적인 부분은 축소 개선하는 실제적 노력을 의미한다.

언론자유는 인간과 사회를 위해서 왜 중요한가. 언론자유의 중요성은 자유의 중요성으로부터 도출되어야 한다. 언론자유는 자유의 하위개념이기 때문이다. 일반적 자유는 정신적 자유로 축소되고, 정신적 자유는 사상표현의 자유로 축소되고, 사상표현의 자유는 다시 언론자유로 축소될 수 있는 개념으로 파악된다. 따라서 자유일반론에 관한 학문적 탐구는 언론자유의 본질을 파악하는 데 중요한 단서를 제공해 줄 수 있다.

일반적으로 자유란 인간사회가 창안한 가장 숭고하고 엄숙한 개념의 하나로 인식된다. 우리 인간사회는 그것을 위해서 투쟁하다 죽었고, 그래서 그것 앞에 서면 자연히 옷깃을 여미게 되는 것이다.

왜 그럴까. 자유는 인간의 천부적 권리이기 때문이다. 인간은 창조주로부터 자유롭게 태어났을 뿐만 아니라 자유롭게 살아갈 권리를 부여받았다. 따라서 모든 인간은 절대적인 자유를 천부적으로 향유해야 하는 것이다.

자유는 인간사회의 가장 보편적인 환경이다. 바꾸어 말하면, 자유란 인간이 숨 쉬는 공기와 같은 존재라는 뜻이다. 공기가 없으면 인간사회는 존립하기 어렵다. 마찬가지로 자유가 없으면 인간사회는 존립하고 기능하기 어렵게 된다.

인간은 공기 속에서 살면서도 공기의 중요성을 인식하면서 살지 않는다. 마찬가지로, 인간은 자유 속에서 살면서도 자유의 중요성을 인식하면서 살지 않는다. 인간은 인간의 숙명적 한계 때문에 공기가 오염되고 난 후에야 공기의 중요성을 인식하게 되는 것과 마찬가지로 자유가 위축되고 난 후에야 자유의 중요성을 인식하게 되는 것이다. 이러한 이유 때문에, 언론의 자유주의 이론이 언론의 권위주의 이론보다 늦게 생성된 것이라고 말할 수 있다.

자유 가운데 가장 핵심적인 자유는 아무래도 언론자유가 된다. 왜냐하면 언론자유가 보장되어야만 다른 자유들이 꽃을 피우고 열매를 맺을 수 있기 때문이다. 그래서 언론학은 언론자유를 모든 자유를 자유롭게 하는 '제 1의 자유'로 규정하는 것이다.

언론자유에 대한 학문적 연구는 왜 필요한가. 언론자유가 없이는 언론 자체가 성립하지 않기 때문이다. 언론이란 자유를 먹고 사는 활동이다. 자유가 없으면 언론은 언론의 기능을 수행할 수 없고, 언론이 언론의 기능들을 수행할 수 없으면 그것은 더 이상 언론이 아니다.

언론자유가 없으면 언론은 의사소통의 기능, 사회적 신경계통의 기능, 세상의 빛과 소금의 기능, 말길의 기능, 민주화의 기능, 항해사의 기능, 역사기록의 기능을 수행하기 어렵다.

언론자유는 커뮤니케이션 자유의 하위개념이다. 따라서 언론자유가 없으면 자아실현의 기능, 진리발견의 기능, 합리적 조직운영의 기능, 균형 있는 사회발전의 기능, 민주화의 기능, 평화실현의 기능, 함께 더불어 사는 공동체 구현의 기능을 수행하기 어렵다.

언론이 수행하는 기능인 정보제공의 기능, 환경감시의 기능, 사회교육의 기능, 문화전승의 기능, 오락의 기능, 광고의 기능 등은 모두가 자유를 전제로 존재하는 기능들이다. 그러니까 자유가 붕괴되면 이러한 기능들은 함께 붕괴되고 마는 것이다.

언론자유의 붕괴와 더불어 언론이 붕괴되면 언론학은 성립하기 어렵다. 왜냐하면 언론학이란 언론이 정상적으로 존재하고 기능할 때 성립하는 학문이기 때문이다. 이러한 이유 때문에 언론학은 언론자유에 대한 연구를 언론학의 가장 핵심적이고 필수적인 영역으로 설정해야 하는 것이다.

언론자유에 대한 학문적 연구가 왜 필요한가. 불행히도 언론자유에 대한 연구는 양적으로 부족할 뿐만 아니라 질적으로는 편중되어 있기 때문이다.

왜 언론자유에 대한 연구는 언론학의 핵심적이고 필수적인 연구영역인데도 불구하고 충분히 연구되지 않고 있는가. 첫째로, 언론자유란 우리나라의 경우이든 선진국의 경우이든 마치 공기와 같이 항상 우리 주위에 보장된 상태로 존재한다는 믿음 때문이다. 언론자유는 공기와 같이 무형의 실체이기 때문에 항상 연구관심의 직접적인 대상이 되지 못했기 때문이다. 공기와 같이 눈에 보이지도 않고 손으로 만져지지도 않는 현상에는 연구 관심이 적은 게 일반적 경향이라 하겠다.

둘째로, 언론자유는 자유와 같이 그 개념이 대단히 추상적이고, 관념적이고, 다의적이기 때문이다. 예를 들면 자유에는 선천적 자유와 후천적 자유, 내적 자유와 외적 자유, 정신적 자유와 물질적 자유, 적극적 자유와 소극적 자유, 절대적 자유와 상대적 자유 등이 존재한다. 언론자유의 경우에도 비슷한 현상이 존재한다고 말할 수 있다.

언론자유에 대한 연구는 왜 편중되어 있는가. 언론자유에 대한 연구는 언론자유의 성격과 개념적 특성 때문에 철학이나 역사학과 같은 인문학의 연구대상이 되었다. 그 결과, 언론자유에 대한 연구는 질적인 연구보다는 양적 연구, 계량적인 연구보다는 비계량적인 연구, 경험적인 연구보다는 비경험적인 연구 쪽으로 치우치게 된 것이다.

따라서 언론자유에 대한 사회과학적인 연구는 대단히 부족한 상태에 있다고 보겠다. 언론자유에 대한 언론학의 연구에도 비슷한 현상이 존재한다. 이러한 현상은 언론자유의 총체적 성격이나 의미를 규명하는 데 부족하다고 말할 수 있다.

언론자유에 대한 학문적 연구의 기본시각이나 방법론에 획기적 변화가 요구된다. 언론자유에 대한 인문학적인 연구와 사회과학적인 연구 간에 조화가 필요하다. 언론학은 사회과학을 지향하기 때문에 언론자유를 연구할 때 과학적인 시각이나 방법론을 보다 중시해야 하겠다. 이 책에서는 언론자유를 통제분석이라는 시각과 방법으로 연구한다. 언론자유에 대한 통제분석적 연구는 송신자연구의 한 분야라고 말할 수 있다.

제 2 장

언론학과 언론통제론

1. 언론학이란 무엇인가

1) 기본개념

언론학이란 언론현상을 사회과학적인 방법론으로 연구함으로써 이론을 찾아 현상을 통제하는 커뮤니케이션학의 하위분야이다. 그러니까 언론학의 연구대상은 언론현상이고, 연구방법은 사회과학 방법론이고, 연구목적은 이론정립과 통제이며 학문적 위상은 커뮤니케이션학의 하위분야라는 뜻이다.

왜 언론학인가. 그러니까 왜 언론현상을 학문적으로 연구해야 하는가. 그 이유는 언론현상이란 인간과 사회를 위해서 너무나 기초적이고 너무나 중요한 현상이기 때문이다. 바꾸어 말하면, 언론현상이란 너무나 기초적이고 중요한 현상이기 때문에 학문적 연구를 통해서 이론을 찾아 현상을 통제할 필요성이 크기 때문이다.

이 경우 이론이란 보편타당한 법칙성을 의미한다. 학문의 궁극적 목적은 이론을 정립하는 데 있다고 말할 수 있다. 그러니까 이론의 유무가 학문의 위상을 결정한다. 이론이 있으면 고급학문이 되고, 그 반대로 이론이 없으면 고급학문으로 평가받기 어렵다는 뜻이다.

이론을 찾아 정립하는 이유는 무엇인가. 이론이란 전술한 바와 같이 보편타당한 법칙성이기 때문에 현상을 통제하는 데서 기본 토대가 된다. 이 경우, 통제란 좋은 점은 확대 재생산하고 나쁜 점은 축소 개선해 나가는 학문적이고 실용적인 노력을 의미한다.

보편타당한 법칙성인 이론이 없으면 무엇을 확대 재생산하고 무엇을 축소 개선해야 하는지 그 기준을 설정할 수 없는 것이다. 이론이 없으면 짐작이나 추측만으로 현상을 통제할 수밖에 없지 않은가.

이러한 이유 때문에, 이론이란 학문적인 공헌뿐만 아니라 실제적인 차원에서도 실용적 활용성이 크다 하겠다. 미국의 저명한 사회심리학자인 쿠르트 레빈(Kurt Lewin) 교수는 이론의 실용적 가치와 관련해서 "이론처럼 실용적인 것은 없다"라고 지적한 바 있다.

이론은 왜 중요한가. 이론이 없으면 현상의 미래를 예측할 수가 없기 때문이다. 이론은 미래를 예측하는 데 필수적 기준이 된다. 인간사회에 존재하는 모든 학문은 이론을 토대로 미래를 예측하는 것이다.

2) 학문적 성격

언론학은 예술이라기보다는 과학이고, 인문학이라기보다는 사회과학이며, 응용사회과학이라기보다는 순수사회과학이고, 직업학문이라기보다는 이론학문이며, 인접학문이라기보다는 독립학문이라고 말할 수 있다.

언론학 연구에 예술적이고, 인문학적이고, 응용사회과학적이고, 직업적이고, 인접학문적인 요소들이 전혀 없다고 말하기는 어렵다. 실제로 언론학의 연구대상 가운데는 그러한 요소들이 곳곳에 자리 잡고 있다. 그러나 언론학의 기본 성격을 규정할 때 보다 더 강조해야 할 요소는 과학적 요소, 사회과학적 요소, 순수사회과학적 요소, 이론학문적 요소, 독립학문적 요소라고 말할 수 있다.

이러한 성격규정에서 핵심적인 개념은 과학이란 개념이다. 그러면 과학이란 무엇인가. 과학이란 일반적으로 여섯 가지 속성을 지닌다. 그들을 간략하게 요약하면 다음과 같다.

(1) 과학은 특수성을 지향하기보다는 보편성을 지향한다.
(2) 과학은 주관성을 지향하기보다는 객관성을 지향한다.
(3) 과학은 일반적인 관계성보다는 인과관계성을 지향한다.
(4) 과학은 임의적 관찰성보다는 통제된 관찰성을 지향한다.
(5) 과학은 단순한 규명성보다는 미래에 대한 예측성을 지향한다.
(6) 과학은 궁극적으로 이론성과 통제성을 지향한다.

3) 학문적 전개

언론이란 전술한 바와 같이 인간의 의사소통현상(*communication phenomenon*)이고 언론학은 커뮤니케이션학의 하위학문에 해당된다. 따라서 언론학의 학문적 시원(始原) 역시 커뮤니케이션 현상에 대한 학문적 관심으로부터 연유된다고 말할 수 있다.

인간의 의사소통에 관한 최초의 학문적 관심은 기원전 4세기 소크라테스의 대화술(*dialectics*)과 기원전 3세기 아리스토텔레스의 변론술(*rhetoric*)이라고 말할 수 있다. 소크라테스는 자신의 저서가 없다. 제자인 플라톤이 《대화편》에 스승의 사상을 정리하고 있다.

소크라테스의 대화술은 논리적 대화술에 관한 학문적 관심이고, 아리스토텔레스의 변론술은 연설을 통한 설득기술에 관한 학문적 관심이라고 말할 수 있다. 따라서 레토릭(*rhetoric*)을 수사학이라고 번역한 것은 잘못된 번역이라 하겠다.

문자의 등장, 제지술의 발명, 인쇄술의 발명은 인쇄매체의 등장을 초래했다. 1377년에 발간된 우리나라의 직지심경(直指心經)과 1456년에 발간된 독일의 42행 성서는 책의 등장을 의미하고, 1620년에 발간된 네덜란드의 〈코란토〉(*Coranto*)와 1660년에 발간된 독일의 〈라이프치거차이퉁〉(*Leipziger Zeitung*)은 신문의 등장을 의미하며, 1666년에 발간된 프랑스의 〈르 주르날 데 사방〉(*Le Journal des Savants*)은 잡지의 등장을 의미한다.

이와 같은 인쇄매체의 등장은 저널리즘(*journalism*)이라는 학문분야를 등장하게 하였다. 저널리즘이란 취재보도와 편집을 주된 연구대상으로 삼는 언론학의 한 분야이다.

1844년 전기통신의 발명, 1876년 전화의 발명, 1885년 영화의 발명, 1896년 무선전신의 발명, 1920년 라디오 방송의 개시, 1936년 텔레비전 방송의 개시, 1957년 인공위성 발사의 성공 등은 텔레커뮤니케이션이라는 학문분야와 매스커뮤니케이션이라는 학문분야를 탄생시켰다.

그리고 1946년 컴퓨터의 발명과 1969년 인터넷의 발명, 20세기 중엽부터 밀려온 디지털 혁명과 방송·통신의 융합 등은 인터넷커뮤니케이션 혹은 컴퓨터 중계커뮤니케이션(CMC: *Computer Mediated Communication*)이란 학문분야를 탄생시키는 데 기여했다.

넓은 의미의 언론학이란 인간의 의사소통 전반에 관한 학문을 의미하고, 좁은 의미의 언론학이란 신문, 방송, 잡지, 통신과 같은 매스커뮤니케이션 현상을 연구하는 학문분야를 의미한다. 학자에 따라서는 언론학을 신문학으로 좁게 규정하기도 한다.

언론학이 오늘날과 같이 하나의 독립된 학문으로 정립되기까지는 세 가지 학문분야가 크게 기여했다. 첫 번째 학문분야는 역사학과 철학으로 대표되는 인문학 분야이고, 두 번째 학문분야는 정치학과 사회학으로 대표되는 사회과학 분야이고, 세 번째 학문분야는 심리학과 사회심리학으로 대표되는 행동과학 분야가 된다.

인문학 분야는 언론현상을 역사적 방법론과 철학적 방법론을 통해 연구함으로써 언론의 역사, 언론사상, 언론철학 분야를 정립하는 데 기여했고, 사회과학 분야는 경험적이고 계량적인 방법론을 통해 연구함으로써 정부와 언론의 관계, 정치적 통제론, 여론과 선전, 사회와 언론의 관계분야를 정립하는 데 기여했으며, 행동과학 분야는 실험적이고 실증적인 방법론을 통해 연구함으로써 인간의 태도변화와 설득커뮤니케이션 분야를 정립하는 데 기여했다.

그리고 언론학에는 미국학파와 독일학파가 생산적으로 경쟁하고 있다. 미국학파는 자유주의의 전통에 토대하고 있다고 말할 수 있고, 독일학파는 권위주의 전통에 토대하고 있다고 말할 수 있다.

미국학파는 과학주의를 지향하는 데 반하여 독일학파는 인문주의를 지향한다고 말할 수 있다. 미국학파가 지향하는 과학주의는 가치중립적 연구를 지향하고, 독일학파가 지향하는 인문주의는 가치주입적 연구를 지향한다.

미국학파는 사적 커뮤니케이션과 공적 커뮤니케이션 현상을 구분하지 않고 연구하는 데 반하여 독일학파는 사적 커뮤니케이션 현상은 연구하지 않고 공적 커뮤니케이션 현상만을 광범위하게 연구한다. 그래서 독일학파의 언론학을 공시학(公示學, *publizistikwissenschaft*)이라 부른다. 공시학은 연극, 영화, 선전, 변론술, 서한, 포스트 등 공시현상 모두를 연구대상으로 삼고 있다.

4) 학문적 체계

언론학은 언론현상을 연구문제에 따라서 귀납적으로 연구할 수도 있고 연역적으로 연구할 수도 있다. 귀납적인 연구방법은 문제론적 연구방법이고, 연역적인 연구방법은 체계론적 연구방법이다.

언론학은 전술한 바와 같이 과학을 지향하고 이론정립을 궁극적인 목적으로 삼고 있는 학문분야이다. 언론학이 언론학의 기본성격과 목적지향성을 존중한다면 귀납적인 연구방향보다는 연역적인 연구방향이 보다 강조되어야 한다.

언론학이 학문적 체계를 제시하는 이유가 바로 여기에 있다고 말할 수 있다. 언론학의 학문적 체계가 가지고 있는 장점 몇 가지를 제시하면 다음과 같다.

(1) 학문의 과학적 구성을 가능케 한다.
(2) 개념적 혼란을 극복하는 데 기여한다.
(3) 개별연구에 대한 분석적 기준을 제시한다.
(4) 연구의 편재성(偏在性)과 중복성을 줄이는 데 기여한다.
(5) 새로운 연구 분야를 발견하는 데 지침이 된다.
(6) 학문의 궁극적인 목적인 이론정립에 기여한다.
(7) 순수사회과학으로서의 학문적 정체성을 높이는 데 기여한다.

언론현상을 과학적으로 연구하는 데 도움이 되는 학문적 체계는 어떻게 구성하는 게 바람직한가. 《신문학이론》은 1974년에 언론학의 학문적 체계를 다음과 같이 제시한 바 있다.[2)]

---

2) 서정우 외(1974), 《신문학이론》, 서울: 박영사, 12쪽.

(1) 송신자연구(*source analysis*)
(2) 내용연구(*message analysis*)
(3) 매체연구(*channel analysis*)
(4) 수용자연구(*receiver analysis*)
(5) 시간적 상황연구(*history analysis*)
(6) 공간적 상황연구(*comparative analysis*)
(7) 효과연구(*effect analysis*)

송신자연구는 다시 이념·제도 연구(거시적 분석), 조직·구조·기능 연구(중시적 분석), 기자·기자직 연구(미시적 분석)로 세분되고, 내용연구는 상징연구, 문장연구, 의미연구로 세분된다. 학자에 따라서는 내용연구를 취재연구, 보도연구, 편집연구로 분류하기도 한다.

매체연구는 매체유형연구, 매체특성연구, 매체기술연구로 세분되고, 수용자연구는 수용동기연구, 수용행태연구, 수용효과연구로 세분되고, 시간적 상황연구(역사연구)는 언론사(史)연구, 언론학사연구, 언론기술사연구로 세분된다.

공간적 상황연구(비교언론연구)는 선진국언론연구, 공산권언론연구, 동양언론연구로 세분되고, 효과연구는 인간변화연구, 조직변화연구, 사회변화연구로 세분될 수 있겠다.

2. 왜 언론통제론인가

언론통제론이란 조직으로서의 언론사, 조직성원으로서의 언론인(기자, PD)에 가해지는 영향력의 유기적이고도 역동적인 상호작용관계를 분석함으로써 진리와 자유상태를 규명하는 송신자연구의 한

분야를 의미한다.

언론통제론은 송신자연구의 한 분야이기 때문에 언론학 연구에서 가장 기초적이고 기본적인 연구라고 말할 수 있다. 바꾸어 말하면, 언론통제연구가 없이는 송신자연구가 성립하기 어렵고, 송신자연구가 없이는 언론학연구가 성립하기 어렵다는 뜻이다. 그래서 시카고 대학의 정치학 교수인 헤롤드 라스웰(Harold Lasswell)은 송신자연구를 바로 통제분석(*control analysis*)이라 규정했다.

언론통제론은 언론학연구에 몇 가지 학문적 기여를 했다. 첫 번째 기여는 그동안 언론효과 연구에 치우쳤던 언론학 연구전통을 송신자 연구 쪽으로 방향을 전환하는 데 도움을 준 점이다. 그동안 언론학 연구는 세계대전과 같은 위기적 상황, 서구자본주의의 영향, 미국사회의 실용주의적 경향, 매스미디어의 급격한 보급과 그 영향력 때문에 효과연구 쪽으로 크게 경도되어 왔었다. 이 경우, 세계대전이란 제1차 세계대전과 제2차 세계대전을 의미하고, 서구자본주의의 영향이란 기업논리, 이윤추구논리, 시장논리 등을 의미한다. 미국사회의 실용주의적 경향이란 형식논리보다는 현실논리를 우선하는 경향, 명분보다는 현실을 우선하는 경향, 사실에 토대하여 진실을 탐구하는 실사구시(實事求是)적 경향 등을 의미한다. 아울러 매스미디어의 급격한 보급과 그 영향력이란 매스미디어의 양적 증가, 매스미디어의 질적 다양성, 매스미디어 정책의 자유화와 개방화, 매스미디어의 정기능과 역기능의 급격한 부각 상태를 의미한다.

언론통제론의 두 번째 기여는 매스미디어 내용을 생산하는 공장의 공정과정을 분석함으로써 그 내용의 실체를 규명하는 데 도움을 준다는 점이다. 언론내용이란 크게 현재적 내용(*manifest content*)과 잠재적 내용(*latent content*)으로 분류된다.

현재적 내용은 내용분석방법으로 규명될 수 있지만 잠재적 내용은 내용분석방법으로 규명되기 어렵다. 어떻게 보면 현재적 내용은 빙산의 일각에 해당되고, 빙산의 몸체는 잠재적 내용이라고 말할 수 있다. 현재적 내용은 눈에 보이는 형상이고 잠재적 내용은 눈에는 보이지 않지만 본질에 가까울 수 있다. 그리고 현재적 내용은 사실(*fact*)이고 잠재적 내용은 진실(*truth*)일 수도 있다.

그러면 잠재적 내용은 어떻게 규명할 수 있는가. 잠재적 내용은 전술한 바와 같이 내용이 생산되는 공장의 공정과정을 면밀히 분석함으로써 어느 정도 밝힐 수 있게 되는 것이다. 이 방법 외에는 잠재적 내용을 밝힐 수 있는 길이 현재로서는 없다고 말할 수 있다.

언론통제론의 세 번째 기여는 언론자유 상태를 규명하는 데 도움을 준다는 점이다. 언론자유는 대단히 추상적인 개념이기 때문에 과학적인 방법으로는 규명되기 어려운 차원에 있다. 따라서 대부분의 언론자유 논의는 이념적, 사상적, 철학적, 역사적 차원에서 이루어지고 있음이 현재까지의 추세이다.

언론통제론은 통제상태를 분석함으로써 자유상태를 규명하는 연구작업이라 하겠다. 언론자유와 통제는 동전의 앞뒤와 같은 현상들로서 상호 긴밀히 연관되어 있다. 따라서 동전의 한 면에 관한 연구는 자연스럽게 동전의 다른 면의 상태를 밝히는 데 유기적으로 도움이 된다.

현재까지의 언론자유 연구는 자유상태를 연구함으로써 자유상태를 밝히는 차원에 한정되어 있다고 보겠다. 언론통제론은 그 반대의 연구접근이라 하겠다. 비유적으로 말하면, 어두운 밤을 연구함으로써 찬란한 아침의 상태를 밝히는 연구접근이라 말할 수 있다.

언론통제론에서 중심개념인 통제는 두 가지 의미를 가진다. 넓은 의미의 통제는 조직으로서의 언론사와 조직성원으로서의 언론인에 가해지는 모든 영향력을 총칭한다. 그러니까 넓은 의미의 통제는 정치·경제·사회·문화적 영향력뿐만 아니라 조직내부에 존재하는 내적 영향력을 포괄한다는 뜻이다.

따라서 광의의 통제는 반드시 부정적인 개념도 아니고, 반드시 자유의 반대개념 또한 아니다. 좁은 의미의 통제는 일반적으로 정치권력에 의해서 행사되는 영향력을 의미한다. 따라서 정치권력에 의해서 행사되는 영향력은 그 성격상 부정적인 개념이고, 정치적인 개념이고, 자유의 반대개념이라고 말할 수 있다.

3. 언론통제론의 분석체계

조직으로서의 언론사와 조직성원으로서의 언론인에 가해지는 통제는 크게 외적 통제와 내적 통제로 분류된다. 외적 통제는 일반적으로 정치적 통제, 경제적 통제, 사회적 통제, 문화적 통제로 다시 세분되고, 내적 통제는 다시 조직통제와 자율통제로 세분된다.

이러한 관계를 그림으로 표시하면 다음과 같다.[3]

〈그림 2-1〉 통제론의 분석체계

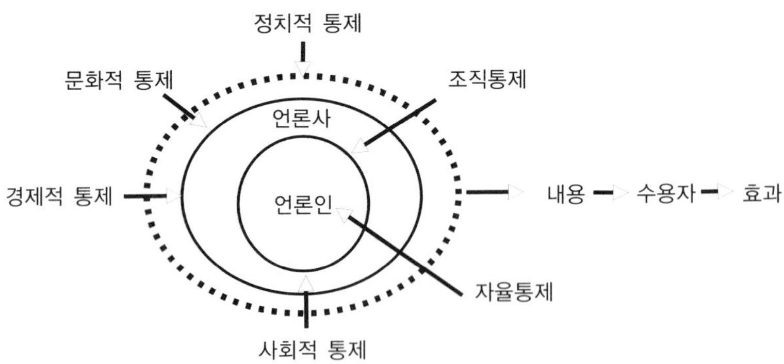

3) 서정우 외(1978), 《언론통제이론》, 서울: 법문사, 49쪽.

언론에 가해지는 통제는 전술한 바와 같이 4개의 외적 통제와 2개의 내적 통제로 구성된다. 따라서 언론통제론의 연구 분야는 정치적 통제론, 경제적 통제론, 사회적 통제론, 문화적 통제론, 조직통제론 그리고 자율통제론이 된다. 이들 연구 분야들이 언론통제론의 하위 체계를 구성한다.

이들 통제요인들은 대단히 복잡하고 유기적인 관계 속에서 언론에 영향을 준다. 교육의 목적상 외적 통제를 정치 · 경제 · 사회 · 문화로 한정하지만 실제적인 차원에서 보면 언론에 영향을 미치는 외적 통제는 수없이 많을 수 있다.

몇 가지 예를 들면 방송위원회와 같은 공적 기구에 의해서 행사되는 통제상황, 법에 의해서 행사되는 규범적 통제상황, 기술적 장치의 유무와 기술적 능력의 유무에 의해서 행사되는 기술적 통제상황, 조간신문이 석간신문에 미치는 영향력이라든가 방송이나 통신이 신문에 미치는 영향력과 같은 매체횡단적 통제상황, 세계적인 언론관계 기관이나 회사에 의해서 행사되는 영향력과 같은 국가의 경계를 넘어서 행사되는 국제적 통제상황 등이 있을 수 있다.

6개의 통제요인들이 각기 개별적으로 영향을 줄 수도 있고 다른 통제요인들과 연계되어서 복합적으로 작용하기도 한다. 바꾸어 말하면, 형식은 경제적 통제인데 본질은 정치적 통제일 수가 있다. 1974년 12월 26일 박정희 정권에 의해서 자행된 〈동아일보〉 광고해약사태가 대표적인 사건이라 할 수 있다. 이것은 외적 통제 간의 유기적이고 은밀한 관계를 나타낸 사건이다.

정부의 의도를 언론사나 언론인이 미리 간파하고 자신을 통제하는 경우도 있을 수 있다. 어떤 사안에 대하여 정부가 어떤 구체적인 요구를 하지 않았는데도 불구하고 언론사나 언론인이 미리 알아서 정부의 의도대로 처리하는 경우라고 말할 수 있다. 이것은 외적 통제와 내적 통제 간의 은밀하고 유기적인 관계가 된다.

통제요인들과 언론조직 간의 관계는 기본적으로 투입(*input*)과 산출(*output*)의 체계적 관계라고 말할 수 있다. 산출은 언론체계가 투입을 어떻게 관리하느냐의 결과로 나타나는 현상이다. 따라서 부정적인 투입은 부정적인 산출을 생산하게 되고, 그 반대로 긍정적인 투입은 긍정적인 산출을 생산하게 되는 것이다.

언론자유와 규제 간의 관계는 역동적 평형상태가 가장 바람직하다고 보겠다. 평형상태(*equilibrium*)에는 3가지 유형이 있는데 그들은 완전 평형상태, 불완전 평형상태, 역동적 평형상태이다. 완전 평형상태는 완전히 고정되어 있는 평형상태를 의미하고, 불완전 평형상태는 외부의 자극에 의해서 쉽게 파괴되는 평형상태를 의미하고, 역동적 평형상태는 외부의 자극에 따라서 자연스럽게 조정되는 평형상태를 의미한다.

이 지구상에 완전한 언론자유를 향유하는 나라는 현실적으로 존재하지 않는다. 그리고 언론자유가 규제에 의해서 시시각각으로 변화하는 상태는 국가발전을 위해서 바람직하지 못하다. 자유민주주의 국가에서 자유와 규제 간의 가장 바람직한 평형상태는 국가상황, 사회상황, 독자상황, 언론사상황 등에 역동적으로 적응하면서 자리잡아가는 평형상태라고 말할 수 있다.

이러한 이유 때문에, 언론통제에 관한 종합적인 연구는 6개의 내외적 통제요인들을 개별적으로 집중분석하는 작업과 더불어 외적 요인 간의 관계, 내적 요인 간의 관계, 외적 요인과 내적 요인 간의 관계를 분석해야 한다. 연구 분석의 대상이 되는 통제요인 간의 관계는 전술한 바와 같이 유기적인 관계, 역동적 관계, 체계적 관계 등을 포괄한다.

언론통제는 사회가 발전하고 성숙함에 따라서 외적 통제로부터 내적 통제로 진화하리라 예상된다. 바꾸어 말하면, 정치적 통제는 경제적 통제로 진화하고, 경제적 통제는 사회문화적 통제로 진화하고, 사회문화적 통제는 조직통제로 진화하고, 조직통제는 통제의 마지막 국면인 자율통제로 진화하게 되리라 예상된다는 뜻이다.

이러한 차원에서 보면, 자율통제는 통제분석의 지향이며 이상이라고 말할 수 있다. 통제분석의 궁극적 목적은 자율통제영역을 확장하고 정착하는 데 있다고 말할 수 있다. 자율통제가 정착되면 그 외 모든 통제영역들은 큰 의미를 상실하기 때문이다.

정치적 통제는 정치체계로부터 행사되는 영향력을 의미한다. 따라서 정치적 통제는 넓은 의미에서 보면 입법부, 사법부, 행정부, 정당, 정치적 이익집단 등에 의해서 행사되는 영향력을 의미하고, 좁은 의미에서 보면 행정부에 의해서 행사되는 영향력을 의미한다. 일반적으로 정치적 통제는 정부통제를 의미한다고 말할 수 있다.

경제적 통제는 경제체계로부터 행사되는 영향력을 의미한다. 경제적 통제의 대표적인 유형으로서는 사주로부터의 통제, 광고주로부터의 통제, 독점과 집중의 결과로 나타나는 모기업으로부터의 통제를 의미한다.

사회적 통제는 사회적 체계로부터 행사되는 영향력을 의미한다. 사회적 통제는 크게 보면 국민에 의한 통제를 의미하고, 작게 보면 수용자에 의한 통제를 의미한다. 사회적 통제를 행사하는 대표적인 사회단체로서는 수용자단체, 언론단체, 종교단체, 학부모단체, 여성단체, 학술단체가 있다.

문화적 통제는 문화체계로부터 행사되는 영향력을 의미한다. 이 경우 문화체계란 그 사회의 도덕, 윤리, 중심가치, 예의, 전통, 관습, 관행 등을 말한다. 일반적으로 문화적 통제는 사회적 통제와 긴밀히 연계되어서 행사된다.

조직적 통제는 언론조직체계로부터 행사되는 영향력을 의미한다. 사주에 의한 통제, 사규에 의한 통제, 수문장에 의한 통제가 있다. 사주에 의한 통제는 외적으로는 경제적 통제 그리고 내적으로는 조직적 통제로 행사되는 경향을 가진다.

자율적 통제는 언론인의 자율체계에 의한 영향력 행사를 의미한다. 이 경우 언론인의 자율체계란 이성에 의한 지배, 도덕적 완성, 윤리적 구속, 자연과의 합일, 신과의 합일 등으로 구성된다. 언론학은 자율적 통제의 지름길을 전문화에서 찾고 있다. 전문화란 전문성을 향상시키는 과정을 의미한다.

언론통제론의 분석체계는 하나의 모형이기 때문에 모형의 특성상 간결하게 구성되는 구조를 가진다. 따라서 조직으로서의 언론사와 조직성원으로서의 언론인에게 가해지는 그 밖의 수많은 통제요인들을 완벽하게 포괄하지 못한 약점을 구조적으로 안고 있다고 말할 수 있다. 이러한 이유 때문에 보다 나은 분석체계의 모형을 구축하기 위해서는 다음과 같은 통제요인들을 신중히 고려해야 한다.

(1) 방송위원회, 언론중재위원회, 한국방송광고공사(KOBACO), ABC협회와 같은 공적 기구들에 의해서 행사되는 공적 통제(*public control*) 요인들
(2) 언론활동과 관계되는 각종 법체계에 의해서 행사되는 규범통제의 요인들
(3) 언론활동에 필요한 콘텐츠와 기술(*hardware*)을 제공해 주는 언론사, 언론통신사, 언론관계 기업들에 의해서 행사되는 국내외적 통제요인들
(4) 조간이 석간에 미치는 영향력, 방송이 신문에 미치는 영향력, 인터넷이 신문·방송에 미치는 영향력, 중앙지가 지방지에 미

치는 영향력, 유력지가 군소지에 미치는 영향력, 통신이 신문·방송에 미치는 영향력과 같이 언론이 언론에 미치는 통제요인들

(5) 언론활동에 필요한 기술적 능력의 소유 여부, 기술에의 접근가능성 여부, 컴퓨터가 취재보도와 편집에 미치는 영향력, 카메라가 취재보도와 편집에 미치는 영향력과 같은 기술적 통제요인들

(6) 개별 노조가 언론에 미치는 내적 통제요인, 산별노조와 노조연합에 의해서 생산되는 외적 통제요인과 같이 언론노조가 언론행위에 미치는 통제요인들

제 3 장

언론자유에 대한 철학적 사색

1. 자유에 대한 다양한 논의

언론자유에 대한 철학적 사색은 자유에 대한 논의로부터 시작됨이 바람직스럽다. 왜냐하면 자유는 언론자유의 상위개념이며 전체개념이기 때문이다. 자유는 정신적 자유로 축소되고, 정신적 자유는 사상표현의 자유로 축소되고, 사상표현의 자유는 언론의 자유로 축소된다고 말할 수 있다. 최근에 와서 언론자유는 다시 국민의 알권리로 축소되고 구체화되고 있다.

자유는 언론자유의 상위개념이고 전체개념이지만 양자는 반드시 동일현상이라고 말하기 어렵다. 자유는 개인적 자유에서부터 사회적 자유에 이르는 모든 영역의 자유를 의미하지만 언론자유는 그 가운데서도 사회적 자유영역에 속하는 자유만을 의미하기 때문이다.

자유와 언론자유는 반드시 동일현상이 아니라 하더라도 자유는 전술한 바와 같이 언론자유의 상위개념이고 전체개념이기 때문에 자유에 대한 논의는 언론자유에 대한 논의의 의미 있는 시발점이 될 수 있다고 말할 수 있다. 그리고 자유연구는 또한 언론자유 연구를 위한 중요한 단서를 제공해 줄 수 있다고 말할 수 있다.

따라서 언론자유에 관한 연구의 중요한 과제는 자유와 언론자유 간에는 어떤 유사점과 차이점이 있는가를 밝히는 데 있다고 보겠다. 바꾸어 말하면, 자유론을 언론자유론에 얼마만큼 적용할 수 있는가 혹은 언론자유론은 자유일반론과 비교해 얼마나 특수한 성격을 가진 자유인가 등을 규명할 필요성이 제기된다는 뜻이다.

자유는 유형의 실체가 아니고 무형의 가능성이기 때문에 그것에 대한 연구는 다분히 철학적이고 관념적이고 사상사적인 논의에 머물러 있다고 말할 수 있다. 그 결과, 자유에 대한 경험적이고 계량적이고 실증적인 연구는 대단히 부진한 상태에 있게 된다.

다르게 표현하면, 자유에 대한 연구는 자유의 특성상 귀납적 연구보다는 연역적 연구의 성격을 띠게 된다고 말할 수 있다. 연역적 연구란 체계적인 연구로서 전체로부터 부분으로 접근하는 연구를 의미하고, 귀납적 연구는 문제론적 연구로서 부분으로부터 전체로 접근하는 연구를 의미한다.

자유에 대한 철학적이고 관념적이고 사상사적인 연구는 인문학적인 연구라고 말할 수 있고, 자유에 대한 경험적이고 계량적이고 실증적인 연구는 사회과학적인 연구라고 말할 수 있다. 자유에 대한 연구는 자유의 특성상 사회과학적인 접근보다는 인문학적인 접근을, 귀납적 접근보다는 연역적 접근을 선호하는 경향을 나타내고 있다.

자유는 자유의 특성상 다양한 모습으로, 다양하게 존재하며, 또한 다양하게 기능하고 역할한다. 따라서 자유에 대한 연구 역시 가능한 한 다양한 방법으로 접근하는 것이 바람직하다 하겠다. 인문학적인 접근, 사회과학적인 접근, 연역적 접근, 귀납적 접근 등이 다양하게 상호보완적으로 활용될 때 자유의 실체를 보다 총체적으로 규명할 수 있기 때문이다.

자유논의의 중요성은 아무리 강조해도 지나치지 않는다. 왜냐하면 자유논의는 언론자유 논의의 선행요건이며, 언론자유 논의는 언론학의 가장 중요한 핵심 연구과제이기 때문이다. 언론은 자유를 떠나 존립하기 어렵고, 언론학은 언론자유론을 떠나 존립하기 어렵다.

따라서 언론학은 자유논의를 보다 다양한 관점에서 전개해야 하겠다. 언론학은 인문학적이고 연역적인 차원에 머물러 있는 자유논의를 사회과학적이고 귀납적인 차원으로 확대하는 노력을 경주해야 한다는 뜻이다.

2. 자유사상의 전개

1) 자유의 본질적 속성

자유란 인류의 가장 보편적 가치이며 생명과 같이 창조주로부터 부여받은 양도 할 수 없는 천부적 권리라고 말할 수 있다. 그리고 자유는 공기와 같이 인간사회의 필수적 조건이며 환경이다. 공기가 없으면 인간사회의 존립과 기능이 불가능하게 되는 것과 마찬가지로 자유가 없으면 인간사회는 제대로 존립하고 기능하기 어렵게 된다.

자유는 우리 인류가 창안한 사상 가운데서 가장 숭고하고, 가장 위대하고, 가장 경건하고, 가장 엄숙한 사상이라고 말할 수 있다. 토머스 제퍼슨(Thomas Jefferson)에 의하면, 신은 우리 인간에게 자유와 생명을 동시에 부여한 것이다.

자유는 유형의 실체가 아니고 무형의 가능성이며, 구체적 법익 개념이 아니고 추상적이고 관념적인 개념이다. 그렇기 때문에 자유는 아무리 중요한 가치라 하더라도 계속 들추어 상기시키지 않으면 쉽게 망각되고 침해되는 속성을 지닌다.

인류역사는 자유와 권위 간의 끊임없는 투쟁사라고 말할 수 있다. 우리나라의 현대사가 이 사실을 잘 말해주고 있다. 왜 권위주의는 자유주의보다도 먼저 등장했는가. 왜 권위주의는 아직도 가장 보편적인 이론으로 인간사회에 존재하고 기능하는가.

권위는 유형의 실체인 데 반하여 자유는 무형의 가능성이기 때문이다. 권위는 소수 권력자에 의해서 향유되는 데 반하여 자유는 다수 국민에 의해서 향유되는 존재이기 때문이다. 권위는 권력과 직결되어 있다. 권위 주체는 자신의 권위를 지키기 위해서 온갖 권력을 행사하지만 자유 주체는 자신의 자유를 지키기 위해서 필요한 노력을 경주하지 않는다. 자유란 자유의 의미를 알고 실천할 수 있는 능력을 가진 자에게만 자유로서 구현되는 속성을 지닌다. 그래서 사상가들은 자유를 능력이라 규정한다.

그러니까 자유의 수준은 자유주체의 능력수준과 정비례한다는 뜻이다. 그것은 개인의 경우든 국가의 경우든 마찬가지이다. 자유의 의미를 알고 실천할 수 있는 국민의 수는 소수에 해당되고, 자유의 의미를 알고 실천할 수 있는 국가의 수도 소수에 해당된다고 말할 수 있다. 그렇기 때문에 권위주의는 아직도 가장 보편적인 사상으로 존재하게 되는 것이다.

공기는 맑을 때 보존해야 하고, 자유는 자유로울 때 지켜야 한다. 그러나 인간은 인간의 숙명적 한계 때문에 공기가 맑을 때는 보존하려고 노력하지 않고, 자유는 자유로울 때 지키려고 노력하지 않는다. 바꾸어 말하면. 인간은 공기가 공해물질에 의해서 오염되었을 때 비로소 맑은 공기의 소중함을 알고 지키려고 하고, 자유가 권위에 의해서 파괴되었을 때 비로소 자유의 가치를 알고 지키려고 노력한다는 뜻이다. 그렇기 때문에 자유주의는 권위주의보다도 늦게 등장하게 되는 것이다.

2) 자유의 선행요건

무엇이 인간으로 하여금 진정 자유롭게 하는가. 인간은 어떤 상태에서 보다 더 자유로운가. 자유상태를 결정하는 선행요건들은 무엇인가.

중국사상은 자유의 선행요건으로 도덕적 완성을 제기한다. 공자와 맹자로 대표되는 유가사상과 노자와 장자로 대표되는 도가사상은 도덕적 완성이 인간으로 하여금 자유롭게 한다고 설명한다. 그러나 도덕적 완성을 이룩하는 방법에 대해서는 유가사상과 도가사상은 다르게 설명한다. 유가사상에 따르면 도덕적 완성이란 예(禮)사상으로 이룩된다고 설명하고, 도가사상에 따르면 도덕적 완성이란 자연과의 합일, 즉 사욕의 극복이나 물욕으로부터의 해방을 통해서 이룩된다고 설명한다. 유가사상에서 말하는 예사상이란 '구별윤리의 자의식사상'으로 설명된다.

그리스사상은 자유의 선행요건으로 이성에 의한 지배를 제기한다. 그리스의 대표적인 자유사상가인 아리스토텔레스는 이성이 최고도로 발휘될 때 인간은 자유롭게 된다고 설명한다. 그리스의 대표적인 권위주의 사상가인 플라톤 역시 이성에 의한 지배관계를 인정한다. 그러나 플라톤은 자유보다는 자유의 향락적 방종과 그 위험성을 보다 더 강조한 철학자로 평가된다.

기독교 사상은 '진리가 너희를 자유롭게 하리라'라고 설명한다(요한복음 8장 32절). 그러니까 기독교 사상은 자유의 선행요건을 진리에의 순응, 말씀에의 순응, 복음에의 순응으로 설명한다. 기독교 사상은 '개성이 신 앞에 완전히 매몰될 때 인간은 자유스러워진다'라고 설명한다. 부연하면 기독교 사상은 자기 상실과 신과의 합일이 자유의 선행요건이 된다고 설명하는 것이다.

불교사상은 자유의 선행요건으로 무소유와 참나(眞我)의 발견을 제기한다. 불교사상에 의하면, 무소유란 '가진 것 없이 모든 것이 존재하는 상태'가 된다. 적게 소유하면 많이 자유롭고, 크게 버리면 많이 얻고, 마음을 비우면 세상을 얻게 된다고 설명한다. 무소유 사상은 물욕으로부터의 해방을 의미한다.

전술한 도가사상은 불교의 무소유 사상이나 물욕으로부터의 해방사상으로부터 크게 영향을 받은 것 같다. 따라서 자유에 대한 동양사상은 중국사상만으로는 부족하고 인도사상이나 불교사상에 대한 심도 있는 탐구가 필수적이라고 판단된다.

불교사상에 의하면, 무소유는 참나를 발견하는 데 필요한 선행요건이고, 도를 닦음으로써 깨달음을 얻는 것은 필요한 과정이 된다. 불교사상에서 말하는 참나의 발견은 서양철학에서 말하는 본성의 발견과 유사한 개념이라 말할 수 있다.

미국의 사상가인 에머슨(Ralph W. Emerson)은 '자기신뢰'(*Self-Reliance*)라는 글 속에서 "이 세상의 어떤 법도 내 본성만큼 성스러울 수 없다"라고 설파한다. 화계사의 현각 스님은 본성과 자유의 관계에 관하여 "이 세상에서 내가 찾는 유일한 관심사는 본성을 찾는 일이다. 본성에 대한 직관만이 나를 자유롭게 한다"라고 설파한다.

영국의 철학자인 홉스(Thomas Hobbes)는 《리바이어던》이란 책 속에서 자유의 선행요건으로 저항의 부재를 제기한다. 내적 자유는 내적 저항의 부재상태를 의미하고, 외적 자유는 외적 저항의 부재상태를 의미한다. 내적 저항은 죽음과 연관된 고통, 이별과 연관된 고통, 실연의 고통, 실패의 고통, 죄악의 고통으로부터 본능, 욕심, 이기주의, 편견, 우월의식, 오만, 선입견까지를 포괄한다.

외적 저항은 질병, 사고, 재난 등으로 연유되는 육체적 고통으로부터 정치, 경제, 사회, 문화적 차원의 각종 저항까지를 포괄한다.

일반적으로 내적 자유는 조직에 기인하지 않는 자유를 의미하고, 외적 자유는 조직에 기인하는 자유를 의미한다.

3) 자유와 연관되는 개념들

자유와 연관되는 첫 번째 개념은 생명이다. 전술한 바와 같이, 미국의 사상가인 토머스 제퍼슨은 "신은 인간에게 자유와 생명을 동시에 부여했다"고 설명한다. 미국의 독립운동가인 패트릭 헨리(Patrick Henry)는 "나에게 자유를 달라, 그렇지 않으면 죽음을 달라"라고 주창했고, 영국의 자유사상가인 존 로크(John Locke)는 "생명, 자유, 행복추구권은 창조주로부터 부여받은 양도할 수 없는 인간의 천부적 권리"라고 설파한다.

자유와 연관된 두 번째 개념은 개성이다. 자유(自由)는 문자 그대로 자신(自)으로부터 연유(由)되는 개념이라 할 수 있다. 자유는 개인의 자유로부터 시작되어 사회적 자유로 확장된다. 개성의 개념을 확대하면 자의(自意) 혹은 자율(自律)개념을 포괄한다.

영국사회는 자유를 개성의 개념으로 인식한 나머지 그곳에 개인적 자유를 꽃피웠고, 독일사회는 자유를 이성의 개념으로 인식한 나머지 그곳에 법률하의 자유를 꽃피웠다. 독일사회는 개인보다는 집단을, 자유보다는 질서를, 사익보다는 공익을 더욱 강조하는 경향으로 발전했다. 그 결과, 독일사회는 한때 전체주의의 불행한 역사를 경험하기도 했다.

자유와 연관된 세 번째 개념은 능력이다. 아리스토텔레스는 자유란 이성에 의한 지배라고 했고, 존 로크는 자유란 의지의 힘이라고 설명했다. 자유란 만인에게 자유로 나타나지 않고 자유의 의미를 알고 실천하는 능력을 가진 자에게만 자유로서 구현되는 속성을 지닌다.

따라서 자유가 허용되는 수준은 개인의 능력이나 국가의 능력에 따라서 다르게 나타나게 된다. 그렇기 때문에, 현자의 자유 수준을 대중에게 그대로 적용해서도 안 되고, 선진국의 자유 수준을 후진국에 그대로 적용해서도 안 되는 것이다.

네 번째 개념은 책임이다. 자유는 의무를 수반하는 도덕적 권리로 규정된다. 영국의 희극작가인 조지 버나드 쇼(George Bernard Shaw)는 "자유는 책임을 의미한다. 그렇기 때문에 인간은 이것을 두려워한다"라고 설명한다. 언론의 사회책임 이론에 의하면, 자유 없는 책임은 가능해도 책임 없는 자유는 불가능하게 되는 것이다.

다섯 번째 개념은 '재정복의 과정'이다. 독일의 문호 괴테(Johann Wolfgang von Goethe)는 "실제적으로 구현되기 위한 자유는 계속적으로 재정복되어야 한다"라고 주창했고, 영국의 문호 밀턴(John Milton)은 "아무리 명백한 상태라 하더라도 계속 들추어 상기시켜야 한다"라고 주창했다. 이와 같이 자유상태는 그것을 보호하고 연마하는 노력과 비례하는 것이다.

여섯 번째 개념은 '무형의 가능성'이다. 전술한 바와 같이, 자유란 유형의 실체가 아니고 무형의 가능성이다. 자유는 정치·사회적 개념이지 법률적 개념이 아니라는 뜻이다. 그렇기 때문에, 자유는 쉽게 침해되는 속성을 지닌다. 이러한 이유 때문에, 자유는 최근에 와서 국민의 알권리 개념으로 구체화되고 유형화되고 있는 것이다.

일곱 번째 개념은 '지성의 자발성'이다 독일의 철학자 라이프니츠(Gottfried Wilhelm von Leibniz)는 "자유는 지성의 자발성"이라고 정의한다. 지성이란 단순한 지식과는 달리 깊이 사고하고 이해하고 판단하는 지적 능력을 의미한다. 자유는 기본적으로 지성의 영역이지 야성의 영역은 아니다. 그리고 자유는 기본적으로 자발성의 영역이지 강제성의 영역은 아니기 때문이다.

4) 자유의 차원과 유형

자유에는 선천적 자유와 후천적 자유가 있다. 선천적 자유는 개인적 자유에 해당되고 후천적 자유는 사회적 자유에 해당된다. 언론자유는 후천적 자유로서 사회적 자유에 해당된다.

자유에는 나의 자유와 남의 자유가 있다. 밀(John Stuart Mill)은 《자유론》에서 "남의 자유를 해치지 않는 범위 내에서 나의 자유를 구현하는 것이 진정한 자유"라고 설명한다. 인간은 인간의 숙명적 한계 때문에 남도 나와 같이 똑같은 자유를 향유하고 있다는 사실을 쉽게 망각한다.

자유에는 정신적 자유와 물질적 자유가 존재한다. 맑스(Karl Marx)의 표현을 빌리면, 정신적 자유는 상부구조적 자유를 의미하고, 물질적 자유는 하부구조적 자유가 된다. 그러니까 정신적 자유는 유심론적 자유를 의미하고, 물질적 자유는 유물론적 자유를 의미한다고 말할 수 있다.

정신적 자유와 물질적 자유 사이에는 차이는 존재해도 우열은 기본적으로 존재하지 않는다. 그들은 상호보완적 관계에 있다고 말할 수 있다. 그러나 우리는 음미해야 한다. 물질적 자유는 반드시 정신적 자유를 담보하는가. 정신적 자유는 어느 정도 물질적 자유를 담보하는가. "너희가 진실로 믿으면 맨주먹으로도 산을 움직일 수 있다"는 성서의 말씀은 무엇을 의미하는가.

자유에는 적극적 자유와 소극적 자유가 존재한다. 적극적 자유와 소극적 자유는 3가지 의미를 가진다. 첫째, 적극적 자유는 '무엇을 위한 자유'(*freedom for*)를 의미하고, 소극적 자유는 '무엇으로부터의 자유'(*freedom from*)를 의미한다. 둘째, 적극적 자유는 자유를 구속하는 통제구조의 체계적 제거를 의미하고, 소극적 자유는 통제구조의 부재상태를 의미한다. 셋째, 적극적 자유는 내적 자유를 의미하고, 소극적 자유는 외적 자유를 의미한다.

자유에는 절대적 자유와 상대적 자유가 존재한다. 절대적 자유는 미연방헌법 수정 제1조가 규정하는 그러한 자유를 의미하고, 상대적 자유는 밀의 《자유론》에서 제기한 나의 자유와 남의 자유, 개인적 자유와 사회적 자유 간의 관계를 의미한다. 미연방헌법 수정 제1조는 "의회는 어떠한 경우에도 언론자유를 제한하는 법을 제정하지 않는다"라고 규정하고 있다.

절대적 자유는 조건이 없는 자유를 의미하고, 상대적 자유는 조건이 있는 자유를 의미한다고 말할 수 있다. 다르게 표현하면, 절대적 자유는 목적적 자유를 의미하고, 상대적 자유는 수단적 자유를 의미한다.

5) 유럽의 자유사상 전개

유럽에서 자유사상은 오랜 역사 속에서 수없이 많은 사건과 사상가들에 의해서 진화되어 왔다. 구약성서의 자유사상, 신약성서의 자유사상, 로마법의 자유사상, 그리스의 자유사상, 영국의 대헌장과 자유사상, 르네상스의 인문주의 사상, 종교개혁과 자유사상, 프랑스의 시민혁명과 자유사상, 미국의 독립운동과 자유사상 등이 대표적인 사례들이라 하겠다.

그 많은 자유사상가들 가운데 대표적인 인물은 그리스의 아리스토텔레스, 영국의 존 밀턴(John Milton), 존 로크(John Locke), 존 스튜어트 밀(John Stuart Mill)이라고 말할 수 있다.

아리스토텔레스는 그리스의 자유주의 사상가로서 이데아를 추구하기 위한 능력으로서의 지적 자유를 제창했으며 인간은 이성을 최고도로 발휘할 때 자유스러워진다고 역설한 철학자이다. 밀턴은 영국의 시인이면서 자유사상가로서 〈아레오파지티카〉(*Areopagitica*)를 저술하면서 자유인의 독서하는 권리, 타인의 사상에 접근하는 권리, 자신의 사상을 발표하는 권리에 관한 자유주의적 입장을 천명했다.

〈아레오파지티카〉에 나타난 밀턴의 자유사상의 5대 명제를 요약하면 다음과 같다.4)

(1) 인간은 이성을 행사함으로써 정사선악을 구별할 수 있는 능력을 가지게 된다.
(2) 이러한 구별능력은 타인의 사상에 무제한 접근할 때에만 가능하게 된다.
(3) 진리는 자유롭고 공개된 시장에서 개인의 주장을 허용했을 때에만 생존을 위한 독특한 힘을 가지게 된다.
(4) 진리와 허위가 대결케 하라. 진리는 반드시 '자동조정의 과정'을 통해서 궁극적으로 승리하게 된다.
(5) 권력은 이러한 선악의 대결에 절대로 개입해서는 안 된다.

이러한 자유사상의 명제를 통해서 사상의 공개시장 이론(*theory of open market place of ideas*)과 사상의 자동조정 이론(*theory of self-righting process of ideas*)이 도출되었다.

로크는 영국의 자유사상가로서 인간의 자유, 독립, 평등사상을 제창했다. "모든 인간은 절대적인 자유와 독립 그리고 평등을 향유한다"는 그의 자연법사상은 미국사상에 결정적 영향을 미쳤다.

---

4) John Milton(1927), *Areopagitica*(A Speech for the Liberty of Unlicensed Printing to Parliament of England, 1644), London: Everyman's Library, pp. 23~38.

인간은 나면서부터 평등하다는 사상과 인간은 창조주로부터 부여받은 양도할 수 없는 생명, 자유, 행복추구권을 가진다는 독립선언의 기본정신과 언론자유의 절대적 지위를 보장한 미연방헌법 수정 제1조의 기본정신은 모두가 다 로크의 자유사상에서 영향을 받은 것이다. 그래서 미국의 교육자인 존 듀이(John Dewey)는 "우리는 미국의 역사를 논할 적에 존 로크까지만 올라가면 그만이지 그 이상은 없다"라고 주장한다.

밀은 영국의 경제학자이며 자유사상가로서 개인의 내면적 자유보다는 개인과 개인 간의 사회적 자유의 중요성을 주창한다. 그는 그의 명저 《자유론》에서 자유에 대한 4가지 명제를 다음과 같이 제시한다.[5)]

(1) 의견의 침묵은 진리의 침묵이다.
(2) 그릇된 의견이라도 한 면의 진리는 있는 것이다.
(3) 진리란 강요되면 편견으로 인식된다.
(4) 진리는 계속 경쟁되어야 생명력과 영향력을 가진다.

자유의 본질과 관련해서 밀은 "자유란 타인의 자유를 제한하지 않는 한도 내에서 자신의 의사대로 활동하는 상태"라고 규정하면서 여론에 의한 '다수의 폭정'(*tyranny of majority*)과 소수에 의한 '물리적 억압'을 동시에 비난했다. 그러니까 그는 권력자의 횡포를 막는 것만으로는 불충분하고 여론의 횡포나 감정의 횡포를 동시에 막아야 한다는 사실을 주창한 것이다.

---

5) John S. Mill(1954), *On Liberty Representative Government, The Subjection of Women(Three Essays)*, London: Oxford University Press, pp. 23~24.

6) 자유에 대한 몇 가지 정의[6)]

(1) 자유는 의지의 완성태이다(Duns Scotus, 영국, 1266~1308).
(2) 자유는 원래 저항의 부재를 의미한다(Thomas Hobbes, 영국, 1588~1679).
(3) 자유란 어떤 사람이 갖고 있는 특정한 행동을 하거나 삼가는 힘이다(John Locke, 영국, 1632~1704).
(4) 자유란 그것에 의해 우리는 의지의 결정에 따라 행동할 힘을 가진다(David Hume, 영국, 1711~1776).
(5) 자유는 도덕적 법칙에만 따르고 그 밖의 모든 것으로부터 독립하는 것이다(Immanuel Kant, 독일, 1724~1804).
(6) 자유는 지성의 자발성이다(Gottfried Wilhelm Leibniz, 독일, 1646~1716).
(7) 자유는 변형된 필연성이다(Georg Wilhelm Friedrich Hegel, 독일, 1770~1831).
(8) 자유는 의지의 힘이다(Hermann Cohen, 독일, 1842~1918).
(9) 인간의 자유는 정신의 지배이다(Friedrich Paulsen, 독일, 1846~1908).
(10) 자유는 정신이 그 의지를 실행하는 능력이다(Charles Bonnet, 프랑스, 1720~1793).
(11) 자유는 존재하는 것을 존재하는 것으로 드러내는 데 참여하는 것이다(Martin Heidegger, 독일, 1889~1996).
(12) 자유로운 인간은 이성의 명령에만 따라서 사는 사람이다(Baruch Spinoza, 네덜란드, 1632~1677).

---

6) Maurice Cranston, *Freedom-A New Analysis*, 황문수 역(1989), 《자유란 무엇인가》, 서울: 문예출판사, 31~32쪽.

(13) 자유란 존재의 적나라한 자연법칙을 통해 규정되지 않는 자를 절대적으로 규정하는 것일 뿐이다(Friedrich Schelling, 독일, 1775~1854).

(14) 자유는 자연적 필연성에 바탕을 두고 우리들 자신과 외적 자연을 통제하는 것이다(Friedrich Engels, 독일, 1820~1895).

3. 언론자유와 국민의 알권리

1) 언론자유의 개념적 속성

언론자유는 자유의 구체적 표현이다. 언론자유는 자유가 축소되어 형성된 개념이란 뜻이다. 따라서 자유는 언론자유의 상위개념이고 전체개념이며, 언론자유는 자유의 하위개념이고 부분개념이 된다.

언론자유는 사회적 자유이다. 따라서 언론자유는 선천적 자유가 아니고 후천적 자유가 된다. 언론자유는 또한 절대적 자유가 아니고 상대적 자유이고, 사적 자유가 아니고 공적 자유로 규정된다. 따라서 언론자유는 다른 사회적 권리와의 관계 속에서 기능하는 의무를 수반하는 도덕적 권리라고 말할 수 있다.

언론자유는 위임된 자유이다. 언론자유는 언론사에 위임된 자유를 의미한다. 그러니까 언론자유는 기본적으로 국민에 속해 있는 것이지 언론사에 속해있는 것이 아니다. 바꾸어 말하면, 언론자유의 권리는 국민의 이익을 위해서 신탁된 집단권리이며 집단이 커지면 커질수록 그 권리는 더욱 중요해지는 속성을 지닌다.

언론자유는 우월적 자유이다. 언론자유는 '모든 자유를 자유롭게 하는 제 1의 자유'로 규정된다. 바꾸어 말하면, 헌법이 보장하는 학문의 자유, 예술의 자유, 종교의 자유 등은 언론자유가 보장된 연후에야 생명력을 갖는 자유라고 말할 수 있다. 우월적 자유를 선호적 자유(*preferred freedom*)라고도 부른다. 그렇다고 해서, 우월적 자유가 절대적 자유를 의미하는 것은 아니라는 사실을 유념해야 한다.

언론자유는 민주화와 직결된 자유이다. 리프먼(Walter Lippmann)은 언론을 "민주주의의 성서"라고 규정한다. 언론자유는 민주화의 척도이기도 하다. 한 나라의 민주주의 수준을 알려거든 그 나라의 언론이 얼마나 자유롭게 취재·보도하고 있는가를 보면 알 수 있다는 말이 있다.

민주주의(民主主義)란 백성(民)이 나라의 주인(主)이 되는 정치이념을 의미한다. 백성이 나라의 주인으로서 주권을 책임 있게 행사하기 위해서는 나라살림에 대하여 신속하고 정확하게 알아야 한다. 백성이 나라살림에 대하여 알 수 있는 길은 현실적으로 언론밖에 없다.

언론자유란 의사소통의 자유를 의미한다. 언론자유는 단순히 정보를 전달하는 자유에 머물지 않고 상징적 상호작용을 통한 의미공유의 자유까지를 포괄한다고 말할 수 있다. 따라서 언론자유는 넓게 보면 정보를 전달하는 자유, 정보를 수용하는 자유, 정보를 교환하는 자유, 정보의 공통성을 수립하는 자유 등을 의미하게 된다.

언론자유는 좁게 보면 국민의 알권리를 의미한다. 국민의 알권리란 언론자유가 축소되어서 형성된 개념이다. 따라서 언론자유는 알권리의 상위개념이고, 알권리는 언론자유의 하위개념이라고 말할 수 있다. 국민의 알권리는 무형의 가능성인 언론자유를 유형의 실체로 바꾸기 위한 차원의 권리개념에 해당된다.

언론자유는 언론활동의 자유를 의미한다. 순전히 저널리즘 관점에서 보면, 언론자유란 정보원 접근의 자유, 취재의 자유, 보도의 자유, 논평의 자유, 편집·편성의 자유, 제작의 자유, 전달의 자유, 토론참여의 자유 등을 포괄한다.

2) 국민의 알권리란 무엇인가

국민의 알권리는 언론자유의 구체적 표현이다. 국민의 알권리는 언론자유와 같이 무형의 가능성이 아니라 유형의 실체를 가진 법익 개념이다.

국민의 알권리는 언론자유를 사회적 권리로부터 국민적 권리로, 소극적 권리를 적극적 권리로, 언론학적 개념을 법이나 사상적 개념으로 승화시키는 데 기여했다. 국민의 알권리가 소극적 권리를 적극적 권리로 승화시키는 데 기여했다는 뜻은 알권리를 수행하는 데 방해가 되는 정부적 요소의 배제로부터 그러한 정부에 대하여 정보공개를 의무화하는 권리로 발전시켰음을 의미한다. 미국의 언론법학자인 제임스 위긴스(James R. Wiggins)는 《자유 혹은 기밀》이란 책에서 국민의 알권리를 다음과 같이 5가지 차원을 포괄하는 개념으로 설명한다.[7)]

(1) 정보를 수집하는 권리
(2) 사전 제한 없이 정보를 인쇄 또는 방송하는 권리
(3) 보복의 두려움 없이 정보를 인쇄 또는 방송하는 권리
(4) 정보원이나 자료에 접근하는 권리
(5) 법을 악용하는 정부나 법을 무시하고 행동하는 시민에 의해서 방해됨이 없이 정보를 전달하는 권리

최근에 와서 국민의 알권리는 반론권(*right to be heard*), 접근권(*right of access*), 응답의 권리(*right to reply*), 의사소통의 권리(*right to*

7) James R. Wiggins(1964), *Freedom or Secrecy*, New York: Oxford University Press, pp. 3~4.

communicate)로 개념적 확장을 시도하고 있다. 결국 국민의 알권리는 정보의 권리(*right to information*)로 요약된다고 말할 수 있다.

국민의 알권리는 나라마다 다양하게 법으로 보장하고 있다. 우리나라의 기본법인 헌법에는 국민의 알권리를 직접적으로 인정하는 조항은 없다. 그러나 헌법 제21조 1항과 헌법 제37조 1항에서 간접적으로 이 권리를 인정하고 있다. 한때 우리나라의 언론기본법은 제6조에서 정부에 대하여 정보공개를 의무화하는 사회권적 조항으로 정보청구권을 인정한 적이 있었다.

미국의 경우, 연방헌법 수정 제1조와 정보자유법(Freedom of Information Act)에서 이 권리를 인정하고 있다. 정보자유법은 1967년에 제정된 일종의 정보공개법이라 할 수 있다. 독일은 기본법 제5조 1항에서 이 권리를 인정하고 있다.

국가적인 권리인 국민의 알권리는 현재 국제적인 권리로 확대되고 있다. 세계인권선언 제19조는 "모든 사람은 사상, 양심 및 신앙의 자유권을 가지며, 이 권리에는 아무런 간섭도 받지 않고 국경을 초월하여 정보를 구하고, 수용하고, 전달하는 자유가 포함된다"고 규정한다.

국민의 알권리를 보장하는 노력에 못지않게 저해하는 요인들도 다양하게 존재한다. 인간 본성 속에 국민의 알권리를 저해하는 요인이 있다. 인간은 야누스의 존재로서 신성과 동물성, 이성과 감성, 지성과 야성, 표현본능과 비밀본능 등을 동시에 가지고 있다. 인간이 가지고 있는 동물성, 감성, 야성, 비밀본능 등은 국민의 알권리를 저해하는 요인으로 작용할 수 있다.

국민의 알권리를 저해하는 상황적 요인도 있다. 냉전의 위협, 이념적 대결, 남북대결, 산업사회의 발전과 더불어 제기되는 기술정보의 보호요구, 정보사회의 발전과 더불어 제기되는 개인정보의 보호요구 등이 대표적 상황요인들이 되겠다.

행정부 차원의 요인도 있다. 강력한 대통령주의(*strong presidentialism*)의 대두, 행정부 특권(*executive privilege*), 대통령의 긴급조치권, 행정부의 관료화, 비대화, 형식화, 기밀화 등이 대표적인 저해요인이 된다.

의회 차원의 요인도 있다. 어느 나라를 막론하고 의회는 언론의 자유나 국민의 알권리를 신장하는 법을 제정하기도 하고 언론의 자유와 국민의 알권리를 제한하는 법을 제정하기도 한다. 언론기본법과 신문법들이 대표적인 사례라고 하겠다. 의회는 필요에 따라 공개회의를 하기도 하고 비밀회의(*executive session*)를 개최하기도 한다. 비밀회의의 증가는 국민의 알권리를 저해하는 요인으로 작용한다.

법원 차원의 요인도 있다. 어느 나라를 막론하고 법원은 정의를 위한 최후의 보루라고 말할 수 있다. 그러나 법원은 모든 상황에서 언론자유와 국민의 알권리를 신장하는 판결만을 내리는 것이 아니다. 경우에 따라서는 법원은 언론자유와 국민의 알권리를 제한하는 판결을 내릴 수도 있다. 이러한 법원의 행태는 국민의 알권리를 저해하는 요인으로 작용할 수 있다. 법원판결은 법원판사들의 구성이나 이념적 성향에 따라서 얼마든지 다르게 내릴 수 있는 것이다.

언론 차원에서도 저해요인이 있을 수 있다. 언론은 언론자유와 국민의 알권리를 먹고사는 나무라고 말할 수 있다. 그러니까 언론은 언론의 이러한 특성 때문에 언론자유와 국민의 알권리를 의도적으로 저해할 수는 없는 것이다.

그러나 언론은 사회적 하부체계로서 정치적 통제나 경제적 통제로부터 완전히 자유롭다고 말하기 어렵다. 경우에 따라서는 언론은 정치적 도구로 그리고 기업적 수단으로 전락하기도 한다. 언론의 무책임성, 비윤리성, 비전문성 등은 언론자유나 국민의 알권리를 저해하는 요인으로 작용할 수 있기 때문이다.

제 4 장

언론이념의 이론화 시도

1. 언론이론화의 다양한 접근

언론학의 학문적 체계에 따르면 언론학 연구는 송신자연구, 내용연구, 매체연구, 수용자연구, 시간적 상황연구, 공간적 상황연구, 효과연구로 구성된다. 시간적 상황연구는 역사연구가 되고, 공간적 상황연구는 비교언론연구가 된다.

따라서 송신자연구는 언론학 연구 가운데 첫 번째 연구에 해당된다. 첫 번째 연구로서 송신자연구는 다시 이념 · 제도 연구, 조직 · 구조기능 연구, 기자 · 기자직 연구로 세분된다. 이념 · 제도 연구는 거시연구(*macro study*)라 할 수 있고, 조직 · 구조기능 연구는 중시연구(*medeo study*)에 해당되고, 기자 · 기자직 연구는 미시연구(*micro study*)에 해당된다.

거시연구에서 가장 중요한 연구 분야는 언론이념의 이론화 작업이고, 중시연구에서 가장 중요한 연구 분야는 통제분석(*control analysis*)이고, 미시연구에서 가장 중요한 연구 분야는 언론의 전문화 분석(*professionalization analysis*)이라고 말할 수 있다.

언론이념의 이론화 작업은 영미학자들에 의해서 다양하게 이루어졌다. 첫 번째 시도는 시버트의 유형화[8]이고, 두 번째 시도는 윌리엄스의 유형화[9]이고, 세 번째 시도는 로웬스타인의 유형화[10]이다.

시버트 교수는 언론의 이론을 언론의 권위주의 이론, 언론의 자유주의 이론, 언론의 공산주의 이론, 언론의 사회책임 이론으로 분류했고, 윌리엄스 교수는 언론이론을 권위주의 이론, 가부장적 이론, 상업주의 이론, 민주주의 이론으로 분류했다. 로웬스타인 교수는 언론의 이론을 권위주의 이론, 사회적 중앙집권주의 이론, 자유주의 이론, 사회적 자유주의 이론으로 분류했다.

시버트의 유형화는 최초로 시도된 언론이념의 이론화 작업으로서 평가받고 있고, 윌리엄스의 유형화는 1960년대 영국사회의 미디어체계를 토대로 시도된 이론화 작업으로서 평가받고 있고, 로웬스타인의 유형화는 시버트의 유형화에 대한 수정이론으로 시도된 작업으로 평가받고 있다.

2. 시버트의 이론화와 언론자유의 명제

시버트 교수는 언론이념의 이론화를 전술한 바와 같이 언론의 권위주의 이론, 언론의 자유주의 이론, 언론의 공산주의 이론, 언론의 사회책임 이론으로 유형화했다. 시버트 교수는 이 유형화를 '언론의 4 이론'이라 불렀다.

---

8) Frederick S. Siebert et al.(1956), *Four Theories of the Press*, Urbana, Ill.: University of Illinois Press.

9) Raymond Williams(1962), *Britains in the Sixties: Communication*, Baltimore: Penguin Books.

10) John C. Merrill&Ralph L. Lowenstein(1971), *Media, Message and Men: New perspectives in Communications*, New York: David McKay Co., Inc.

언론의 4이론에 대해서는 긍정적 평가와 부정적 평가가 엇갈린다. 긍정적 평가는 3가지로 압축된다. 첫째, 이 유형화는 최초로 시도된 언론이념의 이론화 작업이란 사실이다. 둘째, 정치적 이념을 기본 토대로 시도된 이론화 작업이란 사실이다. 셋째, 역사적 차원에서 이론화함으로써 미래의 전망을 예측케 하는 작업이란 사실이다.

부정적 평가도 3가지로 압축된다. 첫째, 이 유형화는 너무 단순화된 이론이란 사실이다. 이 유형화로는 제 3세계 국가들이 가지고 있는 언론의 다양하고 특수한 상황들을 충분히 설명하기 어렵다고 지적한다. 둘째, 이념구조만으로 시도된 이론화 작업이란 사실이다. 그러니까 이 유형화는 언론의 상부구조만을 고려했지 언론의 하부구조, 즉 언론의 물질구조는 고려하지 않았다고 지적한다. 셋째, 사회책임이란 명제는 이론으로서 부적합하다는 사실이다. 그러니까 사회책임이란 명제는 권위, 자유, 공산과 비교할 때 아직 덜 정립된 개념이라고 지적한다.

1) 언론의 권위주의 이론

언론의 권위주의 이론은 역사적으로 가장 오래된 이론일 뿐만 아니라 지역적으로도 가장 광범위하게 확산된 이론이다. 이 이론의 사상적 원류는 그리스의 철학자인 플라톤(Platon: B. C. 427~347)이다.

플라톤은 그의 저서 《국가론》에서 귀족정치 형태의 정부를 이상화했으며, 법과 질서에 대한 중요성을 제창했고, 강력한 문화법령의 제정을 주창했으며, 사전검열의 필요성을 강조했다. 플라톤은 자유의 중요성을 부인하지는 않았지만 자유의 방종에 대하여 더욱 경고한 철학자이며 국정에서 현자의 권위를 제창한 사상가이다. 플라톤에 의하면, "국가란 도덕적 권위에 의해 지배받는 현자에 의해서 통치될 때 가장 안전"하게 된다. 왜냐하면 국가에 권위가 동등하게 배분되면 혼란이 초래되기 때문이다.

그런 차원에서 보면, 플라톤은 대중에 대한 비관론자라고 말할 수 있다. 플라톤에 의하면, 대중은 지적으로 무능하고, 심리적으로 불안하며, 교육적으로 미비한 존재이기 때문에 국정의 책임 있는 주체가 될 수 없다는 것이다.

플라톤의 권위주의 사상은 영국의 권위주의 철학자인 토머스 홉스(Thomas Hobbes: 1588~1679)로 이어진다. 홉스는 절대 권력을 정당화한 권위주의 철학자이며, 만인에 대한 만인의 투쟁을 해결할 강력한 국가의 필요성을 제창한 사상가이다. 홉스는 그의 저서 《리바이어던》(*Leviathan*, 1615)에서 "전체의 이익을 위해서는 개인의 이익이나 자유는 견제되어야 한다"고 주창한다. 그리고 그는 질서와 평화의 중요성을 강조한 사상가로도 유명하다. 그에 의하면 "질서와 평화를 유지하는 권력은 최상의 것으로서 개인의 사사로운 의견에 의해서 좌우될 수 없다. 왜냐하면 그것은 이성의 일차적 명령이기 때문"이다.

토머스 홉스의 사상은 절대적 권위주의 이론을 제창한 독일의 철학자인 게오르크 헤겔(Georg Hegel: 1770~1831)로 이어진다. 헤겔은 전통적인 권위주의 이론에다 절대성을 부여한 권위주의 철학자라고 말할 수 있다.

헤겔은 절대국가론을 제창하면서 "국가란 구체화된 도덕이며 역사의 진화과정에서 가장 위대한 개인"이라고 규정한다. 그는 절대이념론을 제창하면서 "개인의 행위는 개인의 지식이나 노력에 의해서 결정되는 게 아니고 절대적 이념에 의해서 결정된다"고 설명한다.

그는 국가 속에서의 자유를 주장하면서 "진정한 자유란 개인이 개인으로서 결코 자유로울 수 없다는 사실을 아는 자유"로 규정한다. 그러니까 그는 진정한 자유란 국가로부터의 자유가 아니고 국가 속에서의 자유를 의미한다고 설명한다. 헤겔의 사상은 그의 절대성 때문에 현대 공산주의와 파시즘의 사상적 기원이 된다.

언론의 권위주의 이론이 가지고 있는 인간관, 국가관, 자유관, 진리관, 언론관을 간단하게 정리해보자. 권위주의 이론은 인간을 비이성적 존재, 감성적 존재, 수단적 존재, 불완전한 존재, 원시적 존재로 파악한다. 그러니까 인간에 대한 비관론이라 하겠다.

권위주의 이론의 인간관은 바로 국가관을 규정한다. 권위주의 이론에 의하면, 국가란 비이성적 존재인 인간을 이성적 존재로 종속시키는 기관으로 파악된다. 국가는 집단의 최고표현으로서 개인을 종속시킬 뿐만 아니라 개인을 발전시키는 데 필수적 존재가 된다. 따라서 국가는 개인보다 상위개념이 된다.

권위주의 이론에 의하면, 자유는 국가의 테두리 속에서만 가능하다. 자유가 만일 국가의 테두리를 넘게 되면 통제는 정당화된다. 권위주의 이론은 자유보다는 통제를 우선하는 이론이라고 말할 수 있다. 권위주의 이론에서 통제는 부정적 개념이 아니고 긍정적 개념으로 규정된다.

진리는 현자에 의해서만 달성되는 것이다. 진리란 지식을 통해서 얻어지고 정신적 노력에 의해서 발전된다. 현자는 그러한 정신적 노력을 겸비하고 있지만 대중은 그러한 노력을 갖추지 못하고 있다. 따라서 진리는 대중에 의해서 달성될 수 없는 것이다.

현자에 의해서 달성된 진리는 사회를 위한 기준이 되며, 위에서부터 아래로 강요되고, 절대적인 것으로서 국가의 목적이 된다. 언론은 이러한 국가목적 속에서 운영되어야 할 뿐만 아니라 이러한 목적을 달성하기 위해서 노력해야 한다.

권위주의 이론은 언론을 국가의 도구개념으로 규정한다. 이 경우, 국가의 도구라 함은 국가의 테두리 내에서의 도구와 국가의 목적을 수행하기 위한 도구를 의미한다. 국가는 각종 통제수단을 통해서 언론으로 하여금 국가의 테두리 내에서 그리고 국가의 목적을 수행하도록 유도한다. 최근에 와서 정부는 언론운영에 적극적으로 참여하기도 한다.

2) 언론의 자유주의 이론

언론의 자유주의 이론은 역사적으로 언론의 권위주의 이론 다음에 등장한 이론이다. 이 이론은 17~18세기 유럽에서 정립되기 시작한 이론으로서 결정적 계기는 1789년 프랑스혁명이다. 프랑스혁명을 통해서 봉건적 생산양식은 자본주의적 생산양식으로, 신분제사회는 계급제사회로, 봉건적 윤리는 자유주의적 윤리로, 봉건적 철학은 과학주의적 철학으로 변혁했다.

이 이론의 사상적 원류는 구약성서의 유대인 전통(*Hebraism*), 기독교의 자유사상, 그리스철학(*Hellenism*), 로마법의 자유정신, 영국의 대헌장과 권리선언, 문예부흥의 인본주의, 종교개혁, 시민혁명, 미국의 독립운동 등에 의해서 진화된다.

이 중에서도 언론의 자유주의 이론에 영향을 끼친 가장 중심적인 사상가는 그리스의 철학자 아리스토텔레스(Aristoteles: B.C.384~322)이다. 아리스토텔레스는 언론의 자유주의 이론의 창시자라고 말할 수 있다. 그는 "이데아를 추구하기 위한 능력으로서의 지적 자유"를 제창한 사상가이며 "인간은 이성을 최고도로 발휘할 때 자유로워진다"는 사상을 갈파한 철학자이다. 그는 자유상태의 선행요건으로서 이성에 의한 지배와 최고선의 실천을 강조한다.

그의 학문적 업적은 형이상학, 정치학, 윤리학 등 다양하지만 특히 변론술(*rhetoric*)의 창시자와 설득이론의 선구자로서 높게 평가되고 있다. 그런 차원에서, 아리스토텔레스는 인간의 의사소통문제를 학문적으로 연구한 최초의 커뮤니케이션학자라고 말할 수도 있다.

아리스토텔레스의 자유사상은 영국시인 존 밀턴(John Milton: 1608~1674)의 〈아레오파지티카〉(*Areopagitika*)[11]로 이어진다. 〈아레오파지티카〉(1644)는 영국의회가 출판의 검열제도를 실시하려는 의회조례를 제정하려 하자 법 공포에 항의하기 위하여 의원들에게 주는 언론자유의 항변서이다.

〈아레오파지티카〉는 크게 검열제도에 대한 반론과 출판자유의 명제로 구성되어있다. 검열제도에 대한 반론의 기본요지를 요약하면 다음과 같다.

첫째, 검열제도는 로마교회가 반대자를 막기 위해 만든 제도이다.

둘째, 검열은 현실적으로 실천불가능한 제도이다. 왜냐하면 인쇄혁명의 결과 쏟아지는 출판물들을 모두 검열한다는 것은 우선 물리적으로 불가능하기 때문이다.

셋째, 출판은 속성상 절대로 사라지는 그러한 존재가 아니다. 왜냐하면 인간은 사라져도 아이디어는 결코 죽지 않으며, 출판 역시 결코 사라지지 않기 때문이다.

출판자유의 명제를 요약하면 다음과 같다.

첫째, 인간은 이성을 행사함으로써 정사선악을 구별할 수 있는 능력을 가지게 된다.

둘째, 이러한 구별능력은 타인의 사상에 무제한 접근할 때에만 가능한 것이다.

셋째, 진리는 자유롭고 공개된 시장에서 개인의 주장을 자유로이

---

11) *Areopagitika*(A speech for the Liberty of Unlicensed printing to the parliament of England)(1949), Chicago: Henry Regnery Co.

허용했을 때에만 생존을 위한 독특한 힘을 갖게 된다.

넷째, 진리와 허위가 자유롭게 대결케 하라. 진리는 반드시 자동조정의 과정(*self-righting process*)을 거쳐 궁극적으로 승리하게 된다.

다섯째, 권력은 이러한 선악의 대결에 절대로 개입해서는 안 된다.

이 중에서 가장 핵심적인 이론은 사상의 공개시장 이론(*theory of open market place of ideas*)과 사상의 자동조정 이론(*theory of self-righting process of ideas*)으로 압축된다.

밀턴의 자유사상은 영국의 자연법사상가인 존 로크(John Locke: 1632~1704)에 의해서 계승된다. 로크는 "모든 인간은 절대적인 자유와 독립 그리고 평등을 향유한다"는 자연법사상을 제창한 사상가로서 특히 인간의 생래적 자유, 천부적 자유, 절대적 자유, 내적 자유의 중요성을 강조한다.

로크는 특히 미국의 사상에 절대적으로 영향을 끼친 사상가로 평가된다. 미국독립선언의 정신, 즉 인간은 나면서부터 평등하다는 사상과 인간은 창조주로부터 부여받은 양도할 수 없는 권리인 생명, 자유, 행복추구의 권리를 부여받았다는 사상과 미국독립운동의 지도이념 등은 로크의 자유사상에서 유래된 것들이다.

로크의 자유사상은 미국의 연방헌법 수정 제1조(1791. 12. 15)의 정신인 "의회는 어떠한 상황에서도 언론자유를 제한하는 법을 제정할 수 없다"는 언론자유정신에도 크게 영향을 줬다. 이러한 관계 때문에 미국의 사상사인 존 듀이(John Dewey)는 "우리는 미국의 역사를 논할 때 존 로크까지만 올라가면 그만이지 그 이상은 없다"라고 주장한다.

로크의 자유사상은 다시 영국의 경제학자이면서 자유사상가인 존 스튜어트 밀(John Stuart Mill: 1806~1873)로 계승된다. 밀은 그의 저서 《자유론》[12]에서 자유의 3대 영역을 생각의 자유(의식의 내면적 자유), 행동의 자유(자기생각에 맞게 행동할 수 있는 자유), 단결의 자유(개인과 개인 간의 단결의 자유)로 나누어 설명한다.

밀이 제시한 자유사상의 4대 명제를 요약하면 다음과 같다.

첫째, 의견의 침묵은 진리의 침묵이다.

둘째, 그릇된 의견이라도 한 면의 진리는 있다. 바보로 하여금 떠들게 하라. 그렇게 해야만 그가 바보인 것이 드러나고, 바보와 바보가 아닌 사람이 구별되는 것이다.

셋째, 진리는 강요되면 편견이 된다.

넷째, 진리는 경쟁되지 않으면 생명력을 잃게 된다.

사회적 자유와 관련해서 밀은 "자유란 다른 사람의 자유를 제한 또는 억제하지 않고 또는 다른 사람이 자유를 추구하는 것을 방해하지 않는 한도 내에서 자기의사에 맞게 활동할 수 있는 상태"라고 규정한다. 밀은 자유의 한계를 인정하는 상대적 자유를 강조한 셈이다.

밀은 또한 "만약 한 사람이 권력으로써 모든 사람을 침묵케 하는 것은 많은 사람이 여론으로 한 사람을 침묵케 하는 것과 똑같이 정당화될 수 없다"고 주장한다. 그러니까 밀은 권력자의 횡포를 막는 것만으로는 불충분하고 "지배적인 여론의 횡포"나 "감정의 횡포"를 동시에 막아야 할 필요성을 제기한 것이다. 밀은 여론의 횡포나 감정의 횡포를 '다수의 폭정'(*tyranny of majority*)이라 규정했다.

언론의 자유주의 이론은 인간을 이성적 존재, 합리적 존재, 목적적 존재로 규정한다. 그러니까 인간은 그 자체가 목적이며 개체로서도 얼마든지 주위환경을 조직하고 이익을 신장할 수 있는 능력을 가진 존재로 파악한다는 뜻이다. 언론의 자유주의 이론의 인간관은 인간본성에 대한 낙관론이고 긍정론이라 할 수 있다.

---

12) John Stuart Mill, *On Liberty, Representative Government, the Subjection of Women* (*Three Essays*) (1954), London: Oxford Univ. Press, pp. 23~24.

국가는 개인의 행복과 복지를 증진하기 위해서 존재하는 기관이 된다. 언론의 자유주의 이론은 국가의 필요성을 인정하나 그것 자체가 인간의 목적이 될 수 없다는 사실을 강조한다. 따라서 개인이 국가보다 상위개념이 된다.

언론의 자유주의 이론은 자유를 인간의 천부적 권리로 규정한다. 따라서 최소의 통제가 최선의 통제가 된다. 이 이론은 통제보다는 자유를 우선시하는 입장을 견지한다.

이 이론은 진리를 사상의 공개시장에서 사상들이 자유로이 대립하고 갈등하고 조화하면서 생겨나는 최후의 산물로 규정한다. 이 경우, 진리는 진실, 여론, 공동선, 최대다수의 최대행복 등으로 이해해도 무방하다. 그러니까 자유상태가 진리구현의 선행요건이 된다고 주장한다.

이 이론에 의하면, 언론이란 봉사기관이며 신탁기관으로 규정된다. 언론은 국민을 위해서 봉사하는 기관이며 국민으로부터 정보전달의 권능을 위임받은 신탁기관이라는 뜻이다. 그리고 이 이론은 언론의 개인소유를 원칙으로 삼는다.

3) 언론의 공산주의 이론

언론의 공산주의 이론은 언론의 권위주의 이론의 변형이론으로서 역사상 세 번째로 등장한 이론이다. 이 이론은 19세기 초 헤겔(Georg Hegel: 1770~1831)에 의해서 사상적 분기를 이룩하게 된다. 헤겔은 전술한 바와 같이 전통적인 권위주의에다 절대성을 부여한 독일의 절대적 권위주의 이론가이다. 그의 대표적 사상은 절대국가론, 절대이념론, 국가적 자유론 등이다.

이 이론은 플라톤이 씨앗을 뿌리고, 헤겔이 가지를 뻗고, 맑스가 꽃을 피우고, 레닌이 열매를 맺은 이론이라 말할 수 있다. 레닌은 1917년 볼셰비키혁명을 통해서 소련연방공화국이라는 열매를 맺게 되는 것이다.

볼셰비키혁명은 계급사회를 무계급사회로, 자본주의사회를 사회주의사회로, 시민중심사회를 프롤레타리아중심사회로, 자유경쟁사회를 통제계획사회로 변혁시킨 혁명이라 하겠다.

언론의 공산주의 이론을 완성시킨 대표적 사상가는 칼 맑스(Karl Marx: 1818~1883)이다. 맑스의 대표적 사상은 유물사상, 프롤레타리아 독재이론, 무계급 사회이론, 공산당 절대주의이론, 변증법적 사회변동론 등이다.

유물론은 우주만유의 궁극적 실재를 물질로 파악하는 이론이다. 유물사상은 "경제적 하부구조가 이데올로기적 상부구조를 좌우한다"는 유물론적 결정주의사상이다. 유물사상에 의하면, 물질적 생산양식이 인간의 사회·정치적 그리고 정신적 생활과정을 제약하며, 인간의 존재를 규정하는 것은 인간의 정신이 아니라 인간의 사회적 존재성이 된다.

프롤레타리아 독재이론은 노동계급을 미래의 지배자로 규정하는 이론으로서 노동계급이 중심이 되는 사회의 구현을 주장한다. 무계급 사회이론은 계급 없는 사회의 구현을 주장하는 이론이고, 공산당 절대주의이론은 혁명적 공산당의 절대적 우위를 주장하는 이론이다. 변증법적 사회변동론은 사회변동의 원리를 정반합의 변증법적 역할관계로 파악하는 이론이다. 변증법적 사회변동의 동인은 유물론이고, 과정은 정반합의 변증법적 역학관계이고, 결과는 노동계급의 승리와 계급 없는 사회의 구현이 된다.

언론의 공산주의 이론이 가지는 인간관은 인간이란 비이성적 존재, 감성적 존재, 불완전한 존재, 수단적 존재, 원시적 존재로 규정한다. 국가란 비이성적이고 감성적인 인간들을 잘못된 사상이나 위험한 사고로부터 보호해야 할 보호자가 된다. 이 경우, 보호자는 공산당이 된다. 국가는 공산당이 지배하는 정치집단으로서 절대성을 띤다.

자유란 공산당의 이념이나 정책의 테두리 내에서의 자유가 된다. 개인의 사사로운 자유나 언론을 위한 자유는 성립하지 않는다. 만약 자유가 공산당의 이념이나 정책의 테두리를 벗어나게 되면 통제는 정당화된다. 따라서 통제는 부정적인 개념이 아니라 절대적으로 필요한 긍정적인 개념이 된다. 완전한 통제가 최선의 통제가 된다.

진리란 공산당 이념에 따라서 공산당이 정하는 것이고, 진실이란 공산당의 정책이나 노선에 따라서 공산당이 정하는 것이다. 언론자유란 이러한 진리와 진실을 인민에게 선전 선동하고 조직 동원하는 자유만을 의미한다.

언론이란 혁명적 도구와 이념적 무기로 규정된다. 이 경우, 혁명적 도구란 공산당의 이념과 정책을 구현하기 위해서 대중을 선전 선동하고, 조직 동원하며, 교화 비판하는 수단으로서의 도구를 의미하고, 이념적 무기란 공산주의의 적, 무산계급의 적, 노동대중의 적을 박멸하기 위한 이념적 장치로서의 무기를 의미한다.

이러한 관계 때문에, 언론은 완전하게 국가(공산당)에 의해서 소유되고, 언론활동을 위한 예산과 시설은 모두 국가에 의해서 제공된다. 기자는 두말할 것 없이 고위급 공산당원이 된다.

공산주의의 위기, 공산체제의 위기, 사회주의경제의 위기, 폐쇄사회의 위기 등과 더불어 공산주의 언론은 심각한 위기에 직면하고 있다. 공산주의 언론에 다양한 변화들이 현재 시도되고 있다. 대표적인 변화양상으로서는 자유영역의 확장, 언론의 사적 소유의 허용, 공산당에 의한 언론독점의 완화, 언론접근권의 확대, 자본주의적 운영방식의 도입, 공개사회로의 전환 등이다.

공산주의의 위기와 공산주의 언론의 위기가 주는 역사적 교훈들을 간단하게 요약하면 다음과 같다.

(1) 자유는 물과 같아서 많은 곳에서 적은 곳으로 흐른다는 사실이다. 자유는 넘치면 반드시 부족한 곳으로 흐르게 되어있다. 서독의 자유가 동독으로 넘쳐흘러 통일이 된 것이다. 따라서 우리나라의 과제는 남한에 우선 자유가 넘치게 하는 노력이라 하겠다.

(2) 절대 권력은 절대적으로 망한다는 사실이다. 절대 권력은 감시할 언론이 없기 때문에 절대적으로 부패하고, 부패한 권력은 절대적으로 망한다는 뜻이다. 감시할 언론이 없는 곳에 감시할 국민은 존재하지 않는다.

(3) 인간의 기본욕구를 무시하는 이념과 제도는 붕괴된다는 사실이다. 인간의 기본욕구는 자유롭게 살고 싶은 욕구, 잘 살고 싶어 하는 욕구, 인정받고자 하는 욕구, 땀 흘린 만큼 거두고 싶은 욕구 등이다. 이념과 제도는 이러한 인간의 기본욕구에 충실해야 생명력과 경쟁력을 갖게 되는 것이다.

(4) 정부는 일부 국민을 일정기간 동안은 속일 수 있어도 전체 국민을 영원히 속이지는 못한다는 사실이다. 기밀주의와 은폐주의는 교통·통신의 혁명적 발달 때문에 점차 그 영역이 축소되고 있다. 기밀주의와 은폐주의는 단기적으로는 국가발전에 도움이 될 수 있으나 장기적으로는 국가발전을 가로막는 암적 존재라 할 수 있다.

(5) 이 세상에서 진실만큼 위대한 것은 없다는 사실이다. 진실이란 국민들이 서로 말하지 않아도 가슴속에 옳다고 생각하는 것이

다. 진실이란 그 사회의 양심이며 공동선을 의미한다. 율곡은 "인심이 옳다고 하는 것이 공론이며, 공론이 정한 것이 국시(國是)"라고 설명한다. 진실이 국가운영의 기본이 되어야 한다는 뜻이다.

(6) 분배란 생산의 토대 위에서만 빛을 발한다는 사실이다. 생산이 없는 분배란 존재하지 않는다. 함께 생산하고 함께 골고루 나누는 이념과 제도는 개념적으로는 가능하지만 실재적으로는 불가능하다. 평등은 소금물과 같아서 마시면 마실수록 더욱 갈증을 느끼게 된다. 따라서 분배를 강조하는 사회보다는 생산을 강조하는 사회가 더욱 발전 지향적이라 할 수 있다.

(7) 경쟁은 발전의 원동력이라는 사실이다. 물은 흘러야 생명력을 갖게 되고, 사회는 경쟁해야 발전하게 된다. 경쟁이 없는 사회는 고인 물과 같아서 정체되어 썩고 마는 것이다. 경쟁의 반대말은 독점이다. 따라서 독점은 발전을 저해하는 암적 요소가 된다.

(8) 언론은 이념과 체제까지도 비판할 수 있을 때 국민의 지지를 받는다는 사실이다. 언론의 기능 가운데 가장 중요한 기능은 비판의 기능이다. 언론이 비판기능을 포기하면 언론만 무너지는 게 아니고 정부가 무너지고 나아가서는 체제 자체가 무너지게 되는 것이다. 공산주의는 공산언론에 당 이념과 정책에 대한 비판을 금지하고 있다. 독점이 발전을 저해하는 암적 요소라는 사실과 흡사하다 하겠다.

(9) 세상의 어떤 이념과 제도도 민족을 영원히 갈라놓을 수 없다는다. 이데올로기가 몰락하자 민족주의가 부활하면서 독일이 통일되고 월남이 통일되었다. 이념갈등이 민족을 당분간 갈라놓을 수는 있지만 영원히 갈라놓을 수는 없는 것이다. 통일에 대

한 민족의 열망을 세상의 어떤 것도 막을 수 없기 때문이다.

(10) 민족이 우수하면 분단까지도 극복할 수 있다는 사실이다. 독일통일과 월남통일은 민족이 이념을 극복한 사례라고 할 수 있다면 우리나라의 분단은 이념이 민족을 갈라놓은 사례가 된다. 독일과 월남은 위대한 민족성으로 분단을 극복하게 된 것이다. 그러나 우리민족은 아직도 이념의 노예가 되어 지구상의 유일한 분단국가로 남아있는 것이다. 우리 민족은 통일을 위해 독일 민족과 월남 민족으로부터 무엇을 배워야하는가.

4) 언론의 사회책임 이론

언론의 사회책임 이론은 언론의 자유주의 이론의 수정이론으로서 역사상 네 번째 등장한 이론이다. 이 이론의 생성배경은 ① 세계대전과 인간 이성성에 대한 부분적 회의의 대두, ② 냉전시대의 도래, ③ 산업사회와 자본주의체제의 가속화와 폐해의 등장, ④ 언론의 폭발적 증가와 역기능 대두, ⑤ 언론의 중요성에 대한 사회적 인식의 확산, ⑥ 시민사회의 등장과 시민의식의 향상 등이다.

인류는 세계대전을 두 번이나 치루면서 인간의 이성성에 대하여 부분적인 회의를 가지게 되었고, 국제사회는 사회주의와 자본주의로 양극화되면서 냉전시대로 진입하였다. 그 결과, 민족주의는 몰락하게 되고, 독일과 베트남과 한국은 분단의 과정을 밟게 되었다.

산업사회와 자본주의체제가 급속히 진전되면서 인간소외와 경제불평등의 문제가 위험수위에 도달했고, 언론매체의 폭발적 증가와 더불어 언론의 상업주의, 선정주의, 독점주의의 폐해가 대두되었다. 이러한 과정 속에서 언론의 중요성에 대한 사회적 인식은 확산되었고, 시민사회의 진전과 더불어 시민의식이 크게 향상되었다.

언론의 사회책임 이론이 생성되는 데 영향을 미친 결정적 계기는 1945년 제2차 세계대전의 종결이라 하겠다. 세계대전이 종료되자 미국과 영국은 언론문제를 본격적으로 연구하기 위한 언론위원회를 결성하게 된다. 미국은 1947년에 언론자유위원회를 설립해서 언론의 기업성, 상업성, 선정주의 등을 집중연구하게 되었고, 영국은 같은 해에 왕립언론위원회를 설립해서 언론의 독점과 집중의 폐해, 미디어 보이스(*media voice*)의 축소, 접근권의 제약 등을 집중연구하게 되었다.

이 두 위원회는 연구결과들을 보고서형태로 발간했고, 이러한 보고서들이 언론의 사회책임 이론의 이론적 토대가 되었다. 언론의 사회책임 이론은 언론의 자유주의 이론의 수정이론이기 때문에 아리스토텔레스를 위시한 자유주의 이론가들이 언론의 사회책임 이론의 이론적 뿌리가 됨은 자명하다 하겠다.

언론의 사회책임 이론의 인간관은 인간 이성성에 대한 부분적 회의로 압축된다.

이 이론에 의하면, 인간은 이성을 행사할 수 있는 기본적인 능력을 갖고는 있지만 상황에 따라서는 감성의 노예로 전락하는 양면성을 가지고 있다고 설명된다. 전쟁과 같은 위기적 상황이 대표적인 경우가 된다. '인간은 이성을 행사할 수 있다'로는 불충분하고 '인간은 반드시 이성을 행사해야 하며 또한 이성을 행사하도록 지도되어야' 한다. 국가는 인간으로 하여금 이성을 행사하도록 지도하는 기관으로 규정된다. 이 경우, 국가에 의한 지도는 특정기관이나 특정이해를 위해서가 아니고 최대다수의 최대행복 즉 공익을 위해서 이루어져야 한다.

언론의 자유주의 이론은 정부와 언론 간의 대립관계를 상정했고, 언론의 권위주의 이론과 공산주의 이론은 정부와 언론 간의 협조관계를 상정했다면 언론의 사회책임 이론은 정부와 언론 간의 순환관계를 상정한다. 이 경우 순환관계란 국가의 이익을 위해서 필요하면 협조관계를 또한 필요하면 대립관계를 유지하는 교환관계를 의미한다. 그러니까 언론의 사회책임 이론은 정부와 언론 간의 적극적인 관계를 강조한다는 뜻이다.

언론의 사회책임 이론은 자유를 위한 자유 혹은 천부적 인권으로서의 자유는 관념적이고, 허구적이고, 무의미하다고 설명한다. 이 이론에 의하면, 자유는 반드시 진리가 구현되도록 이성적으로 행사되어야하며, 반드시 의무를 수반하는 도덕적 권리로 규정된다.

언론의 자유주의 이론은 무엇으로부터의 자유(*freedom from*)를 강조했다면, 언론의 사회책임 이론은 무엇을 위한 자유(*freedom for*)를 보다 강조한다. 그러니까 이 이론은 소극적 자유보다는 적극적 자유를 보다 강조한다는 뜻이다.

무엇을 위한 자유가 구현되게 하기 위한 통제와 책임의 강조는 공익을 위해서 정당화된다. 결국 언론의 사회책임 이론은 자유롭고 책임 있는 언론을 지향한다고 말할 수 있다.

언론의 사회책임 이론은 진리란 사상의 공개시장에서 사상들이 아무렇게나 경쟁해도 자연스럽게 도출되는 것이 아니고 사상들이 이성적으로 경쟁했을 때에만 도출되는 산물로 파악한다. 그리고 이 이론은 사상의 공개시장에 나오는 정보는 대부분의 경우 가진 자의 정보이지 일반대중의 정보가 아닌 사실에 주목한다. 대중은 사상의 공개시장에 정보를 내놓을 수 있는 능력도 없고 시장에 접근할 권리는 박탈당하고 있다고 설명한다.

시장에 진입한 정보가 가진 자의 정보라면 그들이 경쟁해서 산출한 진리는 가진 자의 진리이지 최대다수의 최대행복을 위한 진리라고는 말하기 어렵다. 따라서 언론의 사회책임 이론은 국가에 의한 정보의 시장접근권을 최대한으로 확대할 것을 강력히 요구한다.

언론의 사회책임 이론은 언론의 자유주의 이론의 언론관과 같이 언론을 봉사기관이나 신탁기관으로 규정한다. 이 이론은 언론의 자유주의 이론이 제시한 언론의 6대 기능 즉 정보제공의 기능, 사회교육의 기능, 환경감시의 기능, 문화전승의 기능, 오락의 기능, 광고의 기능을 그대로 수용한다. 그러나 우선순위와 역점에서 양 이론 간에 차이가 나타난다. 언론의 사회책임 이론은 언론의 6대 기능 가운데 정보기능과 교육기능을 특별히 강조한다. 오락기능은 인정하나 공공의 이익을 우선하는 차원에서 강조되어야 하고, 광고의 기능 역시 인정하나 정보기능이나 교육기능을 수행하는 데 장애가 되어서는 안 된다는 사실을 특히 강조한다.

자유주의 언론에 대한 사회책임 이론의 비판주제를 간략하게 요약하면 다음과 같다.

(1) 언론은 자신의 이익을 위해서 권력을 행사한다.
(2) 언론은 기업이나 광고주의 영향력에 취약하다.
(3) 언론은 사회변혁에 부정적이다.
(4) 언론은 상업성과 선정주의에 빠져있다.
(5) 언론은 대중의 도덕성을 타락시킨다.
(6) 언론은 개인의 사생활을 침해한다.
(7) 언론은 정치집단에 의해서 통제되고 있다.
(8) 대중은 언론에의 접근권이 박탈당한 나머지 '사상의 공개시장 이론'은 심각한 위험에 직면하고 있다.

자유주의 언론의 폐해를 개선하기 위해서 언론의 사회책임 이론은 감시기능의 제도화, 교육·연구기능의 강화, 윤리규제의 활성화와 같은 건의안을 제시한다.

3. 새로운 언론 패러다임의 모색

언론의 4이론은 여러 가지 긍정적인 측면에도 불구하고 너무 단순화된 모델로서 지구상에 존재하는 다양한 언론들의 특수한 상황들을 충분히 설명하지 못한다는 문제제기는 이미 전술한 바 있다.

제 2차 세계대전의 종결과 더불어 독립을 쟁취한 제 3세계국가에 가장 중요한 국가적 우선순위는 경제적 조건의 개선, 선진국에 의한 종속상태의 극복, 국가정체성의 확립 등이다. 제 3세계국가들은 이러한 국가적 우선순위의 개선과 확립을 위한 언론의 적극적 참여를 이론화하는 새로운 언론 패러다임을 요구하게 되었다.

국제사회가 점차 민주화되고, 개방화되고, 정보화되면서 언론의 권위주의 이론은 심각한 위기에 직면하고 있다. 언론의 자유주의 이론은 언론의 상업주의가 야기하는 심각한 부작용을 충분히 해결하지 못하고 있고, 언론의 사회책임 이론은 공영화의 현실적 딜레마를 해결하지 못하고 있다.

거기다가 국제사회는 냉전시대의 종식, 탈이데올로기 시대의 도래, 대화와 공존과 평화의 시대를 맞게 되면서 민족주의의 부활이라는 새로운 환경변화를 맞게 된다. 그 결과, 분단되었던 독일과 월남이 통일된다. 어느 시대를 막론하고 이념과 이론은 시대변화의 산물이라 말할 수 있다. 새로운 시대변화는 새로운 언론 패러다임을 필요로 한다는 뜻이다.

이러한 필요성 때문에 언론학계는 사회주의적 요소를 강조하는 언론의 민주사회주의 이론, 개발주의적 요소를 강조하는 언론의 개발주의 이론, 참여주의적 요소를 강조하는 언론의 민주참여주의 이론, 다원주의적 요소를 강조하는 언론의 다원주의 이론 등을 새로운 언론

패러다임으로 제시하고 있다.

종합해보면, 언론의 새로운 패러다임은 보다 자유로운 언론, 보다 공정한 언론, 보다 다양한 언론, 보다 열린 언론, 보다 독립적인 언론, 보다 참여적 언론, 보다 소규모적 언론, 보다 쌍방적 언론, 보다 시민감시적 언론, 보다 공동체 지향의 언론을 강조할 것으로 판단된다.

제 5 장

언론자유와 정치적 통제

1. 정치적 통제의 개념과 유형

언론의 정치적 통제란 정치적 체계가 언론에 행사하는 영향력을 총칭해서 의미한다. 이 경우, 정치적 체계는 정부, 정당, 법, 정치적 이익집단 등을 포괄한다. 정부는 다시 행정부, 입법부, 사법부로 분류된다.

정부, 정당, 정치적 이익집단은 통상적으로 정치체계의 범주에 포함되지만 법은 반드시 정치체계의 범주에 포함된다고 말하기 어렵다. 왜냐하면 법체계는 정치, 경제, 사회, 문화 등을 아우르는 체계이기 때문이다. 바꾸어 말하면, 법체계 속에는 정치관련법, 경제관련법, 사회관련법, 문화관련법 등이 존재한다는 뜻이다.

그래서 언론의 법적 통제는 전술한 바와 같이 반드시 정치적 통제의 한 유형이라고 보기 어렵다. 그렇다고 해서 언론의 법적 통제를 정치적 통제, 경제적 통제, 사회적 통제, 문화적 통제와 같이 하나의 독립된 외적 통제유형으로 설정하기도 어려운 문제를 안고 있다. 이러한 이유 때문에, 이 책은 제 2장 제 3절 '언론통제론의 분석체계'에서 법적 통제를 정치와 법의 긴밀한 관계성을 감안해서 정치적 통제의 범주에 넣어 통제론의 분석체계를 제시한 바 있다.

정치적 통제는 광의의 정치적 통제와 협의의 정치적 통제로 분류된다. 광의의 정치적 통제란 모든 정치적 체계들에 의해서 행사되는 영향력을 의미하고, 협의의 정치적 통제는 행정부에 의한 정치적 통제를 의미한다. 일반적으로 정치적 통제라 함은 좁은 의미에서 행정부에 의한 통제만을 의미하게 된다.

정치적 통제는 역사적으로 가장 오래된, 지역적으로도 가장 광범하게 존재하는 통제유형이라 말할 수 있다. 제 1단계 통제유형으로서 정치적 통제는 역사적으로 언론의 권위주의 이론의 생성과 이론적 연계성을 가진다고 말할 수 있다.

이 지구상에 존재하는 어떤 언론도 정치적 통제로부터 완전히 자유로울 수는 없다. 왜냐하면 언론이란 역사적으로 정치와의 긴밀한 관계 속에서 생성되고, 성장하고, 발전해왔기 때문이다. 그리고 인류의 역사는 자유와 권위 간의 영원한 투쟁사였기 때문이다.

정치적 통제는 정부에 의한 통제, 정당조직에 의한 통제, 법에 의한 통제, 정치적 이익집단에 의한 통제, 정치적 상황에 의한 통제로 분류된다. 정부에 의한 통제는 다시 행정부에 의한 통제, 입법부에 의한 통제, 사법부에 의한 통제로 분류되고, 정당조직에 의한 통제는 여당조직에 의한 통제와 야당조직에 의한 통제로 분류된다.

규범적 통제로서 법적 통제는 헌법 차원의 통제, 언론법 차원의 통제, 언론관계법 차원의 통제로 분류되고, 정치적 이익집단에 의한 통제는 정치적 이해를 가진 개인에 의한 통제와 정치적 이해를 가진 집단에 의한 통제로 분류된다. 정치적 상황에 의한 통제는 전쟁이나 혁명과 같은 국가의 비상사태에 따른 통제와 국가원수나 황실에 대한 비판금지와 같은 상황통제로 분류된다.

정치적 통제에 영향을 주는 요인으로서는 국가이념과 제도, 국가적 상황, 정부의 성격, 국민의 수준, 언론의 전문성 수준 등이 제시된다.

1) 국가이념과 제도

국가이념이란 국가운영의 토대가 되는 기본사상을 의미한다. 우리나라의 국가이념은 자유민주주의이고, 북한의 국가이념은 공산주의이다. 경제적인 차원에서 보면, 우리나라의 국가이념은 자본주의이고, 북한의 국가이념은 사회주의가 된다. 이와 같이, 국가는 국가운영의 사상적 토대로서 국가이데올로기를 설정한다.

국가 내에 존재하는 모든 제도와 제도적 운영은 국가이데올로기의 산물이라 말할 수 있다. 그러니까 제도는 이념의 사회적 구현인 것이다. 정부, 언론, 자유, 통제와 같은 제도들도 모두가 다 한 국가가 지향하는 최고의 가치인 국가이념에 의해서 영향을 받게 되는 것이다.

자유민주주의는 정부와 언론 사이에 견제와 균형의 역동적 관계를 규정하고, 권위주의는 언론의 상대적 정부예속을 규정하고, 공산주의는 언론의 절대적 정부예속을 규정하고, 사회책임주의는 정부와 언론간의 역동적 관계와 순환관계를 동시에 규정한다.

언론에 가해지는 정치적 통제수준도 국가가 지향하는 국가이념이나 제도에 의해서 영향을 받는다. 자유민주주의는 언론의 정치적 통제를 기본적으로 부인하는 데 반하여 공산주의는 언론의 정치적 통제를 절대적으로 강조한다. 권위주의와 사회책임주의는 언론의 정치적 통제를 상대적으로 상황에 따라서 강조한다고 말할 수 있다.

2) 국가적 상황

언론의 정치적 통제는 국가가 처한 상황에 따라서 크게 영향을 받는다. 국가가 처한 위기적 상황은 정치적 통제수준을 증가시키는 데 반하여 국가가 처한 평화적 상황은 정치적 통제수준을 감소시킨다.

국가의 발전단계도 비슷한 영향을 미친다. 선진국 상황은 언론의 정치적 통제수준을 약화시키고, 후진국 상황은 언론의 정치적 통제수준을 강화시킨다.

따라서 정치적 통제수준을 모든 국가에게 일률적으로 적용하는 것은 적절치 않다. 한 나라가 향유할 수 있는 자유의 수준은 그 나라의 평균적 수준과 정비례하기 때문이다.

3) 정부의 성격

정부의 성격이란 정부의 정통성, 정부에 대한 국민의 지지도, 정부의 민주적 통치능력 등을 의미한다. 언론의 정치적 통제는 이와 같이 정부의 성격들에 의해서 크게 영향을 받는다. 민주적 선거에 의해서 탄생한 정부는 정부와 언론 간의 자유주의적 관계를 강조하게 되고, 쿠데타와 같은 물리적 방법에 의해서 탄생한 정부는 정부와 언론 간의 권위주의적 관계를 강조하게 된다.

정부에 대한 국민의 지지도는 정부의 정통성과 반드시 정비례하지 않는다. 비록 물리적인 방법으로 탄생한 정부라도 높은 국민의 지지를 받을 수 있다. 박정희 정부가 하나의 좋은 예라 하겠다. 국민의 지지를 받고 있는 정부는 통제보다는 자유를 선호하는 경향이 있는데 반하여 국민의 지지를 받지 못하는 정부는 자유보다는 통제를 선호하는 경향을 가진다고 말할 수 있다.

정부의 민주적 통치능력은 정부와 국민 간의 민주적 유대관계를 향상하는 데 크게 기여한다. 정부와 국민 간의 민주적 유대관계는 정부와 언론 간의 우호적인 관계를 조성하는 데 기여하고, 정부와 국민 간의 권위적 유대관계는 정부와 언론 간의 갈등적 관계를 조장하는 데 기여한다.

4) 국민의 수준

국민의 수준이란 국민의 민주적이고 자유주의적인 의식수준을 의미한다. 정부의 수준이나 언론의 수준은 국민의 평균적 수준에 의해서 결정된다. 왜냐하면 국민은 정부와 언론의 객체가 아니고 주체이기 때문이다. 따라서 정부와 언론의 관계도 국민의 수준에 의해서 크게 영향을 받게 된다고 말할 수 있다.

국민의 의식수준이 높으면 정치적 통제수준은 자연히 감소되고, 반대로 국민의 의식수준이 낮으면 정치적 통제수준은 증가하게 된다. 언론자유란 전술한 바와 같이 그것의 가치를 알고 지키려고 노력하는 국민의 능력만큼 자유롭게 되는 것이다.

5) 언론의 전문성 수준

언론의 전문성이란 정보를 관리하는 기술적 능력, 정보를 관리하는 윤리적 능력, 해당분야에서의 풍부한 경륜과 지식 등을 포괄하는 개념이다. 다르게 말하면, 언론의 전문성이란 정보관리의 완벽성, 책임성, 윤리성 그리고 도덕성 등을 의미하게 된다.

언론의 전문성 수준은 정부와 언론 간의 관계에 의미 있는 영향을 미치리라 판단된다. 언론의 높은 전문성 수준은 정부와 언론 간의 관계에서 통제보다는 자유를 조성하게 되고, 반대로 언론의 낮은 전문성 수준은 정부와 언론 간의 관계에서 자유보다는 통제를 강조하게 되는 것이다. 선진언론은 그들 간의 관계에서 선진관계를 조성하게 되고, 반대로 후진언론은 그들 간의 관계에서 후진관계를 강조하게 된다고 말할 수 있다.

2. 국가, 정부 그리고 언론

1) 펜타곤페이퍼 사건과 쿠바 침공사건

1961년과 71년에 미국사회에서는 국가·정부·언론의 관계를 시사하는 두 건의 대형사건이 발생했다. 하나는 펜타곤페이퍼 사건이고 다른 하나는 쿠바침공 사건이다. 세계적 권위지인 미국의 〈뉴욕타임스〉(*New York Times*)는 이 두 가지 사건과 직간접적으로 관계되었다.

펜타곤페이퍼 사건은 베트남전쟁의 시작과 종말에 관한 보고서와 관련된 사건이다. 미 국방성(Pentagon)은 MIT의 정치학교수인 대니얼 엘즈버그(Daniel Ellsberg)박사에게 베트남전쟁의 시작과 종말에 관한 연구프로젝트를 제공했다.

엘즈버그 교수는 오랜 연구 끝에 방대한 보고서를 작성해 원본은 국방성에 제출하고 부본(副本)은 〈뉴욕타임스〉에 제출했다. 〈뉴욕타임스〉는 오랜 격론 끝에 이 보고서를 보도하기로 결정했다. 보고서의 최종제언은 "이 전쟁은 처음부터 잘못 개입한 전쟁이기 때문에 하루라도 빨리 철군하는 게 국가이익에 도움된다"는 내용이었다.

펜타곤페이퍼(*Pentagon Paper*)가 〈뉴욕타임스〉에 의해 보도되자 미국사회는 문자 그대로 찬반양론으로 극한 대립했다. 베트남전쟁은 그 순간에도 수많은 사상자를 내면서 진행되고 있었다.

펜타곤페이퍼의 보도를 찬성하는 쪽은 국가이익을 위해서 〈뉴욕타임스〉의 행위를 지지했고, 반대쪽도 국가이익을 위해서 〈뉴욕타임스〉의 행위를 이적행위라고 맹공했다.

결국 미 정부는 방첩법에 근거하여 기사의 게재를 중지하는 유지명령(*injunction*)을 법원에 제기했다. 그러자 〈뉴욕타임스〉는 대법원에 상고했다. 대법원은 〈뉴욕타임스〉의 손을 들어주었다. 대법원은 최종판결에서 사전억제의 위헌성과 국민의 알권리 등을 판결의 근거로 제시했다.

〈뉴욕타임스〉는 정말 어려운 결정을 내린 것이다. 〈뉴욕타임스〉는 결국 국민의 알권리에 충실한 것이 국가이익에 부합하는 길이라는 신념으로 그 보고서를 공표하게 된 것이다. 대법원은 〈뉴욕타임스〉의 이러한 결정을 정말 어렵게 지지했다고 말할 수 있다.

쿠바 침공사건은 1961년에 발생한 미국의 쿠바 침공사건이다. 케네디 행정부는 쿠바를 탈출한 난민들을 비밀리에 훈련시켜 새벽녘에 쿠바를 침공했다. 미 공군은 대대적인 공습지원을 감행하면서 쿠바 침공을 지원했다.

케네디 대통령은 쿠바 침공을 감행하기 전날 밤 〈뉴욕타임스〉의 대기자인 제임스 레스턴(James Reston) 지국장에게 전화로써 쿠바 침공의 전말을 알려주면서 보도통제(*off-the-record*)를 요청했다. 케네디 대통령과 제임스 레스턴 기자는 평소에 대단히 친밀한 관계를 유지하던 사이였다.

미국의 쿠바 침공은 쿠바군대의 완강한 저항에 부딪쳐 무참하게 실패하고 말았다. 그 결과, 미국과 쿠바의 관계는 극도로 악화되었고, 미국의 국제적인 위상은 크게 추락했다. 미국정부는 포로 한 명당 경작용 트랙터 한 대를 지급하라는 쿠바정부의 요청을 받아들이는 비참한 굴욕감을 참아야 했다.

케네디 대통령은 레스턴 기자에게 국가이익을 위해서 보도통제를 요청했고, 레스턴 기자는 국가이익을 위해서 미국의 쿠바 침공사태를 보도하지 않았다. 그러니까 세계적인 권위지인 〈뉴욕타임스〉는 국가이익을 위해서 세계적인 사건을 보도하지 않았던 것이다. 레스턴 기자는 그 후 이 사실을 자신의 50년 기자생활 가운데 가장 치욕적인 실수로 기록하고 있다. 이 사건은 〈뉴욕타임스〉의 역사에서도 가장 부끄러운 실수로 기록되고 있다.

〈뉴욕타임스〉는 펜타곤페이퍼 사건의 경우 국가이익을 위해서 공표주의를 실천했고, 쿠바 침공사건에서는 국가이익을 위해서 기밀주의를 실천한 것이다. 정부와 언론은 국가이익이란 명분 때문에 경우에 따라서는 갈등하고 경우에 따라서는 협조한다. 두 사건은 우리에게 국가이익이란 무엇이며, 누가 국가이익을 결정하며, 국가이익에도 단기적 국가이익과 장기적 국가이익이 있는가 등을 음미하게 한다.

2) 정부와 언론의 관계

정부와 언론의 관계는 전술한 바와 같이 국가이념, 국가적 상황, 정부의 성격, 국민의 수준, 언론의 전문성 정도에 따라서 다르게 규정된다. 이와 같이 정부와 언론의 관계는 정태적이라기보다는 동태적이고, 고정적이라기보다는 역동적이라고 말할 수 있다.

체차리아 체이피 교수는 정부와 언론의 관계를 ① 정부가 언론활동을 제약하기 위하여 권력을 행사하는 관계, ② 정부가 보다 활발하고 광범위한 커뮤니케이션 활동을 조성하기 위하여 긍정적으로 개입하는 관계, ③ 정부가 국민과의 순환적 커뮤니케이션을 위해 언론을 매

개로 활용하는 관계로 설정한다.[13)]

프레드 시버트는 정부와 언론의 관계를 ① 구속적 관계, ② 정적 관계, ③ 조성적 관계, ④ 참여적 관계로 유형화한다.[14)]

구속적 관계란 정부가 언론에 대하여 여러 가지 제한적 구속을 가함을 의미한다. 권위주의체제에서 정부는 언론자유의 구속자로서, 언론을 통한 국민의식의 인위적 조작자로서, 국민을 향한 일방적 의사소통의 주체로서 구속적 기능들을 수행한다. 자유주의체제에서도 정부는 국가의 전복기도, 내란선동, 명예훼손 등의 경우 국가의 안전보장이나 공공의 이익을 위해서 구속적 기능을 수행하는 것이다.

조정관계란 정부가 언론으로 하여금 공공의 이익을 위하여 기능하도록 조정하고 조절하는 관계를 의미한다. 정부는 언론자유와 다른 권리가 갈등할 경우 그들을 조정하고 조절할 수 있는 가장 현실적인 기관이 되는 것이다.

조성관계란 정부가 언론으로 하여금 공적 기능을 효과적으로 수행할 수 있도록 환경을 만들어주는 관계를 의미한다. 정부의 이러한 노력에는 감세, 면세, 신문용지 공급의 편의제공, 운송시설 이용의 특권, 취재의 편의제공 등이 존재한다.

언론에 대한 정부의 지원은 언론이 단순한 사기업 영리기관이 아니라 공익에 봉사하는 공익 봉사기관이라는 이유로 정당화된다. 반면 정부의 언론에 대한 지원이 악용될 경우에는 언론의 자유와 독립성을 훼손할 우려가 있고, 언론계의 부패를 조장할 우려가 있으며, 언론사

13) Zechariah Chafee Jr. (1947), *Government and mass Communication*, Chicago: University of Chicago Press, Vol. 1, pp. 3~4.

14) Fred S. Siebert (1966), "Communication and Government" in Wilbur Schramm (ed.), *Mass Communication*, Urbana, Ill.: University of Illinois Press, pp. 219~226.

의 이윤추구 행위를 촉진할 수도 있고, 언론사에 대한 경제적 통제수단이 될 우려도 있게 된다.

참여관계란 정부가 언론사를 직접 소유함으로써 국민과 직접적인 의사소통을 시도하는 관계를 의미한다. 이 관계는 영리위주의 상업주의적 언론기업의 반사회적 행태와 역기능에 대한 대안으로 제시되었다.

이강수는 정부와 언론의 관계에 대한 이론적 모델로서 ① 대립적 관계 모델(*adversary relationship model*), ② 협조적 관계 모델(*cooperative relationship model*), ③ 교환적 관계 모델(*exchange relationship model*)을 제시한다.[15)]

이와 같이 정부와 언론의 관계는 다양하게 설정되고 설명된다. 정부와 언론이 어떤 관계에 놓여있든 정부는 정부적 목적 때문에 언론정책을 수립하고 집행하며, 언론은 언론의 고유기능 때문에 정부를 감시하며 비판하는 제 4부적 기능을 수행하는 것이다.

3. 언론의 자유주의 모델의 평가

언론의 자유주의 모델이란 언론과 정부 간의 대립적 관계모델을 의미한다. 이 모델의 이념적 토대는 언론의 자유주의 이론이다. 이 모델은 〈그림 5-1〉과 같이 국가, 정부, 언론 간의 삼각형적 관계설정을 상정한다.

---

15) 이강수(1991), 《현대매스커뮤니케이션의 제문제》, 서울: 범우사, 176~197쪽.

〈그림 5-1〉 언론의 자유주의 모델

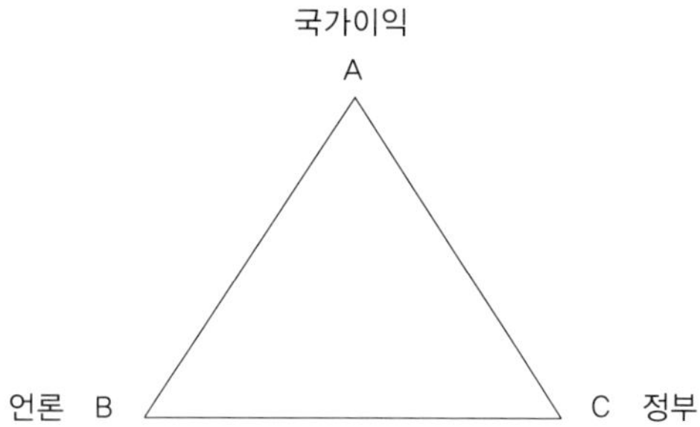

1) 관계모델의 의미

(1) 정부는 국가이익을 위해서 국민으로부터 공식적이고 합법적인 권능을 위임받은 국민적 기관이다(AC).
(2) 언론도 국가이익을 위해서 국민으로부터 비공식적이고 '도덕적' 권능을 위임받은 국민적 기관이다(AB).
(3) 따라서 정부와 언론 간에 존재하는 갈등이란 목적의 갈등이 아니고 목적을 수행하기 위한 방법이나 수단의 갈등이다.
(4) 정부와 언론 간에 존재하는 갈등이 목적적 갈등이 아니고 방법적 갈등이라면 그러한 갈등은 국가이익의 신장을 위해서 긍정적으로 수용되어야 한다.
(5) 정부와 언론 중에 어떤 기관이 국민으로부터 보다 정당하고 보다 강력한 권능을 위임받았느냐에 대한 논쟁은 무의미하고 비생산적이다.
(6) 보다 생산적인 논쟁은 정부와 언론이 어떤 관계에 있을 때 국가이익이 최대한으로 신장되느냐에 있다.
(7) 정부와 언론이 '건설적 거리'를 유지하면서 상호견제와 균형의

역동적 관계를 유지할 때 국가이익은 최대한으로 신장되는 것이다(BC).

(8) 그렇지 않을 경우에는 정부는 정부대로 언론은 언론대로 무너지고, 종국에 가서는 국가이익이란 전체체계가 붕괴된다.

2) 갈등의 다양한 원인

첫 번째 갈등의 원인은 목표의 갈등이다. 정부는 국가이익의 신장을 위하여 권위주의, 기밀주의, 국민의 알 필요, 하부구조 이론, 동반자 이론, 도구 이론, 사상의 교통질서 이론, 이익의 비교형량 이론 등을 강조하는 데 반하여 언론은 국가이익의 신장을 위하여 자유주의, 공표주의, 국민의 알권리, 제 4부 이론, 견제 이론, 환경감시 이론, 사상의 공개시장 이론, 사상의 자동조정 이론 등을 보다 강조한다.

이와 같이 정부와 언론 간에는 목적을 구현하는 방법이나 수단에서 현격한 차이를 노정한다. 정부와 언론 간에 존재하는 이러한 목표적 차이들은 자연히 갈등의 요인이 된다.

두 번째 갈등은 직업규범적 갈등이다. 언론의 직업규범은 뉴스지상주의, 특종주의, 비판주의, 저항의식, 특권의식 등인데 반하여 정부의 직업규범은 기밀주의, 우월주의, 관료주의, 형식주의 등이다. 언론은 정부를 향하여 '뉴스는 최대의 가치이다'라고 말하면, 정부는 언론을 향하여 '기밀보호는 최선의 안전책이다'라고 말한다. 이러한 직업규범적 차이가 갈등의 요인이 된다.

세 번째 갈등은 상호인식적 갈등이다. 정부는 언론의 존재를 정부정책의 홍보자, 변호자, 대변자, 정책수행의 도구 등으로 인식한다. 그리고 정부는 언론을 '무책임한 폭로주의자'로 성격 규정한다. 반면, 언론은 자신의 존재를 정책결정의 참여자, 정부환경의 감시자, 정책의 비판자, 국민의 대변자, 국가이익의 수호자 등으로 인식한다. 그리고 언론은 정부를 '무책임한 기밀은폐자'로 성격 규정한다.

그러니까 정부가 가지는 자상(*self-image*)과 언론의 거울에 비친 타상 간에는 현격한 차이가 존재한다. 이러한 상호인식의 차이는 자연히 갈등의 요인으로 작용한다.

네 번째 갈등은 취재인식적 갈등이다. 정부는 언론에 대하여 '계속 들추니까 감춘다'라고 말하면서 이러한 언론의 취재태도 때문에 어떻게 정부의 효과적인 업무수행이 가능한가라고 반문한다. 반면에 언론은 정부에 대하여 '계속 감추니까 들춘다'라고 말하면서 이러한 정부의 태도 때문에 어떻게 국가의 효과적인 민주주의가 가능한가라고 반문한다. 이러한 상호 간의 취재인식적 차이는 자연히 갈등의 중요한 요인으로 작용한다.

다섯 번째 갈등은 상호관계적 갈등이다. 상호관계적 갈등은 ① 정부는 언론의 주된 감시대상이 되는 관계, ② 정부는 언론의 주된 정보원이 되는 관계, ③ 언론은 정부의 주된 홍보기관이 되는 관계, ④ 언론침해가 발생했을 경우 정부는 가장 현실적 조정기관이 되는 관계, ⑤ 국민적 기관으로서의 힘의 대결관계 등을 포괄한다. 이러한 상호관계는 불가피하게 다양한 갈등의 요인이 된다.

3) 갈등의 결과

이러한 정부와 언론 간의 갈등이 야기하는 첫 번째 결과는 정보의 왜곡과 상실이다. 정보는 국가발전의 원동력이다. 정보가 국가발전의 원동력이 되기 위해서는 정확하고, 객관적이고, 공정해야 한다. 정부와 언론 간에 존재하는 갈등은 정보의 정확성과 객관성과 공정성을 훼손할 수 있다. 심한 경우에는 정보가 갈등 때문에 전달되기 전에 소실될 수도 있는 것이다.

두 번째 결과는 소수인의 영향력 증대이다. 정부와 언론 간에 존재하는 갈등은 정부든 언론이든 소수인의 영향력 집중현상을 야기하는 요인이 된다. 일종의 스타 신드롬(*star syndrome*)이라고 말할 수 있다. 미국의 경우, 외교관으로서의 헨리 키신저(Henry Kissinger) 신드롬이나 언론인으로서의 제임스 레스턴(James Reston) 신드롬 등을 생각할 수 있다. 어떠한 경우에도 소수에 의한 지배는 극히 반민주적이고 반자유적인 행태가 된다.

세 번째 결과는 전문화와 제도화의 손실이다. 정부와 언론 간에 존재하는 갈등은 관료직과 언론직의 전문화를 후퇴시키며 제도에 의한 운영보다는 사람에 의한 운영을 가속화하는 결과를 야기한다.

네 번째 결과는 대국민 공신력의 추락이다. 정부와 언론 간에 존재하는 갈등은 정부의 대국민 공신력을 저하시킬 뿐만 아니라 언론의 대국민 신뢰를 약화시키는 데 기여한다. 정부와 언론은 어느 기관보다도 국민의 신뢰를 먹고 자라는 국민적 기관이기 때문에 대국민 공신력은 특별히 중요하다 하겠다.

다섯 번째 결과는 국가이익의 훼손이다. 정부와 언론 간에 존재하는 갈등은 결국 국가이익의 신장을 약화시키고 국가발전을 저해하는 데 기여한다. 정부와 언론은 국가이익의 신장을 위해서 국민으로부터 권능을 위임받은 국민적 기관이기 때문에 국가이익의 훼손은 대단히 중요한 결과라 하겠다.

4) 개선방향과 과제

첫째, 정부와 언론은 국가이익을 위해서 국민으로부터 권능을 위임받은 국민의 신탁된 기관임을 우선적으로 유념해야 한다. 정부와 언론 간에 존재하는 갈등이 목적의 갈등이 아니고 목적을 달성하기 위한 방법의 갈등이라면 그러한 갈등은 민주주의의 발전을 위해서 긍정적으로 수용함이 바람직스럽다. 민주주의란 다원주의이고, 다원주의는 방법과 수단에서의 다원성을 의미하기 때문이다.

둘째, 정부와 언론은 흑백논리를 극복해야 한다. 정부의 입장과 언론의 입장 간의 관계는 흑백논리도 아니고 제로섬게임(*zero-sum game*) 또한 아니다. 그것은 정도와 균형의 관계로서 잘 운영하면 윈윈게임(*win-win game*)이 될 수도 있다. 정부와 언론은 경우에 따라서는 정부의 입장이 언론의 입장보다 더 중요하고, 또 다른 경우에는 언론의 입장이 정부의 입장보다 더 중요할 수 있다는 사실을 함께 인식해야 한다. 그러니까 정부와 언론은 수단적 다원주의의 중요성을 중시해야 한다는 뜻이다.

셋째, 정부와 언론은 진실에 대한 충성이 결국 국가의 이익에 최선으로 봉사한다는 사실을 함께 인식해야 한다. 정부와 언론은 둘 다 기본적으로는 진실을 위해 봉사하는 기관들이다. 그러나 언론은 언론의 고유한 기능 때문에 정부보다 진실에 더욱 충성한다고 말할 수 있다.

정부는 경우에 따라서는 국가이익을 위해서 거짓말을 하기도 한다. 미 국방성 공보담당 차관보인 아서 실베스터(Arthur Sylvester)는 "긴장상태 아래서는 정부는 허위뉴스를 조작하는 것도 큰 무기의 하나이다"라고 말한 적이 있다. "외교관이란 국가이익을 위해서 거짓말하도록 외국에 파견된 정직한 사람들이다"라는 표현도 있다.

영국의 시인 존 밀턴(John Milton)은 진실과 허위가 대결하면 진실은 자동조정의 과정을 통해서 궁극적으로 승리한다는 사실을 강조한다. 정부는 일부 국민을 일정기간 동안 속일 수는 있어도 모든 국민을 영원히 속일 수는 없는 것이다. 따라서 진실에 대한 충성이 특히 정부에게 더욱 요구되는 것이다.

넷째, 정부와 언론은 공표주의가 기밀주의보다 국가이익에 더욱 봉사한다는 사실을 함께 인식해야 한다. 공표주의는 열린 상태이고 기밀주의는 닫힌 상태라고 말할 수 있다. 세상의 모든 질서가 그러하듯이, 열린 상태는 닫힌 상태보다는 일반적으로 더욱 건강하고 더욱 정기능적이라고 말할 수 있다. 비슷한 차원에서, 뚫린 상태는 막힌 상태보다도 일반적으로 더욱 건강하고 더욱 정기능적인 것이다.

다섯째, 정부와 언론은 정부이익과 정권이익 간에 차이가 있고, 언론이익과 언론사이익 간에도 차이가 있다는 사실을 함께 인식해야 한다. 정부는 경우에 따라서는 국가이익의 이름으로 정권적 차원의 이익을 도모하기도 하고, 언론은 경우에 따라서는 국가이익의 이름으로 언론사 차원의 이익을 도모할 수도 있다. 정부와 정권이 동일한 개념이 아닌 것과 같이 언론과 언론사도 반드시 같은 개념이 아닌 것이다.

마지막으로, 정부와 언론은 자신의 전문화 수준과 제도화 수준을 크게 향상시켜야 한다. 전문성이란 기술적 전문성, 지식적 전문성, 윤리적 전문성 등을 포괄하는 개념이다. 제도화란 사람이 지배하는 운영보다는 제도가 지배하는 운영체계의 수준을 의미한다.

현재 우리나라의 정부조직과 언론조직의 전문화 수준과 제도화 수준은 상당히 낙후된 상태에 있다고 평가된다. 이러한 낙후상태가 정부와 언론 간에 존재하는 갈등들을 생산적으로 개선하는 데 부정적인 영향을 미치고 있다고 판단된다.

제 6 장

언론자유와 법적 규제

1. 언론과 법의 관계

어느 시대를 막론하고 법은 그 시대와 그 사회의 공동규범이다. 그리고 법이란 사회에 의해서 객관성과 존재성이 부여되는 것이다. '법의 본질은 초인적이나 그 현실적인 존립요건은 인간적이다'라는 말은 법과 사회의 관계를 잘 설명하고 있다.

사회는 언론에 의해서 매개되고 감시된다. 언론은 사회의 신경계통으로서 그 사회의 파수꾼이며, 항해사이며, 빛과 소금이다. 그리고 언론은 사회가 존립하고 기능하는 데에서 없어서는 안 될 필수적 환경에 해당된다. 이것이 사회와 언론의 관계이다.

법은 사회에 의해서 영향 받고, 사회는 언론에 의해서 영향 받는다. 이것이 언론과 법의 일반적 관계이다. 좀더 구체적으로 말하면, 언론과 법의 관계는 ① 법률의 정립자로서의 참여관계, ② 법률의 준수자로서의 책임관계, ③ 법률의 비판자로서의 감시관계, ④ 법률의 계몽자로서의 교육관계, ⑤ 언론의 자체방위수단으로서의 보호관계로 요약된다.[16]

역사적으로 언론과 법의 관계는 네 가지 단계적 시대를 거치면서 생성되고, 변천하고, 발전해왔다. 네 가지 시대란 ① 언론에 대하여 법이 무관심한 시대, ② 언론에 대하여 법이 통제하던 시대, ③ 언론에 대하여 법이 자유를 보장하던 시대, ④ 언론에 대하여 언론자유와 공공복리를 조화하던 시대를 의미한다.

첫 번째 시대에는 자유방임적 무관심사조가 지배했고, 두 번째 시대에는 권위주의적 통제사조가 지배했고, 세 번째 시대에는 자유주의적 자유사조가 지배했고, 네 번째 시대에는 사회책임주의적 조화사조가 지배했다고 말할 수 있다.

언론과 법의 관계에서 제기되는 문제로서는 하위법의 적용문제와 법제정과 운용의 문제가 있다. 법에는 실정법과 하위법이 존재한다. 실정법이란 입법과정을 통해서 정부가 공표하고 시행하는 법을 의미하고, 하위법이란 실정법을 보조하는 보조법규, 예를 들면 위임법, 긴급명령, 행정명령, 행정규칙 등을 의미한다.

언론의 법적 통제란 기본적으로 실정법에 의한 통제를 의미한다. 그러나 실제운용에서 언론자유는 실정법보다는 하위법 체계에 의해서 더욱 영향을 받는다. 따라서 언론과 법의 관계를 규명하기 위해서는 하위법 체계에 대한 연구가 대단히 필요하다고 판단된다.

언론과 법의 관계에서 법의 제정은 필요조건으로서 대단히 중요하다고 판단된다. 법의 제정은 필요조건이고 법의 운용은 충분조건에 해당된다. 우리나라의 경우에는 법의 제정보다는 법의 운용이 더욱 중시된다고 말할 수 있다. 왜냐하면 우리나라는 권리의식의 미분화상태, 법의식의 후진성상태, 법운용의 미숙상태, 민주주의의 혼돈상

16) 정현준(1967), "언론과 실정법", 《언론과 법률》, 서울: 한국신문편집인협회, 49쪽.

태, 국토의 분단상태, 정치 · 경제 · 사회 · 문화의 전반적 낙후상태, 문화정체성의 심각한 실종상태 등과 같은 부정적이고 후진적 상태에 놓여있기 때문이다.

2. 헌법상 언론자유와 규제

이 지구상에 존재하는 국가들은 하나도 예외가 없이 기본법에서 언론자유를 보장하고 있다. 심지어 공산주의 국가에서도 언론자유를 기본법에서 보장하고 있는 것이다. 북한은 헌법 제 53조에서 언론자유를 보장한다.

이러한 상태는 무엇을 의미하는가. 첫째로, 세계는 언론자유를 기본적 인권으로서의 보편적 가치를 인정하기 때문이고, 둘째로, 세계는 언론자유의 우월적 가치를 인정하기 때문이고, 셋째로, 세계는 국가운영에서 언론자유의 현실적 유용성을 인정하기 때문이다.

언론자유를 보장하는 방법에는 크게 영미형 보장방법과 대륙형 보장방법이 존재한다. 영미형 보장방법은 언론자유의 보장을 법률에 두지 않고 판례를 통해 형성된 판례법에 의해서 보장하는 방법이고, 대륙형 보장방법은 권리선언이나 실정법을 제정해서 보장하는 방법이다. 우리나라는 대륙형 보장방법을 채택하고 있다고 말할 수 있다.

우리나라의 헌법은 언론자유를 다음과 같은 다양한 조항으로 보장하고 있다.

(1) 제 10조
모든 국민은 인간으로서의 존엄과 가치를 가지며, 행복을 추구할 권리를 가진다. 국가는 개인이 가지는 불가침의 기본적 인권을 확인하고 이를 보장할 의무를 가진다.

(2) 제 18조
모든 국민은 통신의 비밀을 침해받지 아니한다.

(3) 제 19조
모든 국민은 양심의 자유를 가진다.

(4) 제 21조 제 1항
모든 국민은 언론·출판의 자유와 집회·결사의 자유를 가진다.

(5) 제 22조
① 모든 국민은 학문과 예술의 자유를 가진다.
② 제작자, 발명가와 예술가의 권리는 법률로써 보호한다.

(6) 제 37조 제 1항
국민의 자유와 권리는 헌법에 열거되지 아니한 이유로 경시되지 아니한다.

우리나라의 헌법은 언론자유를 보장하는 조항과 더불어 언론자유를 잠재적으로 제한할 수 있는 조항들을 동시에 설정하고 있다.

(1) 제 21조 제 4항
언론·출판은 타인의 명예나 권리 또는 사회윤리를 침해하여서는 아니된다. 언론·출판이 타인의 명예나 권리를 침해한 때에는 피해자는 이에 대한 피해의 배상을 청구할 수 있다.

(2) 제 37조 제 2항
국민의 모든 자유와 권리는 국가안전보장, 질서유지, 또는 공공복리를 위하여 필요한 경우에 한하여 법률로써 제한할 수 있으며, 제한하는 경우에도 자유와 권리의 본질적인 내용을 침해할 수 없다.

우리나라 헌법 제 21조 제 4항과 제 37조 제 2항은 언론규제의 내용 혹은 그 가능성을 규정한다고 말할 수 있다. 특히 제 37조 제 2항은 몇 가지 문제점을 안고 있다고 평가된다. 첫째, 이 기준은 너무 막연하고 추상적이며, 다분히 주관적인 요소를 내포하고 있기 때문에 집권자에 의한 임의판단의 소지를 부여할 우려가 있다. 둘째, 이 기준은 기본원칙에 대한 극히 제한적인 예외규정이 아니라 언론자유를 제한할 수 있는 일반준칙으로 오용되고 남용될 가능성을 내포하고 있다.

영미형 보장방법을 채택하고 있는 미국은 기본법에서 언론의 절대적인 자유를 보장하고 있다. 미연방헌법 수정 제 1조는 "의회는 언론자유를 제한하는 어떤 법률도 제정할 수 없다"라고 규정한다. 미국헌법은 우리나라와 같이 유보조항을 별도로 설정하지 않고 있다.

미국은 언론자유를 규제할 경우 판례로써 개별적인 판단을 가하고 있다. 예를 들면, 미국의 대법원은 Schenck v. U. S. (1919) 사건에서 "명백하고 현존하는 위험의 원칙"(*clear and present danger test*) 이란 구체적이고도 실증적인 규제기준을 적용한 바 있다.

미국의 헌법은 수정 제 9조에서 "헌법에 어떤 종류의 권리가 열거되어 있다 하여 국민이 보유하는 기타의 여러 권리를 부인하거나 경시하는 것으로 해석하여서는 아니된다"라고 규정하고, 수정 제 5조와 제 14조에는 엄격한 적법절차(*due process*) 를 규정하고 있다.

대륙형 보장방법을 채택하고 있는 독일은 헌법 제 5조 제 1항에서 "누구든지 언어, 문서, 회화로써 그 의견을 자유로이 발표하며 아울러 일반에 입수될 수 있는 정보원으로부터 정보를 알리는 것을 방해받지 아니하는 권리를 가진다. 출판의 자유 및 방송·영화에 의해 보도하는 자유는 이를 보장한다"라고 언론자유를 보장하고 있다.

독일헌법 제 5조 제 2항은 "이들의 권리는 일반 법률의 제정, 소년보호에 대한 법률상의 규정 및 개인 명예권에 의하여 제한된다"라고 제한 근거를 제시하고 있다. 독일헌법은 우리나라의 경우와 같이 법률제정에 의한 가능성을 인정하고 있으나 이를 포괄적으로 규정하지 않고 소년보호나 명예보호와 같이 개별적이고도 구체적인 입법판단에 맡기는 특성을 지닌다.

헌법과 언론의 관계란 단순히 법과 언론의 관계 차원을 넘어서 언론과 민주주의의 발전 차원에서 이해됨이 바람직스럽다. 왜냐하면 언론자유의 본질을 신장하는 길이야말로 민주주의의 과제이며 그것이 곧 헌법의 기본정신이기 때문이다. 언론은 민주주의의 척도이며 견인차라고 말할 수 있기 때문이다.

헌법의 기본질서가 언론자유를 어떻게 인식하느냐에 따라 작게는 언론자유의 신장, 크게는 민주주의의 발전이 좌우된다고 말할 수 있다. 영국으로부터 독립한 미국의 헌법은 언론의 절대적 자유를 보장한 데 반하여 일본으로부터 독립한 우리나라의 헌법은 언론의 상대적 자유를 규정한 것이다. 나라를 건국한 지도자들의 자유의식, 헌법의식, 언론의식이 그 나라의 언론자유 전통을 결정하게 되었다.

언론자유의 구현은 헌법상 법적 보장만으로는 불충분하다. 언론자유가 구현되기 위해서는 헌법상 법적 보장과 더불어 법의 민주적 운용이 뒷받침되어야 한다. 그러니까 언론자유가 명실상부하게 구현되기 위해서는 ① 의회의 적극적 입법노력, ② 정부의 민주적 법의 운용, ③ 법원의 언론자유수호 노력, ④ 언론의 뼈를 깎는 노력과 자기반성, ⑤ 국민의 법의식 함양과 감시노력 등이 언론자유의 5대축으로서 작동되어야 한다.

이 지구상에 존재하는 모든 국가들은 전술한 바와 같이 그들의 기본법에 언론자유를 보장하는 조항을 설정하고 있다. 언론자유의 보편적 가치, 언론자유의 우월적 지위, 언론자유의 현실적 유용성 등이 국제적으로 인정되었기 때문이라고 판단된다.

3. 직접규제와 간접규제

언론의 법적 규제는 다양하게 행사된다. 언론의 법적 규제에는 전술한 바와 같이 실정법 체계에 의한 규제도 있고, 하위법 체계에 의한 규제도 있다. 그리고 언론의 법적 규제에는 언론법 체계에 의한 직접규제도 있고 언론관계법 체계에 의한 간접적 규제도 존재한다.

언론의 직접규제와 연관되는 언론법으로서는 신문 등의 자유와 기능보장에 관한 법률(이하 신문법), 방송법, 언론중재 및 피해구제 등에 관한 법률(이하 피해구제법) 등이 있고, 언론의 간접규제와 연관되는 언론관계법으로서는 국가보안법, 형법, 민법, 소년법, 청소년보호법, 저작권법 등이 존재한다. 경우에 따라서는 한 법률의 체계 속에 직접규제와 간접규제 조항들이 혼재하기도 한다.

1) 신문법의 위헌적 요소

신문법은 2005년 1월 1일에 국회를 통과하고, 1월 27일에 공표되어, 7월 28일에 발효된 언론법이다. 노무현 정부는 이 법을 두고 '개혁 입법'이라고 주장하지만 이 법 속에는 몇 가지 위헌적인 요소가 포함되어 있어서 헌법소원을 포함한 법적 논쟁의 대상이 되었다.

첫 번째 위헌적 요소는 신문법 제17조에 규정되어 있는 시장지배적 사업자조항이다. 신문법은 한 신문의 발행부수가 전국 일간지부수의 30%를 넘거나 3개 신문사가 60%를 초과하면 '시장지배적 사업자'로 규정해서 과징금을 물린다는 내용을 담고 있다. '시장지배'의 기준은 일반 일간신문과 특수 일간신문을 대상으로 하고 무료신문은 여기서 제외한다. 따라서 138개의 일간지의 시장점유율로 산정한다는 뜻이다.

이 조항은 다분히 반자유주의적이고, 반자본주의적이고, 반경쟁적이다. 한 신문이 30%를, 세 개 신문이 60%를 넘어서면 과징금을 매기겠다는 논리는 유력한 신문사에 재정적 압박을 가함으로써 언론자유를 위협하는 규제 요소로 작용할 가능성을 안고 있다고 판단된다.

이 조항은 방송에 대해서는 '시장지배적 사업자'라는 개념 자체를 두지 않는 것과 비교할 때 헌법이 보장한 평등의 원칙에도 위반된다고 말할 수 있다. 공정거래법은 1개사 50%, 3개사 75%를 시장지배적 사업자로 규정하고 있다. 신문법이 공정거래법보다도 더 엄격한 기준을 적용한 사실은 유력한 신문을 어렵게 만들겠다는 집권자의 주관적 의도가 숨어있는 것이 아닌가를 의심케 한다. 신문은 언론으로서 일반상품과는 전혀 다른 속성을 가진다는 사실을 유념해야 한다.

19세기 중엽 영국에는 인지세법(Stamp Act)이라는 법이 있었다. 영국에서 '에세이 페이퍼'(*essay paper*)가 왕성하게 출현하던 1712년 무렵부터 앤(Anne)여왕은 인지세법을 신문에도 적용하도록 명령했다. 이 법은 발행부수에 따라서 세금을 부과하도록 하였다. 신문은 구독료를 인상하지 않을 수 없게 되었고, 시민과 노동자계급은 자신들의 수입으로는 신문을 구독할 수 없게 되었다. 권력의 입장에서 보면 신문의 보급을 근원적으로 억제하는 장치가 되었을 뿐만 아니라 세수를 늘리는 효과를 동시에 얻게 되었다.

그러나 언론의 입장에서 보면, 인지세법은 신문의 발달을 저해하고 언론의 자유를 억압한 대표적인 언론통제법이 된다. 이 법은 1855년에 역사적 악법으로서 드디어 폐기되었다.

인지세법은 우리나라의 신문법과 비교해보면 그래도 '공평한' 법이었다고 말할 수 있다. 왜냐하면 인지세법은 유력한 신문에만 부과한 것이 아니고 모든 신문에게 골고루 부과했기 때문이다. 그러니까 신문법은 인지세법보다도 더욱 불공평한 법이라고 말할 수 있다.

두 번째 위헌적 요소는 신문법 제 27조와 33조에 규정되어 있는 신문발전위원회의 설치와 신문발전기금의 설치, 조성 및 운용조항이다. 신문법은 신문발전위원회의 설치, 신문발전기금의 조성, 신문진흥원을 통한 군소신문에의 재정적 지원 등을 규정하고 있다. 예상되는 문제점은 다음과 같다.

(1) 신문발전위원회의 위원을 문화관광부 장관이 임명하도록 되어 있다는 점이다. 어느 조직을 막론하고 위원의 성격이 조직의 성격을 결정한다. 따라서 정부는 신문발전위원회를 통해서 언론에 얼마든지 영향력을 행사할 수 있는 법적 근거를 갖게 되는 것이다.

(2) 신문발전위원회는 신문발전기금을 통해서 언론사를 선별해서 지원할 수 있다는 점이다. 신문발전위원회는 전술한 바와 같이 정부적 기관이라고 말할 수 있다. 자유주의국가에서 언론은 정부를 감시하고 비판하는 유일한 기관이다. 따라서 정부는 준조세 성격의 발전기금을 통해서 언론을 지원해서는 안 된다. 그리고 비판하는 유력한 신문에는 억압적 조치를 취하면서 우호적인 군소신문에는 재정적으로 지원한다는 사실은 다분히 위헌적이고, 모순적이고, 불평등적인 조치라고 판단된다.

세 번째 위헌적 요소는 신문법 제 37조에 규정되어 있는 신문유통원의 설립조항이다. 자유주의국가에서 정부와 언론은 어디까지나 대립적이고 갈등적 관계에 있는 것이다. 따라서 정부는 국민의 세금으로써 신문유통체계를 독점해서는 안 된다. 정부에 의한 신문유통체계의 독점적 운영은 언론자유에 대한 잠재적 저해요인이 되기 때문이다. 필요에 의해서 신문유통원을 설립하려면 어디까지나 신문협회의 자율적 결정에 의해서 자율적으로 이루어져야 하는 것이다.

네 번째 위헌적 요소는 신문법 제16조에 규정되어 있는 자료의 신고관련 조항이다. 신문법 제16조는 언론사로 하여금 발행부수와 광고수입 등을 포함한 일체의 경영정보를 신문발전위원회에 신고하도록 의무화하고 있다. 이 의무사항을 이행하지 않는 신문사에게는 2천만 원의 과태료를 부과하도록 규정하고 있다.

이 규정은 언론을 국가권력에 예속시키는 결과를 가져올 것이 명백하기 때문에 헌법이 규정한 언론자유의 본질적 내용을 훼손할 수 있다고 비판받고 있다. 정부는 언론사의 경영정보를 얼마든지 규제적 방향으로 오용하고 남용할 수 있다고 판단된다.

2) 피해구제법의 문제조항

피해구제법이 포함하고 있는 첫 번째 문제점은 "고충처리인을 두어야 한다"라고 규정한 제6조의 규정이다. 이 규정을 지키지 않을 경우에는 3천만 원의 과태료를 부과하도록 규정하고 있다. 이 의무규정은 운용여하에 따라서는 언론자유를 저해하는 요소로 작용할 수 있다. 자유주의국가에서 고충처리인과 같은 제도의 설립은 전적으로 언론사의 자율에 맡겨야하기 때문이다.

두 번째 문제점은 언론사에 대하여 손해배상을 청구할 수 있게 한 제30조 제1항의 규정이다. 이 규정은 피해구제법의 본래 취지를 훨씬 넘어서는 규제적 조항이라고 말할 수 있다. 피해구제법이 정하는 피해구제의 범위는 정정보도, 반론권, 시정권고 수준에 머무는 것이 법의 취지상 바람직스럽다. 이 조항이 악용될 경우에는 언론자유에 대한 사전 억제장치로 활용될 가능성이 충분히 있다고 판단된다.

세 번째 문제점은 제 3자에 의해서도 중재신청이 가능하도록 한 제 32조 제 2항의 규정이다. 언론중재나 피해구제는 이해당사자 간에 이루어지는 게 가장 바람직스럽다. 이것이 피해구제법의 본래 취지인 것이다. 제 3자에 의해서도 중재신청이 가능하도록 한 규정은 중재신청의 남발현상을 초래함으로써 궁극적으로는 언론자유에 대한 억압적 요소로 작용할 가능성이 높기 때문이다.

이 밖에도 언론의 간접규제조항으로서는 신문법 제 12조(등록사항), 제 13조(결격사유 등), 제 20조(납본), 제 24조(정기간행물 등 제호의 사용제한), 제 21조(등록취소) 등이 있다. 이러한 조항들은 물론 언론자유를 직접적으로 규제하는 규정이라고 보기는 어렵다. 왜냐하면 이 규정이 정한 등록행위는 정부에 의한 허가제도가 아닌 단순한 등록행위에 불과하기 때문이다.

그러나 이러한 조항들이 경우에 따라서 언론에 대한 정부의 간접 규제 장치로 작용할 수 있다는 주장이 제기된다. 그 이유는 다음과 같다.

첫째, 이 규정이 정한 등록행위는 정기간행물의 발행에 법적인 전제조건이 될 수 있기 때문이다.

둘째, 이와 같은 등록행위는 사실상 등록관청에 의해서 인정되기 때문이다. 바꾸어 말하면, 등록행위의 승인이 행정관청의 재량에 의해서 결정된다는 뜻이다.

셋째, 기존 등록된 정기간행물이 등록취소(제 21조)의 규정을 위반했을 경우에는 등록관청은 등록을 취소하거나 6개월 이하의 기간을 정하여 발행의 정지를 명할 수 있기 때문이다.

넷째, 일단 취소된 간행물은 등록이 취소된 날로부터 2년 이내에는 동일한 제호로서 다시 발행할 수 없기 때문이다(제 24조).

4. 언론자유와 법원판례

언론자유를 유지·발전시키기 위해서는 적어도 5대축의 지원이 필요하다. 행정부의 긍정적이고 적극적인 지원, 입법부의 긍정적인 입법 노력, 사법부의 긍정적인 법적 판단, 국민의 적극적인 지지와 감시노력, 언론의 자유수호 노력이 언론자유를 지키고 발전시키는 데 필요한 5대축이 된다.

그중에서도 법원의 역할은 막중하다. 정부와 언론이 갈등할 경우 법원은 최후의 심판자가 된다. 어느 사회를 막론하고 법원은 정의와 양심의 최후 보루가 된다. 따라서 법원이 살아있어야 사회정의가 살아 숨 쉬게 되고, 사회정의가 살아있어야 언론자유가 보호되고 신장된다.

우리나라의 법원은 민주주의의 후진성과 삼권분립의 미비성 때문에 완전한 독립성을 유지하지 못하고 있다. 행정부가 사법부보다 우위에 있다고 판단된다. 강력한 대통령주의는 대통령의 권한을 거의 절대적인 것으로 설정한다. 대통령은 국회의장, 대법원장, 헌법재판소장 등을 사실상 임명하는 우월적 지위에 있다 하겠다.

그리고 우리나라의 언론은 타 기관에 비해 상대적으로 우월적 지위에 있다고 판단된다. 법적인 문제를 가지고 언론과 다투다가는 손해만 본다는 피해의식이 팽배해있다. 언론은 타 기관을 비판하지만 타 기관은 언론을 좀처럼 비판하지 않는 이상한 전통이 존재한다. 언론관련 사건이 발생했을 때 이해당사자는 법원의 판단을 기다리기보다는 그들끼리 막후에서 해결하려고 노력한다. 언론중재위원회는 언론관련 사건을 사전에 중재하고 조정함으로써 법원의 판단을 상대적으로 줄이는 데 기여하고 있다.

이러한 이유 때문에 언론관련 사건을 대법원이 판단한 사례는 거의 없다. 그러니까 언론관련 사건에 대한 대법원판례가 거의 부재하다는 뜻이다. 사건이 없기 때문에 판례가 없는 것이 아니고 사건이 대법원까지 올라가지 않기 때문에 판례가 없다는 뜻이다. 우리나라 법 운용의 후진적 단면이라 하겠다.

민주주의와 언론자유가 가장 발달한 나라는 미국이라 말할 수 있다. 미국에는 언론관련 사건의 대법원판례가 수없이 많다. 언론자유와 관계되는 대표적인 판례들을 몇 가지만 제시하면 다음과 같다.

1) 사전억제에 대한 언론의 계속적인 승리

(1) Near v. Minnesota (1931)

니어는 미네소타 주에서 발행되는 〈새터데이 프레스〉(*Saturday Press*)란 신문의 발행인이다. 이 신문은 공무원에 대하여 신랄하게 비판했다. 미네소타 주 법은 그 기사가 '악의에 차고, 선정적이고, 또한 명예훼손적'이라고 해서 출판을 금지했다. 법원은 5대 4로 니어의 승리로 판결했다. 법원의 주된 이유는 언론에 대한 사전검열이었다.

(2) Grosjean v. American Press Co. (1936)

루이지애나 주 법은 언론 사업에 종사하는 특혜의 대가로 면허세를 내도록 규정했다. 신문사 발행인들이 반대, 법적 문제가 되었다. 법원은 언론의 승리로 판결했다. 주된 이유는 언론에 대한 사전검열이었다. 이 사건에서 '지식세(*tax on knowledge*)는 위헌'이라는 유명한 판결이 내려졌다.

2) 공무원에 대한 언론의 비판권리 보장

(1) New York Times v. Sullivan (1964)

〈뉴욕타임스〉는 1960년에 한 민권투쟁위원회의 광고를 게재했다. 그 광고 속에 앨라배마 주의 몽고메리 시에서 일어난 민권투쟁의 사례를 제시했다. 몽고메리 시의 경찰서장은 이 광고에 서명한 서명자와 〈뉴욕타임스〉를 상대로 명예훼손으로 제소했다. 지방법원은 서명자와 〈뉴욕타임스〉에 50만 불의 배상금을 지불하라고 판결했고, 대법원은 언론의 승리로 판결했다. 대법원 판결의 요지는 다음과 같다.

첫째, 공적으로 중요한 문제에 대하여 공무원을 비판하는 것은 언론자유로서 보장되어야 한다.

둘째, 이 광고에는 현실적인 악의(*actual malice*)가 없다. 현실적 악의란 거짓인 사실을 알고 보도했을 때와 거짓인지 아닌지를 전혀 개의치 않고 보도했을 때에 성립된다.

셋째, 공무원의 행위에 대하여 진실된 비판만을 요구한다면 이는 언론의 '자체검열'로 전락할 위험성이 있다.

이 사건으로 인해서 언론과 시민의 공무원에 대한 비판이 완전 보장되었다. 그리고 이 설리반 기준(*Sullivan test*)은 공무원(*public officer*)뿐만 아니라 공적 인사(*public figure*)에까지 확대 적용되었다. 이 기준은 그 후 Westmoreland v. CBS (1983), Saron v. Time (1985) 그리고 Larry Flint 사건 등에 적용되었다.

3) 영화도 미연방헌법 수정 제1조의 보호대상으로 인정

(1) Freedman v. Maryland (1965)

메릴랜드 주의 영화법은 영화의 사전제출을 규정했다. 한 영화관은 〈새벽녘의 복수〉란 영화를 사전에 검열관에게 제출하지 않고 방영, 법적 문제가 되었다. 대법원은 메릴랜드 주 영화법은 위헌이라고 판결했다. 판결의 주된 근거는 다음과 같다.

첫째, 영화도 넓은 의미의 언론이다.

둘째, 영화의 사전제출은 영화의 사전검열에 해당된다.

셋째, 영화도 다른 언론과 같이 사전검열을 받을 필요가 없다.

이 사건으로 언론으로서 영화의 지위가 확보되었고, 주 법에 의한 영화의 사전검열에 쐐기가 가해졌다. 언론으로서 영화의 자유가 법적으로 보장된 획기적 사건으로 기록된다.

4) 외설에 대한 법적 한계를 명확히 함으로써 언론자유의 한계를 규정

(1) Roth v. U.S. (1956)

사뮤엘 로스는 뉴욕 시의 책, 잡지, 사진 등의 판매업자로서 이러한 출판물을 우편으로 보내 판매했다. 뉴욕지방법원은 이 사실을 기소, 법정문제가 되었다. 법원은 로스의 패소를 결정하면서 "외설은 연방헌법 수정 제1조의 보호를 받을 수 없다"라고 판결했다.

이 사건은 외설과 예술 간의 대결에서 외설의 패배를 안겨준 사건이며, 언론자유의 상대적 후퇴를 안겨준 사건으로 기록된다. 이 사건은 외설이란 구체적으로 무엇인가에 대해서는 규정하지 않고, 대신 외설이 될 수 있는 법적 한계를 제시한 사건으로 유명하다.

이 사건은 외설성을 판단할 수 있는 법적 기준으로서 ① 통상인의 기준, ② 현재 지역사회의 기준, ③ 중심적인 주제의 기준, ④ 호색적인 흥미에의 영합 기준을 제시했다. 부연하면, 출판물의 외설성에 대한 법적 판단은 첫째, 일반인의 문화적 수준을 근거로 이루어져야 하고, 둘째, 출판물이 제작·반포된 그 시점의 지역사회 기준을 근거로 이루어져야 하며, 셋째, 중심적인 주제가 무엇인가를 기준으로 이루어져야 하며, 넷째, 진짜 호색적인 흥미에 영합하고 있느냐의 기준으로 이루어져야 한다는 뜻이다.

외설성에 대한 4대 기준을 제시한 법원판결의 원문을 참고로 제시하면 다음과 같다.

> Whether to the average person, applying contemporary community standards, the dominant theme of the material taken as a whole appeals to prurient interest.

(2) Ginzberg v. U.S. (1966)

이 사건에서 법원은 판매방법으로 나타나는 제작자의 의도성을 외설성 여부를 결정하는 기준으로 제시했다(*conduct of the purveyor, not simply the conduct of the material*). 이 기준은 출판물의 광고나 판매촉진에 함축성이 큰 판결로서 기록된다.

(3) Ginsberg v. New York (1968)

이 사건에서 법원은 외설물을 청소년들에게 판매하는 행위는 위법이라고 결정했다. 이 판결은 청소년 보호의 대표적인 기준을 제시한 것으로서 기록된다.

5) 언론자유에 대한 우체법의 잠재적 침해의 방지

(1) Hannegan v. Esquire (1946)

우정성은 우체규정에 따라서 잡지 〈에스콰이어〉가 문학수준이 낮다고 판단, 2종우편 특혜를 중지함으로써 법정문제가 되었다. 대법원은 〈에스콰이어〉의 승소를 판결했다. 판결근거는 다음과 같다.

첫째, 우정성은 출판물의 문학성을 결정할 권한이 없다.

둘째, 우체규정은 언론자유를 잠재적으로 침해할 우려가 있다.

역사적으로 언론은 우정성과의 긴밀한 관계 속에서 생성되고, 성장하고, 발전해왔다. 대법원은 언론자유와 우체규정 간의 대결에서 언론자유의 승리를 판결함으로써 큰 파문을 던졌다고 말할 수 있다.

6) 사생활 보호와의 대결에서 언론자유의 상대적 우위 인정

(1) Time v. Hill (1967)

잡지 〈라이프〉는 연극 〈절망적인 시간〉을 보도하면서 한때 비슷한 고난을 당했던 제임스 힐(James Hill) 가족의 집을 사진으로 찍어 함께 게재했다. 힐 씨는 사생활 침해라며 소송을 제기, 법정문제가 되었다.

힐 씨는 잡지 〈라이프〉가 그 연극이 자신의 경험과는 다르다는 사실을 알면서도 연극을 선전하기 위해서 현실적 악의를 가지고 사진을 게재했다고 주장했다. 뉴욕고등법원은 〈라이프〉로 하여금 힐 씨에게 3만 불의 손해배상을 하도록 판결했다. 잡지사는 곧 대법원에 상고했고, 대법원은 〈라이프〉의 손을 들어주었다.

대법원은 "사생활 보호와 언론자유의 관계에서 언론자유가 우위에 있다"라고 판결했다. 여기서 대법원은 '있을 수 있는 보도'(*probable reporting*)라는 기준을 최초로 제시했다. 언론자유가 한 번 더 승리하는 계기를 맞게 되었다.

7) 법정모욕죄에 대한 제동

(1) Wood v. Georgia (1962)

신문발행인인 우드 씨는 재판 과정과 결과에 대하여 신랄하게 비판하는 기사를 신문에 게재했다. 조지아 주 법은 재판에 대한 비판은 법정모욕죄로 규정, 법정문제가 되었다. 대법원은 언론자유의 승소를 판결했다.

대법원은 판결에서 '재판관을 판단할 수 있는 권리'(*right to judge the judges*)를 언론에 인정함으로써 법정모욕죄의 남용에 대하여 쐐기를 박았다. 그동안 법정모욕죄는 언론보도에 많은 제약을 주었다. 대법원은 연방헌법 수정 제1조와 제4조 간의 대결에서 수정 제1조(언론자유조항)의 승리를 판결한 것이다.

8) 언론자유와 공정재판과의 대결에서 언론자유의 상대적 후퇴

(1) Sheppard v. Maxwell (1966)

클리블랜드 시의 의사인 쉐퍼드 씨는 1955년 부인을 살해, 신문에 대대적으로 보도되었다. 이른바 '신문재판'(*trial by newspapers*)의 문제가 제기되었다. 법원은 쉐퍼드 씨에게 재심이나 재판지 이동(*change of venue*) 기회를 주지 않았다.

1965년에야 법원은 사건의 재심을 허락했다. 대법원은 1966년에 피고인의 석방을 결정했다. 대법원 판결의 근거는 다음과 같다.

첫째, 배심원들은 신문보도로부터 완전히 격리되지 못했다.

둘째, 법원은 공정한 재판을 위한 분위기 조성에 실패했다.

셋째, 언론의 무책임한 보도 때문에 신문재판 분위기가 조성되었다.

이 사건은 언론자유와 형사피고인의 공정재판권 간의 갈등에서 형사피고인의 공정재판을 받을 권리를 인정했다. 언론과 법원에 대하여 심각한 경고를 준 사건으로 기록된다. 미국 법은 신문재판에 의해서 형사피고인의 공정재판이 불가능하다고 판단되면 피고인의 유무죄를 떠나 석방할 수 있도록 규정하고 있다.

(2) Estes v. Texas (1965)

에스테스 씨는 사기혐의로 텍사스 주에서 재판을 받고 유죄가 확정되었다. 텔레비전은 재판의 전 과정을 방영했다. 에스테스 씨는 법정 내의 텔레비전 방영을 금지해 달라고 법원에 요청했으나 거부되었다. 최초의 '법정 내에서의 텔레비전' 사건이 발생한 것이다. 언론자유(수정 제 1조)와 형사피고인의 공정재판권(수정 제 6조) 간의 대결에서 대법원은 수정 제 6조의 손을 들어주었다. 이 사건으로 언론자유는 한 번 더 후퇴하는 경험을 맞게 되었다. 대법원 판결의 근거는 다음과 같다.

첫째, 재판 과정을 텔레비전으로 방영함은 형사피고인의 공정재판권에 대한 침해이다.

둘째, 텍사스 주 판결은 무효이며, 텍사스 주 법은 위헌이다.

미국에서는 텍사스 주와 콜로라도 주를 제외한 모든 주는 미국변호사협회(ABA: American Bar Association)의 법규정 35(Canon35)를 통과시켜 법정에서의 텔레비전 방영을 금지하고 있다. 이 사건으로 텍사스 주도 재판장 내에서 카메라 사용을 전면 금지했다. 언론자유는 한 번 더 후퇴하는 경험을 맞게 되었다.

언론계는 대법원 결정에 대하여 극렬하게 반대했다. 언론계는 재판상황을 붓으로 취재하는 것과 카메라로 취재하는 것은 똑같은 언론의 취재활동이며, 연방헌법 수정 제 1조는 카메라에 의한 취재활동까지를 보장하고 있다고 주장했다.

9) 언론사의 언론행위와 상업행위의 구별원칙 인정

(1) AP v. U.S. (1945)

AP회사법은 AP뉴스를 AP회원이 아닌 자에게는 팔지 못하도록 규정했다. 비회원사들이 문제를 제기, 법정문제가 되었다. 언론자유와 회사법 간의 대결에서 대법원은 언론자유의 손을 들어주었다.

대법원 판결의 근거는 다음과 같다. 첫째, 뉴스독점은 위헌이다. 둘째, 언론자유란 뉴스를 만인에게 제공하는 자유를 의미한다. 대법원은 '만인을 위한 자유'(*freedom for all*) 원칙을 최초로 제시했다.

10) 언론자유와 국가안보 간의 대결에서 국민의 알권리를 인정

(1) New York Times v. U.S. (1971)

미 국방성(Pentagon)은 MIT의 정치학교수인 대니얼 엘즈버그(Daniel Ellsberg)에게 베트남전쟁의 시작과 종말에 관한 연구용역을 제공했다. 엘즈버그 교수는 오랜 연구 끝에 방대한 보고서를 작성해서 원본은 국방성에 제출하고 부본은 〈뉴욕타임스〉에 제출했다. 〈뉴욕타임스〉는 오랜 격론 끝에 이 보고서를 보도하기로 결정했다. 보고서의 최종제언은 "이 전쟁은 처음부터 잘못 개입한 전쟁이기 때문에 하루라도 빨리 철군하는 게 국가이익에 도움된다"는 내용이었다.

펜타곤페이퍼(*Pentagon Paper*)가 보도되자 미국사회는 문자 그대로 찬반으로 극한 대립했다. 베트남전쟁은 그 순간에도 수많은 사상자를 내면서 진행되고 있었다.

미 국방성은 〈뉴욕타임스〉를 이적행위로 법원에 고소했다. 1심과 2심에서는 미 국방성이 승소했지만 최종심인 대법원에서는 〈뉴욕타임스〉가 승소했다. 대법원은 최종판결에서 국민의 알권리와 사전검열의 위법성 등을 판결의 근거로 제시했다. 언론자유와 국가안보 간의 대결에서 대법원은 국민의 알권리를 인정하는 역사적 판결을 내린 것이다.

언론자유와 관련된 10개의 사건에서 미 대법원이 내린 판결들의 의미와 과제들을 요약해보면 다음과 같다.

① 시간과 더불어 더 많은 자유가 더 많은 언론과 시민에게 부여되고 있다. 그러니까 미 법원은 언론자유의 가치에 대하여 계속적인 관심과 법적 보장을 판결로써 표시하고 있다는 뜻이다.

② 언론자유에 대한 억제조치는 특수한 경우에 한정적으로 이루어지고 있다.

③ 청소년 보호의 문제는 앞으로도 계속 강화될 것으로 전망된다.

④ 어떤 사건이 법정에 대두되느냐에 따라서 언론자유를 위한 법정투쟁이 영향을 받을 것으로 전망된다.

⑤ 대법원 판사의 구성이 어떻게 되느냐에 따라서 언론자유의 법정투쟁이 영향을 받을 것으로 전망된다.

⑥ 사회변화는 항상 새로운 법적 문제를 야기한다. 학교신문의 편집권 문제, 인터넷음란물의 문제, 전화섹스의 자유문제, 양심적인 병역거부 문제, 동성애자의 법적 문제 등이 몇 가지 사례들이다.

⑦ 미 대법원이 앞으로 계속해서 해결해야 할 과제로서는 i) 표현자유와 음란성 기준 설정문제, ii) 보도자유와 공정재판의 문제, iii) 공인(公人)의 범위와 명예보호의 한계문제, iv) 사생활권의 정립과 보호의 문제, v) 반체제인사나 사상범의 표현자유 문제, vi) 양심적인 병역거부와 동성애자의 법적 문제 등이 제기될 수 있겠다.

제 7 장

언론자유와 개인적 권리 보호

언론자유란 전술한 바와 같이 절대적 자유가 아니고 상대적 자유이기 때문에 법이 보장하는 다른 권리와 자연스럽게 갈등하게 된다. 언론자유가 다른 권리와 갈등하는 국면은 3가지 차원으로 볼 수 있다.

언론자유가 갈등하는 첫 번째 차원은 개인적 권리와의 갈등이고, 두 번째 차원은 사회적 권리와의 갈등이고, 세 번째 차원은 국가적 권리와의 갈등이라 하겠다. 개인적 권리는 명예권의 보호, 사생활권의 보호, 형사피고인의 공정재판권의 보호, 저작권의 보호, 소년의 보호 등이고, 사회적 권리는 일반 사회질서의 보호, 선거질서의 보호, 법정질서의 보호, 의회질서의 보호, 미풍양속의 보호 등이고, 국가적 권리는 국가안전의 보장과 국가기밀의 보호 등을 포괄한다. 제 7장에서는 언론자유와 개인적 권리 간의 갈등과 조화의 문제를 다루기로 한다.

1. 언론자유와 명예권의 보호

우리나라의 헌법은 언론자유와 명예권을 동시에 보장하고 있다. 우리나라 헌법 제21조 1항은 "모든 국민은 언론·출판의 자유를 가진다"라고 규정하면서 동시에 헌법 제10조와 제21조 4항은 명예권과 관련해서 규정하고 있다. 헌법 제10조는 "모든 국민은 인간으로서의 존엄과 가치를 가진다"라고 규정하고 있고, 헌법 제21조 4항은 "언론·출판은 타인의 명예나 권리 또는 공중도덕이나 사회윤리를 침해하여서는 아니된다. 언론·출판이 타인의 명예와 권리를 침해한 때에는 피해자는 이에 대한 피해의 보상을 청구할 수 있다"라고 규정하고 있다.

언론자유와 명예권은 전술한 바와 같이 헌법이 보장하는 기본 권리이기 때문에 자연스럽게 갈등하게 된다. 언론자유와 명예권이 갈등할 경우 조화의 지점은 법원에 의해서 판결로써 제시된다. 이 경우, 법원은 언론자유를 보장함으로써 얻는 사회적 이익과 명예권을 보호함으로써 얻는 사회적 이익을 비교형량하여 치우치는 방향으로 판결하게 된다. 이것을 이익의 비교형량원칙(*ad hoc balancing test*)이라 부른다.

1) 명예권의 개념

인간의 명예란 내부적 명예, 외부적 명예, 명예감정으로 구성된다. 내부적 명예는 사람이 가지고 있는 인격의 내부적 가치 그 자체를 의미하고, 외부적 명예는 사람의 인격적 가치와 사회적 행위에 대한 사회적 평가를 의미한다. 내부적 명예는 주관적 명예라 부르고, 외부적 명예는 객관적 명예라 부른다. 명예감정은 자신의 인격적 가치에 대한 자기 자신의 주관적인 평가 내지는 감정을 의미한다.

이 가운데 법적 명예훼손과 관련해서 의미가 있는 주된 명예는 외부적 명예이다. 나머지 두 명예개념은 주관적이거나 내부적이어서 객관화시킬 수 없기 때문에 관련성이 적다 하겠다.

명예권이란 인격권을 의미하며, 인격권이란 정신상의 인격적 이익의 보호를 목적으로 하는 권리를 의미한다. 명예훼손이란 사람의 사회생활에서 일반적인 인격에 대한 평가를 침해하는 행위로 규정된다.

명예의 주체는 개인의 명예, 법인의 명예, 불특정다수의 명예를 포괄한다. 개인의 명예인 경우는 산 자의 명예와 죽은 자(사자)의 명예를 포괄한다.

명예훼손(*defamation*)은 문서에 의한 명예훼손(*libel*)과 구두에 의한 명예훼손(*slander*)으로 구분되기도 하고, 형사적 명예훼손(*criminal defamation*)과 민사적 명예훼손(*civil defamation*)으로 구분되기도 한다.

2) 형사적 명예훼손

형사적 명예훼손이란 형법상 명예훼손을 의미한다. 그 목적은 사회법익의 보호에 있으며, 위반할 경우에는 형벌을 가한다. 범죄의 성립은 공연히 사실을 적시하거나(형법 제307조 1항) 허위의 사실을 적시함을(형법 제307조 2항) 요건으로 한다. 형법 제309조는 사람을 비방할 목적으로 출판물에 의하여 공연히 사실이나 허위의 사실을 적시하여 사람의 명예를 훼손한 경우를 규정하고 있다. 이 경우, '공연히'란 ① 불특정다수인이 인정할 수 있는 범위와, ② 개인에 대한 비방일지라도 계속되어 공적 성격을 띨 범위로 정의된다.

형법이 보호하는 명예란 외부적인 명예와 내부적인 명예를 포괄하며, 개인의 명예뿐만 아니라 법인이나 불특정다수인의 명예까지를 보호의 대상으로 삼는다. 그러나 형법 제311조가 규정한 모욕죄는 인간의 내부적 명예만을 보호함을 원칙으로 한다.

형법이 규정한 형사책임의 경우는 그 성질상 피해자에게 사실의 입증이나 공공성의 입증과 같은 면책책임이 있다(형법 제310조). 제310조는 또한 공연히 사실을 적시하여 사람의 명예를 훼손한 경우 그 사실이 진실이며 오로지 공공의 이익에 관한 때에는 이를 처벌하지 않음을 규정하고 있다.

출판물에 의한 명예훼손의 경우 그 행위가 현실적 악의(*actual malice*)나 비방의 목적이 없다면 범죄가 성립하지 않고 다만 제307조 1항에만 해당하는 것으로 해석된다. 이 경우, 현실적 악의란 ① 거짓인 사실을 알고서도 보도하는 경우와, ② 거짓이 아닌지를 전혀 개의치 않고 보도하는 경우를 의미한다.

형법상 제307조와 309조의 경우도 피해자가 명시한 의사에 반하여 논할 수 없음을 규정하고 있다(형법 제302조 2항).

명예훼손죄는 친고죄이다(형법 제312조). 친고죄란 검사가 공소를 제기하기 위해서 피해자 또는 그 밖의 법률이 정한 자의 고소나 청구가 있어야 하는 죄를 의미한다. 모욕죄, 폭행죄, 강간죄, 간통죄도 친고죄에 해당된다.

공무원에 대한 명예훼손은 일반적으로 법익보호의 가치가 없는 것으로 배제되고 있으며, 명예훼손죄의 대상은 원칙적으로 행위자가 되고 있다.

3) 민사적 명예훼손

민사적 명예훼손이란 민법상 명예훼손으로서 그 목적은 사익 또는 사권의 구제에 있다. 민법은 고의 또는 과실과 같은 불법행위에 의한 재산상 또는 명예상의 침해를 요건으로 하며, 형벌이 아니라 금전적 배상이나 명예회복을 위한 필요한 행위를 청구할 수 있음을 규정하고 있다(민법 750조, 751조, 764조).

형사책임과는 달리 원고 측에 손해의 현존에 대한 입증이 있어야 하며, 이 경우 손해의 개념은 일반적으로 명백하고도 현존하는 손해에 국한되며, 간접적이거나 파생적인 손해는 인정하지 않는다.

대상은 원칙적으로 행위자보다 사용자가 되며 그것의 현실적인 선택은 소송의 목적에 따라 원고가 결정한다. 예를 들면, 금전적 배상에 대해서는 배상능력이 있는 사용자를 상대하고, 명예회복의 경우는 행위자를 상대한다.

민사적 명예훼손은 형사적 명예훼손과는 달리 주의결여와 같은 과실의 경우에도 불법행위가 성립하기 때문에 손해배상의 책임을 져야 한다. 그러나 출판물에 의한 명예훼손의 경우 오보가 발생했을 때 그 오보가 진실이라고 믿을만한 상당한 이유가 있느냐에 따라 면책이 될 수도 있다.

4) 언론보도와 면책사유

(1) 공공성의 요건

우리나라의 대법원은 공공성의 요건과 관련해서 다음과 같이 판결한 바 있다(2000다37524, 37531).

“언론·출판의 자유와 명예보호 사이에 한계를 설정함에 있어서 표현된 내용이 사적 관계에 관한 것인지 공적 관계에 관한 것인가에 따라 차이가 있는바, 즉 당해 표현으로 인한 피해자가 공적 존재인지 사적 존재인지, 그 표현이 공적인 관심 사안에 관한 것인지 순수한 사적인 영역에 속하는 사안에 관한 것인지, 그 표현이 객관적으로 국민이 알아야 할 공공성과 사회성을 갖춘 사안에 관한 것으로 여론형성이나 공개토론에 기여하는 것인지 아닌지 등을 따져보아 공적 존재에 대한 공적 관심 사안과 사적인 영역에 속하는 사적 사안 간에서 심사기준에 차이를 두어야 하며, 당해 표현이 사적인 영역에 속하는 사안에 관한 것인 경우에는 언론의 자유보다 명예의 보호라는 인격권이 우선할 수 있으나, 공공적·사회적인 의미를 가진 사안에 관한 것인 경우에는 그 평가를 달리하여야 하고 언론자유에 대한 제한이 완화되어야 하며, 피해자가 당해 명예훼손적 표현의 위험을 자초한 것인지의 여부도 또한 고려되어야 한다."

(2) 진실성의 요건

형법 제310조는 "공연히 사실을 적시하여 사람의 명예를 훼손한 경우 그 행위가 진실한 사실인 경우 처벌하지 아니한다"고 규정한다. 부연하면, 보도내용이 진실이라고 주장하는 것만으로는 면책되지 않고, 그 보도내용이 일반적으로 납득할 수 있는 방법에 의해 진위 여부가 증명되어야만 면책된다는 뜻이다. 그러니까 진실성의 요건이란 진실의 증명을 의미한다.

(3) 상당성의 요건

상당한 이유 여부의 판례기준은 다음과 같다.

"상당한 이유가 있는가의 여부는 확실한 자료, 근거에 비추어 판단하여야 할 것이고, 특히 행위자가 언론기관인 경우 그것이 사회에 미치는 영향이 지대한 점을 감안하여 그 사실이 단순히 풍문이나 억측에 의거하는 것만으로는 부족하고 진실을 뒷받침할 만한 합리적인 자료나 근거가 있어야 할 것이나, 이를 일률적으로 말할 수는 없고, 행위자가 누구인가(일간지인간 월간지인가), 기사의 성격(보도기사인가

기획기사인가), 취재원이 믿을만한 사람인가, 피해자와의 대면 등 진실확인이 용이한 사항인가 등의 점을 종합적으로 고려하여 구체적 사안에 따라 해결할 수밖에 없는 문제라 할 것이다."

(4) 피해자의 승낙요건

사실의 적시에 관하여 피해자의 승낙이 있는 경우는 '처분할 수 있는 자의 승낙에 의하여 그 법익을 침해한 행위'로서 일반적으로 위법성이 조각된다(형법 제24조). 따라서 언론이 보도할 경우에는 반드시 보도의 대상이 되는 자에게 반론의 기회를 주는 노력이 필요하다 하겠다.

(5) 사회적 상규에 준하는 행위요건

사회적 상규(常規)에 준하는 행위로서는 타인의 공격에 응하여 스스로의 명예를 지키기 위하여 행한 정당방위적 발언, 자기와 밀접한 관계에 있는 사람의 이익을 보호하기 위하여 행한 발언, 자기가 고용했거나 현재 고용하고 있는 사람을 앞으로 고용하려는 사람에게 그에 대한 비리 여부를 알려주는 행위, 종교단체·동업단체·노동조합과 같은 조직이나 기업 내에서 공공의 이해를 가진 사람끼리의 조직이나 기업 활동에 관련된 정보의 교환 등에 대하여는 이를 남용하거나 악의를 가지고 행하지 아니하는 한 면책을 부여하고 있다. 그리고 공정보도 면책특권이라고 하여 재판이나 의회청문회와 같이 공적인 절차나 공공의 관심사를 다루는 공개집회에 관하여 보도하는 경우에는 그 보도가 정확하고 공정한 한 그것이 타인의 명예를 훼손하더라도 면책된다고 하겠다.

5) 보도·논평의 책임소재

보도·논평으로 인해 언론의 형사적 책임문제가 발생했을 경우 그 책임소재는 다음과 같이 요약될 수 있다.

(1) 보도·논평이 완전 단독행위에 의하여 행해졌을 때는 그 행위자 자신이 책임을 진다.
(2) 보도·논평이 상급자의 지휘 또는 명령에 의하여 행해졌을 경우에는 상급자와 함께 공범관계가 성립된다. 단 하급자에게 고의성이 없을 경우에는 하급자는 면책된다. 그러나 취재 중의 위법행위는 그 행위자가 진다.
(3) 보도·논평이 상급자에 의해서 개작되고, 그 개작된 부분이 위법일 경우에는 개작자가 책임을 진다.
(4) 기고기사에 대해서는 그 기고자가 책임을 진다. 단 게재에 대한 중대한 과실이 있을 때에는 그 게재 책임에 관여 또는 결정한 자가 책임을 진다.
(5) 음란죄의 경우에는 행위자 외에 반포 책임자인 발행인도 책임을 진다.

언론의 보도·논평으로 인해 기자의 인신구속 문제가 발생할 수 있다. 이 문제는 다음과 같은 이유 때문에 신중을 기해야 한다.

(1) 근대 민주주의적 형사제도는 인신구속에 있어 불구속원칙에 입각하고 있다.
(2) 기자는 그 독특한 사회적 직위와 기능으로 보아 경솔하게 구속되어서는 안 된다.

(3) 언론은 본질상 권력으로부터 독립해서 환경감시와 비판기능을 수행해야 한다.
(4) 기자의 특성으로 보아 증거인멸이나 도주의 우려가 없다.

6) 몇 가지 의문과 과제

(1) 명예의식의 후진성

우리 사회는 체면의식은 강한데 반하여 명예의식은 상대적으로 약한 것 같다. 그리고 강자에게는 명예의식이 있는 데 반하여 약자에게는 상대적으로 명예의식이 없는 것 같다. 산 자에 대한 명예의식은 강한데 반하여 죽은 자(사자)에 대한 명예의식은 거의 전무한 상태라고 말할 수 있다. 왜 이런 상태가 우리 사회에 존재하는가.

언론은 체면의식보다는 명예의식을, 강자에 대한 명예의식보다는 약자에 대한 명예의식을 그리고 죽은 자에 대한 명예도 산 자에 대한 명예만큼 보호하도록 노력해야 한다. 명예 값이 너무 비싸면 언론자유가 위축되고, 명예 값이 너무 싸면 개인의 명예가 훼손되기 쉽다. 우리 사회에서 언론자유와 개인의 명예권을 동시에 보장할 수 있는 명예 값의 적정선은 무엇인가.

(2) 공인개념의 모호성

공무원은 공무를 수행하는 인사이고 공직자는 공직을 가지고 있는 인사이기 때문에 그 개념이 비교적 분명하다 하겠다. 공무원이나 공직자에 대한 명예훼손은 일반적으로 법익보호의 가치가 없는 것으로 배제되고 있다.

최근에 와서 공직자 개념이 공인 혹은 공적 인물(*public figures*)로 확대되고 있다. 우리나라에서는 공인에 대한 명확한 정의나 판례는 없으나 공인은 일반적으로 "그 사람의 업적, 명성, 생활양식, 활동내용에 따라 일반인에게 그 행위, 사건, 인격에 정당한 관심을 가지게 하는 직업이나 위치에 있는 인사"로 이해되고 있다. 공인의 범주에는 공직자, 정치인, 사회저명인사, 예능인과 운동선수 그리고 사건, 사고, 재해 등으로 인해 강한 사회적 관심의 대상이 된 인물 등이 해당된다.

공인은 사인에 비해 법률이나 윤리에 의해 보호되는 명예나 사생활의 범위가 좁아진다는 사실에는 일반적으로 이견이 없다 하겠다. 그러나 알권리의 대상이 되는 사실은 건전한 기준을 가진 공중의 합리적인 구성원이 통상 관심을 가지게 되는 일, 즉 공중의 정당한 관심사(*legitimate public concern*)를 충족하는 범위 내로 한정되고, 일부계층의 저급한 호기심을 충족하기 위한 것이거나, 연예인 이전에 인간으로서 보호받아야 할 은밀한 애정문제, 성관계, 가족들의 사생활까지 보도한다면 이는 법률상 명예나 사생활에 대한 침해가 된다 하겠다.

(3) 기자의 인신구속 문제

기자는 전술한 바와 같이 특수한 지위를 가지고 특수한 기능을 수행하기 때문에 쉽게 구속되어서는 안 된다. 기자의 인신구속은 일반적으로 언론자유에 대한 심각한 훼손으로 간주된다. 따라서 기자의 경우에는 불구속 수사를 원칙으로 삼아야 한다.

(4) 언론재판의 문제

언론재판이란 언론보도에 의해서 이루어지는 재판상황을 의미한다. 여기에는 신문재판, 방송재판, 사이버재판, 여론재판 등이 포함된다. 언론재판이란 재판소에서 재판관에 의해서 이루어지는 정식재판이 아니기 때문에 개인의 명예와 관련해서 많은 문제를 야기한다.

누구든지 확정판결을 받기까지는 무죄로 추정된다. 따라서 피의자는 피고인도 아니고 범죄인도 아니다. 우리나라의 언론은 정식재판이 이루어지기 전에 피의사실을 공표한다든지 피의자를 범죄인처럼 보도함으로써 개인의 명예를 훼손하는 경향을 나타내고 있다. 명예권은 반드시 시민의 기본적 인권으로서 존중되어야 한다. 언론은 사회적 공기(公器)로서 명예권을 보호하기 위해서 자율규제를 강화해야 한다. 재판은 언론에 의해서 이루어지는 게 아니고 재판관에 의해서 정식으로 이루어져야 하기 때문이다.

(5) 정부기관에 의한 소송사례의 증가

정부기관에 의한 소송사례가 최근에 와서 증가하는 추세를 보이고 있다. 정부기관에 의한 소송사례는 시민에 의한 소송사례와는 그 의미가 다른 새로운 경향이라 할 수 있다. 공직자에 대한 명예훼손은 전술한 바와 같이 일반적으로 법익보호의 가치가 없는 것으로 인정되고 있기 때문이다.

원칙적으로 명예회복을 위한 일반소송사례의 증가는 바람직한 현상으로 보아야 한다. 그만큼 사회가 성숙되고, 시민의 법의식과 권리의식이 향상되고 있다는 징표이기 때문이다.

그러나 정부기관에 의한 소송사례의 증가는 반드시 바람직한 현상으로 보아야하는가. 정부소송사례의 증가와 일반소송사례의 증가의 유사점과 차이점은 무엇인가. 정부소송사례의 증가는 언론자유의 신장이란 차원에서 어떤 의미를 가지는가.

(6) 법률구조 노력의 확대

명예훼손에 대한 법률구조 노력이 민간단체 차원이든 공공단체 차원이든 계속 확대되어야 한다. 일반시민은 언론을 상대로 정식 소송을 제기하기에는 여러 가지 차원에서 역부족이라 하겠다.

언론중재위원회는 언론보도에 의해서 발생한 권리침해를 구제하는 공적 기관에 해당된다. 이 기구는 언론에도 도움이 되고 시민에게도 도움이 되는 기관으로 평가되고 있다. 이러한 차원에서 언론중재위원회는 시민의 권리회복을 위해서 반론보도·정정보도·시정권고와 같은 구제노력을 하고 있다.

개인적인 차원에서도 언론보도에 대한 불신이 있으면 그 보도가 전달되기 전에 담당자에게 재확인하든가, 수위를 조절하든가, 아니면 사전금지청구와 같은 방법으로 명예를 보호하도록 노력해야 한다. 명예란 특성상 한 번 침해되면 사후적 구제에 의해서 쉽게 회복될 수 없는 것이므로 사전에 침해를 억제하고, 일단 시작된 침해에 대하여는 이를 신속히 정지 또는 제거하도록 함이 가장 실효성 있는 구제수단이라 하겠다. 표현물의 출판·배포 등을 금지하는 가처분 신청이나 방송·방영금지 가처분 신청 등을 의미한다.

(7) 언론사의 제도적 예방책

소송사례가 해마다 늘어나고 소용비용도 해마다 증가함에 따라 언론사는 자체적으로 자신을 방어하기 위한 제도적 장치를 마련하고 있다. 고문변호사 제도나 기사보험 제도 등이 대표적인 예방책이라 하겠다. 〈스포츠조선〉의 경우 한 사건당 최고 5천만 원, 연간 총액 2억 원 범위 내에서 기사보험에 가입해주고 해당기자의 책임이 인정될 때에는 자기 부담금을 부과하는 형식을 택하고 있다.

그 밖에 옴부즈맨(*ombudsman*) 제도를 두어 사내 중견 언론인으로 하여금 기사에 대한 자체비평을 상례화하거나, 독자위원회(동아일보) 또는 시청자주권위원회(MBC)를 두어 자율적 피해구제를 하는 것도 분쟁을 줄이는 좋은 방안이라고 생각된다.

2. 언론자유와 사생활권의 보호

우리나라의 헌법은 언론자유와 사생활권(*right to privacy*)을 국민의 기본 권리로서 보장하고 있다. 헌법 제21조 1항은 "모든 국민은 언론·출판의 자유를 가진다"라고 규정하고 있고 동시에 헌법 제17조는 "모든 국민은 사생활의 비밀과 자유를 침해받지 아니한다"라고 규정하고 있다.

언론자유와 사생활권은 전술한 바와 같이 국민의 기본권으로서 헌법적 보장을 받고 있기 때문에 자연스럽게 갈등하게 된다. 언론자유를 신장하려면 사생활권이 축소될 수 있고, 반대로 개인의 사생활권을 신장하려면 언론자유가 축소될 수밖에 없기 때문이다.

언론자유와 사생활권이 갈등하게 되는 경우 법원은 조화의 지점을 판결로써 제시하게 된다. 이 경우, 법원은 언론자유를 보장함으로써 얻게 되는 사회적 이익과 사생활권을 보장함으로써 얻게 되는 사회적 이익을 비교형량하여 치우치는 방향으로 판결하게 된다. 이것을 이익의 비교형량원칙(*ad hoc balancing test*)이라 부른다.

1) 사생활권의 개념

사생활권이란 인격권에서 유래되고 인격권이란 인간의 생명권에서 유래되는 권리로 규정된다. 이 권리는 일반적으로 사사권, 비밀권, 평온권, 행복추구권을 포괄한다. 사사권이란 '홀로 내버려질 수 있는 권리'를 의미하고, 비밀권은 '자신의 비밀이 남에게 침해받지 않는 권리'를 의미하고, 평온권은 '고독하게 있을 수 있는 권리'를 의미하고, 행복추구권은 '외부로부터 아무런 간섭을 받음이 없이 자기 스스로가 마음대로 자기생활을 영위할 수 있는 권리'를 의미한다.

사생활권에 대한 법률적 개념은 현재까지도 비교적 모호한 상태에 있다고 평가된다. 형법에는 사생활권에 관한 조항이 없다. 우리 사회는 사생활권을 법률적 권리보다는 도덕적 규범에 속하는 권리로서 생각하는 경향이 강하다. 언론도 개인의 사생활권을 법률문제로 인식하기보다는 윤리문제로 인식하는 것 같다.

1960년 미국 캘리포니아대학의 윌리엄 프로서 교수는 사생활권의 침해를 다음과 같이 4가지 유형으로 분류하고 있다.[17]

(1) 개인의 사거(私居), 혹은 사사(私事)에 대한 침입(*intrusion*)
(2) 개인의 사적 사항에 대한 당혹케 할 공적 폭로(*public disclosure*)
(3) 공중의 눈에 개인을 왜곡시키는 공표(*publicity in false light*)
(4) 개인의 성명 혹은 초상의 영리적 도용(盜用) (*appropriation*)

제1유형은 개인의 주거에의 무단침입, 전화 도청, 주거의 개파(開破), 초상의 무단촬영 같은 사생활의 권리를 침해한 경우이며, 제2유형은 사생활의 공표로서 개인생활상의 일을 함부로 공표하거나 사진의 무단공표, 개인이 가진 병에 대한 상세한 보도, 채무불이행 사실의 공표, 임대료 미지불에 대한 모욕적 공표 및 행위 등을 말한다. 제3유형은 오해를 자아내는 표현으로서 공중으로 하여금 한 개인을 그릇 판단 또는 오해를 자아내게 하는 표현, 범죄의 혐의가 벗겨진 후에도 한 개인의 사진이 범죄앨범에 게재되어 발표되는 경우, 전문(電文)에 한 개인의 성명을 제멋대로 사용하는 경우 등을 포괄하며, 제4유형은 성명 혹은 초상, 기타를 영리적으로 사용함으로써 한 개인의 인격적 법익을 무단으로 광고에 사용하는 경우 등을 포괄한다.

---

17) William L. Prosser(1960), "Privacy", *California Law Review*, Vol. 48.

2) 사생활권의 발달

사생활권이란 인간의 생명권에서 유래된 권리이기 때문에 그 권리는 인간의 생성과 더불어 존재했다고 말할 수 있다. 그러나 사생활권은 무형의 권리개념이고 다원적 속성을 내포하는 권리이기 때문에 하나의 독립된 권리개념으로 정립되는 데는 상당한 시간이 소요되었다.

권리개념으로의 정립은 사회 환경의 변화와 긴밀히 연계되어 있다. 사생활권은 원래 생명권의 하위개념으로서 명예권의 범주 속에 포함되어 존속해왔다. 현대사회의 변화들은 사생활권을 명예권으로부터 분리해서 사사권, 비밀권, 평온권, 행복추구권 등으로 정립되는 데 기여했다고 말할 수 있다. 사생활권의 정립에 영향을 끼친 대표적인 사회 환경의 변화로는 민주주의의 발달, 개인의식의 성장, 범의식의 향상, 대중사회의 등장, 매스미디어의 확산, 정보사회의 가속화 등이 제시될 수 있다.

사생활권이 최초로 법적 개념으로 문제가 된 계기는 1890년대 발표된 워렌과 브랜다이스의 '사생활권'(*right to privacy*)이란 논문이다.[18] 이 논문에서 저자들은 사생활권을 다음과 같이 규정하고 있다.

(1) 사생활권이란 공공 혹은 일반의 이익에 관계되는 사실 이외에는 어떠한 사실도 공개하지 않는다.
(2) 사생활권이란 명예훼손법에 저촉되지 않고, 또한 특별히 허용된 커뮤니케이션 상황하에서 이루어졌을 경우 그 공표는 방해받지 아니한다.
(3) 구두(口頭) 공개에 의해 야기되는 사생활권의 침해는 실제적 해

18) Samuel D. Warren and Louis D. Brandeis(1890), "The Right to Privacy", *Harvard Law Review*, 4, pp. 193~220.

악이 없는 한 법은 어떠한 구제도 부여하지 않는다.

(4) 본인이 스스로 또는 본인의 동의를 얻어 사적 사항이 공개된 경우에는 사생활권은 소멸한다.

(5) 공개된 사실의 진실성은 면책사유가 되지 않는다.

(6) 공개자의 무악의성은 면책사유가 되지 않는다.

사생활권에 대한 법원의 판결로서 1902년 뉴욕 주의 항소법원은 밀가루 광고를 위하여 매력적인 가정주부의 사진을 승인 없이 사용함으로써 문제가 된 Roverson v. Rochester Folding Box Co. 사건에서 개인의 사생활권을 인정하지 아니하였다. 그 이유는 권리를 인정할 경우에 야기되는 많은 소송을 우려하고, 그 권리는 입법에 의하여 규정되어야 하기 때문으로 판시했다.

1905년 조지아 주 법원은 피고가 허위증언과 함께 원고의 이름과 사진을 보험광고에 사용함으로써 문제가 된 Pavesich v. New England Life, Inc. Co. 사건에서 최초로 개인의 사생활권을 인정하였다. 그 이유로서 법원은 "법은 개인에게 그의 인생을 향유할 수 있는 권리를 보장하는 데에 단순히 생존하는 권리 이상의 것을 부여한다. 개인의 자유에 대한 권리는 단지 감옥에 넣지 않는다거나 물리적 간섭에서 해방시켜준다는 것만으로는 불충분하다. 자연법으로부터 유래되고 시민법에 의하여 인식된 자유는 물리적 간섭으로부터의 자유보다 훨씬 그 이상의 것을 포괄한다"라고 판시했다.

뉴욕 주는 1903년 광고의 목적이나 영업의 목적을 위해 문서에 의한 사전 동의 없는 타인의 성명, 초상, 또는 사진의 사용을 금하는 시민권리법(Civil Right Law)을 제정하였다. 이어서 버지니아, 오클라호마, 유타 주를 포함한 대부분의 주가 비슷한 법을 통과시켰다.

1930년에 캘리포니아 주는 주 헌법에서 사생활권을 최초로 인정하였다. 주 헌법 제 1조 1항은 "모든 사람은 생활의 자유, 독립 및 불가양도의 권리를 보유한다. 그들 권리 중에는 생활과 자유를 향유하고 옹호하는 권리, 재산을 취득하고 방어하는 권리 및 안정과 행복을 추구하고 획득하는 권리가 포함된다"라고 규정했다.

미국에서는 사생활권을 보호하기 위한 방안으로서 1974년에 세계 최초로 사생활법(Privacy Act)이 제정되었다. 그 후 1976년에는 공정신용보고법(Fair Credit Reporting Act)이 제정되었고, 1978년에는 금융사생활법이 제정되었고, 1988년에는 컴퓨터 연결 및 사생활보호법(Computer Matching And Protection of Privacy Act)이 제정되었다.

우리나라의 경우, 사생활권은 1987년에 개정된 헌법에 의해서 직접적 보장을 받게 되었다. 헌법 제 17조는 "모든 국민은 사생활의 비밀과 자유를 침해받지 아니한다"라고 규정하고 있다. 사생활권을 간접적으로 보장하는 조항으로서는 제 10조(인간의 존엄과 가치), 제 11조(신체의 자유), 제 13조(거주이전의 자유), 제 17조(통신의 자유), 제 21조(학문과 예술의 자유), 제 22조(재산권의 보장) 등이 있다.

주로 미국사회에서 발전해 온 사생활권은 1948년 12월 10일 제 3차 유엔총회가 채택한 〈세계인권선언〉의 보장을 받아 세계적인 권리개념으로 확대되었다. 〈세계인권선언〉 제 12조는 "인간은 누구든지 그의 사생활, 가족, 가정 및 통신에 대하여 불법적인 간섭을 받지 아니하며, 또한 명예와 신앙에 대한 침해를 받지 아니한다. 모든 인간은 간섭이나 침해에 대한 법의 보호를 받을 권리를 가진다"라고 규정하고 있다.

정보사회의 진전과 더불어 사생활권은 "사생활의 평온을 침해받지 아니하고 사생활의 비밀을 함부로 공개당하지 아니하는" 소극적 권리로부터 "자신에 관한 사생활정보를 자신이 직접 관리하고 통제하는" 적극적 권리로 발전되고 있다. 그 이유로는 커뮤니케이션 기술의 발달로 인하여 쌍방적 의사소통이 가능해졌기 때문이다.

3) 사생활권의 성립과 한계

사생활권이 성립되기 위해서는 다음과 같은 요건이 충족돼야 한다.

(1) 알려진 내용이 일반인들에게 사생활에 대한 사실이나 사실처럼 받아들여질 우려가 있어야 한다.
(2) 통상의 사회적 관념, 인식, 관습으로 미루어 공개됨으로써 심리적 부담이나 불안을 갖게 될 수 있는 것이어야 한다.
(3) 일반인에게는 아직 공개되지 않은 것으로 그 공개로 인해 당사자가 실제로 불쾌감이나 불안감을 가져야 한다.
(4) 공개된 사적 사항이 피해자에 관한 것이라는 증명이 필요하다.
(5) 공표된 개인적 사항의 진실성이나 공개자의 악의의 결여는 항변이 될 수 있으나 당사자의 사전 동의가 있는 경우에는 그렇지 않다.

사생활권은 인간의 존엄과 직결되는 기본적 권리라 하더라도 그것의 보호에는 한계가 있을 수밖에 없다. 예를 들면, 사생활권과 국민의 알권리가 갈등할 경우 공표가 우선되어야 사회적 이익이 더욱 신장될 수 있는 경우가 있을 수 있다. 이러한 경우에는 사생활권은 다음과 같이 몇 가지 한계를 가지게 되는 것이다.

(1) 사생활권의 침해에는 공표가 존재하며 명예훼손과는 달리 당사자 이외의 제3자에게 전달되는 것만으로는 부족하고 널리 일반 공중에게 전달되고 인식되어야 한다. 그러나 공표가 개인의

동의에 의한 것일 경우 그 권리는 상실되며, 그 권리는 본인의 전속적인 것으로 본인 이외의 친근자의 명의로 제소할 수 없으며, 본인의 사망과 더불어 소권은 자동 소멸된다.

(2) 언론의 보도와 논평이 공중의 정당한 관심사를 포함하고 있을 때는 사생활권은 약화된다. 이 제한은 공익성 이론과 보도가치성 이론에 토대한다. 공익성 이론이란 국민의 알권리 대상이 되는 사항을 국민에게 알리는 것은 공공의 이익이 된다는 이론이다. 보도가치성 이론이란 보도의 가치, 교육의 가치, 계몽의 가치가 있는 사실을 국민에게 알리는 것은 사생활권보다 우선하기 때문에 그 공개는 침해행위가 될 수 없거나 면책사유가 된다는 이론이다. 여기에는 공정한 해설, 범죄인의 체포와 구금, 공중보건과 안전, 사이비종교, 범죄피해자의 공개 등이 포함된다.

(3) 개인의 공적 저명성이나 공적 존재성은 그의 사생활권을 부정한다. 이 제한은 공적 인물 이론에 토대한다. 공적 인물 이론이란 사생활을 침해당했다고 주장하는 사람의 사회적 지위에 따라 사생활권의 한계가 결정되어야 한다는 이론이다. 이 이론이 주장하는 근거는 첫째, 공적 인물은 자기 사사(私事)의 공개에 동의한 자로서 이에 항의할 권리를 상실했고, 둘째, 공적 인물이라 할 수 있는 자의 인격이나 사건은 이미 공적인 것으로 되어 있으므로 사생활이라 볼 수 없으며, 셋째, 언론은 헌법상 언론의 자유를 보장받고 있으므로 일반인의 정당한 관심의 대상인 공적 인물에 대해서는 일반 대중에게 알릴 특권을 가진다.

4) 사생활 침해에 대한 구제

첫 번째 구제수단은 손해배상이다. 손해배상이란 위자료 청구를 의미한다. 이때 위자료의 액수는 피해자의 사회적 지위, 보도경위와 내용, 배포부수와 범위 등의 요소들을 종합적으로 고려하여 산정된다.

두 번째 구제수단은 출판금지와 방영금지와 같은 가처분 신청이다. 사생활이란 한 번 공개되면 원상회복이 불가능하고 손해배상만으로는 제대로 구제되지 못하는 경우가 대부분이므로 사생활침해에 대해서는 사전에 이를 억제하고, 일단 시작된 침해에 대해서는 이를 신속히 정지하는 것이 가장 실효성 있는 구제수단이라 하겠다.

그러나 금지청구는 헌법상 보호되는 언론자유에 대한 사전억제라는 차원에서 엄격하게 인정되어야 하겠다. 금지청구는 극히 예외적으로 그 내용이 진실이 아님이 명백하거나 또는 그 내용이 진실이라 하더라도 공공의 이해에 관한 사항이 아니고, 비방의 목적이 있을 경우, 피해자가 중대하고도 현저히 회복 곤란한 손해를 입을 염려가 있을 경우에만 한정적으로 허용된다. 바꾸어 말하면, 금지청구는 현재 계속되는 침해행위를 방치하거나 또는 침해행위의 발생위험이 현존하고, 장래 이것이 발생했을 때 피해자에게 회복할 수 없는 손해를 발생시킬 염려가 있고 그 손해를 피하기 위하여 다른 법적 수단에 의존할 수 없는 급박한 상황에 한하여 제한적으로 허용되는 것이다.

세 번째 구제수단은 정정보도와 반론보도와 같은 회복적 조치가 있을 수 있다. 그러나 정정보도는 명예훼손의 경우에는 대단히 효과적인 구제수단이 되나 사생활침해의 경우에는 유효한 구제수단으로 작용하기 어렵다. 반론보도는 사적 사항의 보도로 인한 사생활침해의 경우보다는 공중에게 일으키는 허위보도로 인한 사생활침해의 경우에 더욱 더 적합한 구제수단이 될 수 있다.

5) 문제와 과제

사생활권이란 1987년 제6공화국 헌법에서 처음으로 보장되었다. 형법에는 사생활권에 관한 특정조항이 없다. 따라서 사생활침해에 대한 형사책임의 문제는 아직도 미해결 상태에 있다고 말할 수 있다.

우리나라의 경우, 사생활권이란 법률적인 문제보다는 도덕적 규범이나 윤리적 강령에 속하는 문제로 생각하는 경향이 강하다. 언론은 사생활권을 언론윤리의 문제로 처리하고 있다. 신문윤리강령은 타인의 명예와 자유부문에서 그리고 신문윤리실천요강은 타인의 명예와 자유부문에서 "공공의 이익에 관련되지 않는 한, 개인의 사생활을 보도 또는 평론해서는 안 된다. 공공의 이익과 대중의 호기심은 엄격히 분리해야 한다"라고 규정하고 있다.

미국사회는 전술한 바와 같이 1890년에 사생활권을 하나의 독립된 권리로 인정했고, 유엔은 1948년에 채택된 〈세계인권선언〉에서 사생활권을 세계적인 권리로서 인정했다. 선진국들은 사생활권을 인간의 기본 권리로서 모두 인정하고 있다.

사생활권에 대한 우리 사회의 후진적 인식은 우리 사회의 후진성과 직결되어 있다고 보겠다. 우리 사회의 후진성이란 민주주의의 저발전, 권리의식의 미분화 상태, 법운용의 미숙상태, 개인과 자유에 대한 인식의 후진성 등을 포괄한다.

사생활권이란 우리나라의 경우에도 대중문화의 확산, 정보사회의 진전, 시민사회의 등장과 더불어 하나의 독립된 권리로서 발전될 가능성이 높다. 특히 언론은 사회의 공기로서 개인의 사생활을 보호하고 신장하는 데 중추적 책무를 쥐고 있다고 말할 수 있다.

3. 언론자유와 공정재판권의 보호

언론자유와 형사피고인의 공정재판권은 우리나라의 헌법이 보장하는 기본 권리에 해당된다. 우리나라의 헌법 제21조 1항은 "모든 국민은 언론·출판의 자유를 가진다"라고 규정하고 있고, 헌법 제27조 3항은 "모든 국민은 신속한 재판을 받을 권리를 가진다. 형사피고인은 상당한 이유가 없는 한 지체 없이 공개재판을 받을 권리를 가진다"라고 규정하고 있다.

이와 같이 언론자유와 공정재판권은 국민의 기본 권리로서 헌법적 보장을 받고 있기 때문에 자연스럽게 갈등하게 된다. 언론자유를 신장하려면 공정재판권이 축소될 수 있고, 반대로 공정재판권을 신장하려면 언론자유가 축소될 수 있기 때문이다.

언론자유와 공정재판권이 갈등할 경우 최후의 심판자는 법원이다. 법원은 언론자유를 보장함으로써 얻게 되는 사회적 이익과 공정재판권을 보장함으로써 얻게 되는 사회적 이익을 비교형량해서 조화의 지점을 판결로써 제시하게 된다. 이것을 이익의 비교형량원칙이라 부른다.

1) 공정재판권의 법적 제도

헌법에 명시된 적법절차(*due process*)의 보장은 영국의 경우 1215년의 마그나 카르타(Magna Carta), 1628년의 권리청원(the Petition of Right), 1641년의 성실청의 폐기(Abolition of the Star Chamber), 1679년의 인신보호조례(Habeas Corpus Act), 1689년의 권리장전(the Bill of Rights) 등으로 소급될 수 있다.

미국의 경우는 연방헌법 수정 제1조 9항과 10항, 제3조 2항과 3

항, 제 4조 2항, 제 6조, 제 14조 등이다. 이 중에서도 연방헌법 수정 제 6조와 제 14조가 형사피고인의 공정재판권과 적법절차를 가장 가깝게 규정하고 있다.

연방헌법 수정 제 6조는 다음과 같이 규정하고 있다.

"모든 형사상 기소에 있어서 피기소자는 신속하고 공적인 재판을 받을 권리를 향유하며, 그러한 재판은 또한 그 범죄가 이루어진 주나 지역의 공정한 배심원들에 의하여 이루어질 권리를 향유한다. 피기소자는 모든 기소의 본질과 원인에 대하여 알려져야 하며, 그에게 불리한 증언과 대면할 기회가 주어져야 하고, 그에게 유리한 증인을 얻을 수 있는 필수적인 과정을 향유하며, 그를 변호할 변호사의 도움을 받을 권리를 가진다."

그리고 연방헌법 수정 제 14조는 "어떠한 주정부라도 미국시민의 특권과 면책권을 침해하는 법률을 제정하든지 강요할 수 없으며, 법의 적법절차를 밟지 않고 미국시민의 생명, 자유, 혹은 재산을 빼앗을 수 없으며, 어떠한 사람에게도 법의 대등한 보호를 거부할 수 없다"라고 규정하고 있다.

프랑스 시민혁명에서 기원하는 시민법을 기반으로 하고 있는 우리나라의 경우 헌법 제 27조 3항은 공개재판을 받을 권리를, 형사소송법 제 15조 2항은 재판의 공평을 유지하기 위해 관할이전을 신청할 수 있는 권리를, 형사소송법 제 18조 1항은 법관의 기피를 규정함으로써 형사피의자의 공정재판권을 보장하고 있다고 말할 수 있다.

그리고 우리나라의 헌법 제 27조 4항에는 무죄추정의 원칙을 규정하고 있다. 이것은 1789년 프랑스의 '인간 및 시민의 권리선언' 제 9조에서 "모든 인간은 범죄인으로 선고될 때까지는 무죄로 추정되므로 필요이상의 모든 강제조치는 법에 의하여 엄격히 금지되어야 한다"는 기본권사상에 기초하고 있는 것이다.

언론에 의한 무분별한 피의사실 보도로 인해 침해되는 공정재판권을 보호하기 위해 우리나라는 형법, 형사소송법, 소년법, 변호사법 등에 피의사실의 공개를 방지하기 위한 규정을 두고 있다. 그리고 헌법 제27조 1항은 법관에 의하여 법률에 의한 재판을 받을 권리를 규정하고 있다. 그러나 피의사실의 공표와 관련하여 공판청구권에 공표할 수 없도록 규정한 형법 126조는 범죄수사와 직접적인 연관이 있는 사람으로 한정하고 있기 때문에 언론에 의한 피의사실 공표를 실질적으로 제한하고 있다고 보기는 어렵다. 언론의 피의사실 보도와 관련된 부분은 우리나라의 경우에는 공정재판보다는 명예훼손과 관련된 법 규정이 대부분이다.

소년법 제68조 1항은 소년범의 장래를 보호하기 위하여 그의 이름과 연령, 성별, 사진 등을 보도하지 못하도록 규정하고 있고, 형법 제307조와 309조는 사람의 명예를 훼손할 수 있는 보도를 금지하고 있다.

법원은 이러한 형법조항들에 근거하여 언론으로 하여금 혐의자의 신원을 혐의와 함께 공개하는 것을 원칙적으로 금지하고 있다. 따라서 언론은 혐의자와 관계자의 신원을 밝히지 않는 익명보도주의를 채택하고 있다. 그러나 개인의 명예보호보다는 국민의 알권리와 같은 공공의 이익을 보호하는 것이 더 중요하다고 판단되면 신원이나 혐의를 보도할 수 있게 된다. 이것이 형법 310조가 규정하는 위법성의 조각사유인 것이다.

2) 언론자유와 공정재판권의 갈등사례

우리나라의 사례로서는 홍제동 한 여인 피살사건(1967), 윤 노파 가족 피살사건(1981), 여대생 박상은 양 피살사건(1981), 지존파 사건(1994), 신정아·변양균 사건(2007) 등이 있다.

(1) 홍제동 한 여인 피살사건(1967)

1967년 7월 31일 홍제동에 사는 한갑선 여인이 피살되었다. 언론은 8월 1일부터 대대적으로 보도하면서 용의자로 체포된 류모씨와 신모씨를 거의 진범으로 단정했다. 얼마 후 류모씨와 신모씨는 무혐의로 석방되었다.

(2) 윤 노파 가족 피살사건(1981)

윤경화 노파 일가족 3명은 1981년 7월 22일경에 피살된 것으로 알려졌다. 그 사건이 신문에 보도되기 시작한 것은 시체가 발견된 다음날인 동년 8월 5일자 석간신문부터였다. 유력한 용의자로 고 모 여인이 체포되었으나 재판결과 1, 2심에서 무죄판결을 받고 대법원의 판결이 아직 남아있으나 석방되었다. 언론은 고 모 여인을 거의 진범이라고 단정, 보도하여 재판 전에 고 모 여인을 죄인시하였다. 이 사건으로 언론은 심각한 자체반성은 물론 사회로부터 많은 비난을 받았다.

(3) 여대생 박상은 양 피살사건(1981)

1981년 9월 18일 여대생 박상은 양이 피살되었다. 용의자로 장모군과 정모군이 체포되었고 정모군은 재판을 받았으나 1심에서 무죄판결을 받았다. 언론은 이들을 범인인 것처럼 대대적으로 보도하였다. 이 사건으로 한국신문윤리위원회는 관계 언론기관에 대해 비공개경고 결정을 내렸다.

(4) 지존파 사건(1994)

1994년 9월에 발생한 지존파 사건에 대하여 언론은 인명경시, 흉악범, 인면수심, 냉혈한 등의 표현과 함께 대대적으로 보도함으로써 재판부는 다른 형사사건에 비해 훨씬 빠른 속도로 재판을 진행한 것은 물론 1994년 10월 사형을 선고하였고, 1995년 5월에 항소심에서는 사형이 확정되었으며, 1995년 11월에 사형이 집행되었다.

(5) 신정아 · 변양균 사건(2007)

이 사건의 핵심은 자신의 지위를 이용해서 불법적인 이득을 취한 것이 있는지 또는 학위를 위조해서 얻은 이득이 있는지 등이었다. 그러나 언론보도의 상당부분은 이와 무관한 두 사람의 관계, 병원에 입원한 피의자의 식사 여부, 두 사람의 애정문제에 관한 것이었다. 특히 2007년 9월 13일 〈문화일보〉는 '성로비도 처벌이 가능한가'라는 제하에 신정아의 누드사진을 기사와 함께 게재하였다. 이러한 언론보도는 잘못될 경우 혐의자의 공정재판권을 침해할 위험성을 가진다.

미국의 사례로서는 아론 버어 사건(1807), 로빈슨 대 제위트 사건(1836), 링컨 대통령 암살사건과 관련된 '신문재판'사건(1865), 린드버그 납치사건과 관련된 언론보도사건(1932), 쉐퍼드 대 플로리다 사건(1951), 어빈 대 도드 사건(1961), 케네디 대통령의 암살과 관련된 보도사건(1963), 에스테스 대 텍사스사건(1965), 쉐퍼드 대 맥스웰 사건(1966)을 포함해서 수없이 많은 사건들이 존재한다. 대표적인 사건만을 몇 가지 제시하면 다음과 같다.

(1) 아론 버어 사건(1807)

이 사건은 미국의 법제사상 형사피고인의 공정재판권과 관련된 최초의 사건으로 기록된다. 그 당시 아론 버어(Aaron Burr)는 연방주의자로서 분리주의운동을 주창했고, 이 운동 때문에 제퍼슨 정부에 의해서 반역죄로 고소되었다. 친정부신문인 〈내셔널 인텔리전서〉(*National Intelligencer*) 등은 아론 버어가 미국민의 행복을 파괴하려는 반역죄를 저질렀다고 재판 전에 대대적으로 보도했다. 이른바 '신문재판'의 최초의 사건이라 말할 수 있다.

(2) 린드버그 납치사건(1932)

1927년 찰스 린드버그(Charles A. Lindberg, Jr.)는 대서양 단독 횡단비행을 성공하면서 국민의 찬사를 받았다. 1932년 19개월 된 그의 아들이 유괴되어서 몸값을 지불했으나 2개월 뒤 강물에서 시체로 발견되었다. 2년여의 경찰수사 끝에 1934년 독일출신의 목수 브루노 하우프트만(Bruno Hauptmann)이 용의자로 체포되고, 1935년에 재판을 받고, 유죄를 인정할 경우 종신형을 선고 받을 수 있었지만 무죄를 주장하다가 1936년에 전기의자 사형을 당한 사건이다. 피의자가 재판을 받는 28일 동안 300명의 기자들은 이 사건을 취재보도하면서 피의자의 유죄를 확정적으로 보도함으로써 '신문재판'의 나쁜 사례를 남겼다.

(3) 쉐퍼드 대 플로리다 사건(1951)

이 사건은 재판 전 언론보도의 폐해에 관한 첫 번째 판례라고 할 수 있다. 이 재판에서 대법원은 젊은 백인여성을 강간한 혐의로 유죄판결을 받은 두 흑인에게 원심을 깨고 무죄를 선고하였다. 무죄판결의 가장 중요한 이유는 피고인들이 재판 과정에서 어떠한 자백도 하지 않았음에도 불구하고, 재판 전에 범행을 자백했다고 발표한 언론보도 때문이었다.

이 판결의 중요성은 언론보도에 의하여 형성된 배심원들의 편견을 직접적으로 입증하지 않더라도, 자백사실에 관한 정보가 보도되는 것 자체가 근본적으로 편파적이 될 수 있음을 인정한 데 있다.

(4) 어빈 대 도드 사건(1961)

이 사건은 재판 전의 피의사실 공표가 공정한 재판을 방해했다는 이유로 주정부가 기소한 사건을 대법원이 번복한 최초의 사건이다. 살인 피의자 레슬리 어빈은 1955년 4월 8일 강도와 부정수표 남발의 혐의로 인디애나 주정부에 의해 체포되었다. 며칠 후 에반스빌 경찰과 반더버그 지역검사는 '미친개 어빈'이 1954년부터 1955년까지 발생한 6건의 살인사건을 모두 자백했다고 기자들에게 공표했고, 기자들은 그 자백을 대대적으로 보도했다. 1955년 11월 14일에 시작된 재판에서 예비배심원들의 90%가 재판 전 보도로 인해 어빈이 유죄임을 확신하게 되었다. 당연히 지방법원과 고등법원은 어빈에게 사형선고를 내렸다.

어빈의 변호인은 배심원들을 개별적으로 심문하여 배심원들 중에 8명이 재판 전에 이미 유죄를 믿고 있었다는 사실을 입증했다. 이를 근거로 변호인은 재판지 변경을 신청하였으나 인접한 주에서도 이미 언론보도를 접한 뒤여서 실질적인 의미가 없었다. 이에 대법원은 원심을 파기하고 종신형을 선고하였다. 아울러 대법원은 근본적인 편파성이 예상되는 경우 법원은 배심원들에게 일종의 교육과 검사를 시행하는 절차(*voir dire*)를 실시함으로써 편파성의 존재 여부를 개선하는 노력을 해야 한다고 강조했다.

(5) 리도 대 루이지애나 사건(1963)

이 사건은 TV보도로 인해 공정한 재판을 받지 못한 사건이다. 1961년 초 루이지애나 주의 한 은행이 털렸다. 범인은 3명의 은행원을 납치하여 그중 한 명을 살해했다. 몇 시간 후 리도가 경찰에 의해

용의자로 체포되었다. 그 다음 날 아침 TV로 녹화되는 가운데 리도는 보안관과 20여 분간의 인터뷰에서 자신이 절도와 납치 그리고 살인죄를 범했다고 자백했다. 그 인터뷰는 그날 오후 그 지역 전역에 방영되었고, 3일 동안 3회의 재방영이 이루어졌다. 주민의 65%는 이 보도를 접하였고, 이로 인해 공정한 재판이 이루어질 수 없다는 상황판단으로 법원은 재판지 이동을 명령했다.

대법원은 자백장면을 TV로 방영하는 것은 재판지 변경을 필요로 할 만큼 편파적이어서 만약에 재판지 변경이 이루어지지 않을 경우 이후의 절차들은 모두 무효라고 판시했다. 그러므로 판사는 언론보도의 진실성 여부를 근거로 편파성을 식별할 수 있는 대책을 수립해야 하고, 변호인은 공정한 재판을 방해하는 언론보도의 위험성을 입증하여 재판사실의 유출금지명령(*gag order*)이나 보호명령이 발효될 수 있도록 주문했다.

그러나 대법원은 네브래스카 신문협회 대 스튜어트 사건(1976)에서 재판사실의 유출금지명령은 언론자유를 침해하기 때문에 재판 중 일어나는 일들을 보도하는 것을 허용하는 판결을 내렸다.

(6) 에스테스 대 텍사스 사건(1965)

이 사건은 TV를 통한 형사재판의 생중계방송이 공정한 재판을 방해한다는 이유로 재심을 명한 최초의 판결이다. 텍사스의 금융업자인 빌리 소울 에스테스는 횡령혐의로 1962년에 구속되었다. 방송사들은 재판 과정을 경쟁적으로 생방송했다. 이런 상황에서 에스테스에게 유죄판결이 확정되었고, 에스테스는 이런 상황으로 인해 공정한 재판을 받지 못했다고 대법원에 재심을 청구하였다.

대법원은 "재판광경의 방영은 진실을 추구하는 법정의 엄숙함을 해치고, 배심원들에게 편견을 넣어주고, 증인들의 증언을 불성실하게 만듦으로써 공정재판을 어렵게 만든다"라고 판시하면서 원심을 파기하였다.

그러나 대법원은 16년 후인 챈들러 대 플로리다 사건(1981)에서 TV중계가 공정한 재판을 해치지 않았다고 판시하면서 허용하는 판결을 내렸다. 이를 계기로 1995년에 발생한 심슨 사건은 전 세계적으로 생중계되었다.

(7) 쉐퍼드 대 맥스웰 사건(1966)

오하이오 주의 의사인 사무엘 쉐퍼드의 부인이 1954년 7월 4일 집에서 살해된 채로 발견되었다. 경찰은 용의자로 쉐퍼드를 체포했다. 1954년에 열린 재판에서 유죄를 선고받고 항소하였으나 기각되었고, 대법원도 상고를 기각하였다.

그러나 1964년 쉐퍼드가 신청한 인신보호영장 사건에서 법원은 그에게 재심을 명하였고, 1966년 재심에서 재판 전이나 재판 중의 언론보도가 피고인의 공정재판권을 침해하였다는 이유로 무죄판결을 선고하고 그를 석방하였다.

대법원은 "재판도중에 법정에는 대혼란이 지배하였고, 기자들은 쉐퍼드를 위시하여 재판의 모든 참여자들을 몰아대며 실질적으로 법정 전체를 접수하였다"라고 판시하면서 공정재판의 1차적인 책임은 법원 판사에게 있음을 강조하였다. 판사가 언론에 대하여 취한 조치는 사법적인 침착성과 차분함(*judicial serenity and calm*)에 대한 피고인의 권리를 박탈하는 데 심각하게 기여했다고 지적했다.

그리고 대법원은 판결문에서 재판 전 언론보도로 인해 재판의 공정성이 침해될 가능성이 존재하는 경우 재판연기, 재판지 변경, 배심원들의 격리명령을 발하여야 하고, 여론이 재판의 공정성을 위협한다면 재심이 선언되어야 한다고 명시하였다.

3) 언론과 법조계의 입장

미국의 경우를 중심으로 언론과 법조계의 비판내용을 간략하게 정리하면 다음과 같다.[19)]

(1) 언론에 대한 법조계의 비판

① 언론은 가능한 한 판결 전 정보의 공표를 삼가야 한다. 판결 전 정보의 유형으로는 피고인의 진술, 체포한 순경으로부터의 진술, 피해자·가족·변호사·증인으로부터의 진술, 사건기록에 대한 언급, 피고인의 고백, 혐의자가 거짓말탐지기 검사에 실패했다든가 혹은 검사를 거절했다는 등의 사실, 피해자에 대한 경찰의 칭찬이나 혐의자에 대한 경찰의 부정적인 표현 등을 포괄한다.

② 언론은 좀더 능력 있고 경험 있는 기자를 법원출입기자로 파견해야 한다.

③ 언론은 사실이 법정기록의 일부가 될 때까지는 일체의 보도를 보류해야 한다.

④ 언론은 수사적 보도행위를 삼가야 한다.

⑤ 법원은 법정모욕에 관한 권한을 회복하든지 아니면 유사한 제한 법률을 제정해서라도 언론으로 하여금 공정재판을 방해하지 않도록 강구해야 한다.

⑥ 언론은 이른바 '신문재판'행위를 반드시 일소해야 한다.

⑦ 언론은 전문기관으로서 자율규제강령을 채택하도록 계속 노력해야 한다.

---

19) Donald M. Gillmor(1966), *Free Press and Fair Trial*, Washington, D.C: Public Affairs Press, pp. 95~101.

(2) 법조계에 대한 언론의 비판

① 국민은 어떤 문제에 관해서도 알권리가 있다. 언론자유는 국민의 가장 기초적인 기본 권리이기 때문이다.

② 기밀은폐는 공표보다 기소된 자의 권리를 더욱 위협한다.

③ 충분한 취재·보도는 법원이나 법을 집행하는 관리들의 공적인 부패, 비능률, 인종적이고 종교적인 편견을 폭로하는 데 도움이 된다.

④ 편견적인 보도란 대부분의 경우 법조계를 포함한 법을 집행하는 기관들과 음으로 양으로 관계되는 사람들로부터 유래된다. 법조계는 이러한 편견적인 보도를 없애기 위하여 응당했어야 할 자체노력을 하지 않고 있다.

⑤ 언론자유와 공정재판의 문제를 해결하기 위한 계속적인 노력이 필요하다.

4) 보도가 재판에 미치는 영향

언론보도의 일반적 영향에 대한 연구는 많지만 재판 전 보도가 배심원의 판결에 미치는 영향에 대한 경험적인 연구는 대단히 부족하다. 대표적인 연구로서는 시카고대학의 배심원연구[20]와 미네소타대학의 실험연구[21]가 있다. 미국에서 이루어진 연구들을 중심으로 언론보도가 재판에 미치는 영향들을 개괄적으로 종합정리하면 다음과 같다.

---

20) Dale Broader(1959), "The University of Chicago Jury Project", *Nebraska Law Review*, Vol. 38.

21) F. Gerald Kline and Paul H. Jess(1966), "The Effect of Pre-Judicial Publicity on Mock Juries at the University of Minnesota Law School", *Journalism Quarterly*, Vol. 43, Spring.

캘리포니아에서 실제로 발생한 3건의 사건을 이용하여 조사·연구를 시행한 결과, 피의자들에 대한 유무죄판결을 가장 잘 예측하는 독립변인으로서는 신문과 방송을 통해서 습득한 해당사건에 대한 응답자의 지식으로 나타났다. 즉 특정 언론보도에 노출된 배심원의 경우 해당 내용에 따라 판결을 내릴 수 있는 위험성이 존재한다고 유추해 볼 수 있다.

재판 전 특정보도 중에 범죄수법과 범죄현장을 매우 상세하게 보도하는 가중성 보도(*heinous pretrial publicity*)나 범죄사실을 보도하면서 은연중에 피의자나 용의자가 범인임을 인정하는 단죄성 보도(*pre-judgment pretrial publicity*)의 경우에는 그 영향이 심각하다.

결론적으로 언론자유와 공정재판 간의 갈등문제는 이상과 같은 구체적이고 경험적인 연구가 축적됨으로써 해결의 실마리를 찾을 수 있다고 보겠다. 이와 같은 연구는 우리나라의 경우에는 한 건도 이루어지지 않았으며 따라서 문제해결 역시 암담하다고 말할 수 있다.

5) 해결을 위한 방안

언론자유와 공정재판 간의 갈등을 해결하기 위한 방안은 ① 재판 차원의 해결방안, ② 입법 차원의 해결방안, ③ 자율규제 차원의 해결방안을 포괄한다. 미국의 경우를 중심으로 해결방안을 논의해보면 다음과 같다.

(1) 재판 차원의 해결방안

첫 번째 해결방안은 재판지 변동(*change of venue*)이다. 언론의 편견적 보도 때문에 공정재판이 어렵다고 판단되면 피고인은 법원에 재판지 변동을 신청할 수 있고, 법원은 이유 있다고 판단되면 그러한 신청을 이행해야 한다. 우리나라의 경우에는 형사소송법 제15조가 관할 이전에 관해 규정하고 있다.

두 번째 방안은 재판상 문제가 있다고 판단되면 새로운 재판을 판결하는 방안이다. 이 판결은 상급법원에 의해 내려지는데 재판절차상의 과실, 예를 들면 재판지 변동의 불이행이나 배심원에게 충분한 지시를 주지 않아 편견적 판결이 내려질 수 있는 상황에 주로 내려진다.

세 번째 방안은 예비심사(*voir dire*)나 독단적 도전(*peremptory challenges*)이다. 미국의 경우, 피고인은 배심원을 결정하는 예비심사에서 무제한의 독단적 도전을 할 수 있으며, 배심원이 최종적으로 결정된 경우에도 15~20번의 배심원 거부를 할 수 있다. 변호인에게도 비슷한 권리가 주어지고 있다. 이러한 방안을 효과적으로 사용하면 배심원에 의한 편견적 판결의 피해를 최대한 줄일 수 있다. 우리나라의 경우 형사소송법 제18조는 필요한 경우 법관의 기피를 신청할 수 있도록 규정하고 있다.

네 번째 방안은 재판연기이다. 피고인은 현재의 상태로서는 도저히 공정재판이 불가능하다고 판단되는 경우 재판의 연기를 신청할 권리가 있고 법원은 그것을 받아들일 의무가 있다. 이 경우 피고인에게 불리할 수도 있다. 예를 들면 신속한 재판을 불가능케 한다든가, 증인이 그 동안에 사라진다든가, 증인의 기억이 희미하게 된다든가, 피고인이 보석을 허락받지 못한 경우에는 피고인은 재판연기 기간 동안 감옥에 임시 구류되는 경우 등이다.

우리나라의 경우 형사소송법 제270조는 "재판장은 직권 또는 검사나 피고인이나 변호인의 신청에 의하여 공판기일을 변경할 수 있다"라고 규정함으로써 간접적인 재판연기의 가능성을 내포하고 있다.

다섯 번째 방안은 판사가 배심원들에게 충분하고 적절한 지시를 내리는 방안이다. 판사는 재판 전에 배심원들에게 그들의 판단은 오직

법과 증거에 의하여 이루어져야지 그 밖의 외부적 정보나 자료에 의해서 이루어져서는 안 된다는 사실을 주지시켜야 한다. 만일 판사가 충분한 지시를 내렸는데도 불구하고 피고인이 새로운 재판을 요청할 경우에는 법원은 이 요청을 거절할 수 없다. 우리나라의 경우는 배심원재판이 아니기 때문에 이 규정은 해당되지 않는다.

여섯 번째 방안은 피고인에게 배심원에 의한 재판을 받지 않을 수도 있는 권리를 부여하는 방안이다. 이 경우 피고인은 기본권이 보장하는 모든 특혜를 포기해야 한다. 이러한 경우, 주정부는 한 사람의 판사를 임명해 재판을 수행케 한다. 우리나라의 재판이 이러한 형태를 채택하고 있다고 말할 수 있다.

마지막 방안은 적법절차에 대한 호소방안이다. 미연방헌법 수정 제 14조에 포함되어 있는 적법절차 조항은 피고인에게 편견이 암시된 경우에 새로운 청원을 적법절차에 따라 할 권한을 부여하고 있다.

(2) 입법 차원의 해결방안

최초의 시도는 웨인 모스(Wayne Morse) 상원의원이 1962년에 국회에 "법관계자가 언론이나 변호인에게 불필요한 정보를 제공했을 경우 그들을 처벌할 수 있다"는 법률을 제출했으나 실패했다.

미국법사회의(U. S. Judiciary Conference)는 새로운 연방법을 제안했는데 그 내용은 국가공무원, 피고인, 혹은 관계자가 재판 전에 어떤 정보를 언론에 제공했을 경우 그들을 법정모욕죄로 처벌할 수 있음을 규정하고 있다. 이 시도 역시 아직까지 결실을 보지 못하고 있다.

뉴욕 주 대법원판사인 버어나드 메이어(Bernard S. Meyer)는 "만일 언론이 그의 보도논평 때문에 형사피고인이 공정재판을 받는 데 심각한 위험을 초래했을 경우 그 언론은 법정모욕죄나 기타 형법규정에 의해 처벌되어야 한다"는 입법내용을 미네소타편집인협회에 제안했으나 냉담한 반응을 받아 구체화하지 못했다.

입법 차원의 시도는 모두 실패로 끝났다. 그 이유는 첫째 미국사회는 언론자유에 대한 확고한 신념을 가지고 있고, 둘째 언론자유와 공정재판의 문제는 법보다는 윤리 차원에서 다루어져야 한다는 사회적 분위기 때문이다.

우리나라의 경우 형법 제126조는 "검찰, 경찰, 기타 범죄수사에 관한 직무를 수행하는 자 또는 이를 감독하거나 보조하는 자가 그 직무를 행함에 당하여 지득한 피의사실을 공판청구 전에 공표한 때에는 3년 이하의 징역 또는 5년 이하의 자격정지에 처한다"고 규정하고 있다. 사법경찰관리 집무규칙 제7조도 비슷한 규정을 두고 있다.

(3) 자율규제 차원의 해결방안

자율규제 차원의 방안으로서는 정부에 의해서 채택된 '카첸바하 규정'(*Katzenbach Rules*), 언론에 의해서 채택된 '톨리도 지침'(*Toledo Guidelines*), 법조계에 의해서 채택된 '필라델피아변호사협회 정책선언문'(*Philadelphia Bar Association Policy Statement*)이 있다.

'카첸바하 규정'은 1965년에 형사사건과 관련해서 정보를 내보낼 때 법무부 관리들이 유의해야 할 지침으로 채택되었는데, 이 규정은 어떤 정보가 어느 정도의 편견적 성격이 있더라도 공익에 유익하다면 제출할 수 있다고 정함으로써 편견적 정보에 약간의 융통성을 제시하고 있는 점에서 중요한 움직임이라 보겠다. 그렇다고 해서 이 규정이 전혀 제한적 성격을 띠고 있지 않다고는 말하기 어렵다.

이 규정이 포함하고 있는 편견적 보도의 유형으로는 ① 자백(自白), 피고인의 성격, 증거의 본질, 증인의 공신력에 관한 검사나 법집행 관리의 진술, ② 수사 절차, 예를 들면 지문복사기와 실험실 검사 등에 관한 정보 등이다. 또한 이 규정은 법무성으로 하여금 피고인의 사진을 찍는 문제와 텔레비전을 방영하는 문제를 격려하든지 혹은 도와주지 못하도록 하고 있다. 사진을 뉴스미디어에 제공할 경우 그것이 반드시 법을 집행하는 데 유익할 때에만 가능케 했으며, 이러한 일체의 제한 조치는 범인의 체포시점에서부터 재판이 완결될 때까지 계속된다는 사실을 첨가하고 있다.

'톨리도 지침'은 1966년에 톨리도 브레이드(Toledo Blade) 씨에 의해 채택되었는데, 이것은 당시 톨리도 변호사협회의 지지를 받았다. 이 지침의 원래 명칭은 '형사절차에 있어서 공표의 지침'인데 이 지침의 중요성은 미국 내 유력한 신문들이 그들의 재판 보도에서 이따금 지나쳤다는 사실을 스스로 인정함과 동시에 언론기관이 변호사협회와 손잡고 이러한 상태를 개선하기 위해 노력한다는 성의의 표시에 있다.

이 지침은 출판할 수 없는 금기사항으로 6가지를 제시하고 있는데, 그들을 열거하면 ① 피기소자의 사전범죄기록, ② 자백, ③ 피기소자에게 불리하든지 혹은 유리한 검사(檢查)의 진술 또는 재판 과정에서 이루어지는 변론과 관련된 검사(檢事)의 진술, ④ 재판을 위해 선출된 배심원의 이름, ⑤ 배심원 부재중에 이루어진 논쟁, ⑥ 법정에서 거부된 증거에 대한 언급 등이다.

'필라델피아 변호사협회 정책선언문'은 형사재판의 진행과정과 관련된 정보의 제출이나 출판에 관한 협정인데, 이것은 언론이나 경찰당국에 불리한 조항이 많아 상당한 논쟁의 불씨가 되고 있다. 이 정책선언문이 발표된 지 24시간 내에 언론단체인 시그마 델타 카이의 필라델피아 지부, 필라델피아 지방검사와 경찰서장 등이 모두 강력한 반대를 표명했다.

이 정책선언문은 모든 형사적인 문제에 관한 뉴스 제공은 경찰서장이나 서장이 지정한 경찰 간부에 의해서만 가능하도록 규정하고 있다. 그리고 이 선언문에 의하면 범죄수사기간 동안에는 어떠한 정보도 그것이 수사에 도움이 되지 않는 한 제공하지 말아야 하며, 혐의자가 범죄를 인정했다든지 혹은 고백했다는 사실을 언급하지 말아야 하며, 마지막으로 재판 도중 경찰이나 검찰이나 피고인은 언론에 어떠한 진술도 하지 말아야 하고 오직 증거가 스스로 사실을 말하게끔 해야 한다고 규정하고 있다.

이러한 3가지 자율규칙들이 언론이나 법조계에 의해서 스스로 일종의 자율규제 역할을 하고 있어 그 의미가 지대하나, 이것들이 법적 효력을 갖고 있지 않는 취약점을 안고 있다.

6) 한국적 과제

형사 피고인의 공정재판권과 같은 국민의 기본 권리가 우리 사회에서는 크게 문제가 되지 않는 현실이 우리 사회의 가장 심각한 문제라고 말할 수 있다. 우리나라의 헌법은 피고인의 신속한 재판과 공개재판은 명시적으로 인정하고 있지만 공정재판은 직접적으로 인정하지 않고 있다.

우리나라의 언론은 혐의자는 곧 범인이라는 잘못된 인식 때문에 이른바 '신문재판'의 악순환을 밟고 있는 것이다. 신문재판은 곧 여론재판으로 확장되기 때문에 공정재판에 심대한 악영향을 미칠 수 있다. 이러한 사회적 분위기 때문에 형사피고인은 법이 보장하는 자신의 권리를 찾을 엄두도 내지 못하고 있는 것이 우리 사회의 현실이다.

언론에 의한 신문재판은 반드시 시정되어야 한다. 이것은 언론이 보호해야 할 불행한 시민에 대한 명예훼손이며 인권침해이다. 불행한 시민의 권리를 솔선해서 보호해주어야 할 언론이 시민의 권리를 앞서서 침해하는 사태는 부당하다. 언론은 어떤 혐의자라도 확정판결을 받기 전까지는 무죄로 추정하는 태도를 견지해야 한다.

무엇이 이런 사태를 야기했는가. 첫 번째 이유는 우리 사회의 민주적 후진성이다. 이 경우 민주적 후진성이란 법의식의 후진성, 인권의식의 후진성 등을 포괄하는 개념이다.

두 번째 이유는 권선징악을 숭상하는 유교사상의 폐해이고, 세 번째 이유는 법조계와 언론계의 무책임성, 비윤리성, 비전문성이다. 문제해결의 가장 중요한 열쇠는 언론이 쥐고 있다고 말해도 무방하다. 사회 공기로서 언론의 정확한 판단, 책임 있는 보도와 논평, 윤리강령의 준수 등이 문제해결의 지름길이라고 판단된다.

미국에서 이루어진 연구들은 전술한 바와 같이 재판권 보도가 배심원의 판결에 영향을 주고 있음을 밝히고 있다. 우리나라와 같이 전문적으로 교육받고 훈련받은 판사에 의한 재판의 경우에는 그 영향이 상대적으로 적을 수 있다. 그러나 우리나라의 경우 재판의 정치적 중립이 확실하게 보장되어 있지 않고, 판사의 출세지향성, 정치지향성, 인기영합성, 여론조성 등은 재판의 공정성을 완벽하게 담보하고 있다고 말하기는 어렵다.

가령 신문재판이 실제 재판에 영향을 준 결과 특정 피고인이 필요한 형보다 더 많은 형을 받을 수도 있고 또는 적게 받을 수도 있다. 전자의 경우는 형사피고인의 공정재판권에 대한 심대한 침해이고, 후자는 재범의 간접적인 요인이 될 수도 있다.

일반적으로 언론자유와 공정재판은 상호 갈등관계에 있다고 생각하는데 이것은 문제를 올바로 보는 시각이 아니다. 언론자유란 "모든 자유를 자유롭게 하는 제 1의 자유"이지만 그렇다고 해서 형사피고인의 공정재판권을 침해하는 자유까지를 포함하지 않는다. 우리나라의 헌법도 그러한 언론자유를 보장하지 않는다.

마지막으로 우리 사회는 언론자유와 공정재판의 문제를 좀더 활발하게 제기할 필요가 있다. 학계는 언론자유와 공정재판 간의 관계를 보다 구체적으로 그리고 보다 실증적으로 연구함으로써 이론을 제공해 주어야 한다. 이론이 없이 주먹구구식으로는 이 문제를 결코 해결할 수 없기 때문이다.

4. 언론자유와 저작권의 보호

개인의 권리 보호가 언론자유에 대한 법적 통제요인으로 작용할 수 있는 네 번째 국면은 저작권이다. 우리나라의 헌법은 언론자유와 더불어 저작자의 저작권을 동시에 보호하고 있다.

헌법 제21조 1항은 "모든 국민은 언론·출판의 자유와 집회·결사의 자유를 가진다"라고 규정하고 있고, 헌법 제22조 2항은 "저작자·발명가·과학기술자와 예술가의 권리는 법률로써 보호한다"라고 규정하고 있다. 이 헌법정신에 따라서 저작권법이 제정된 것이다.

언론자유와 저작권은 원칙적으로는 갈등하지 않는다. 바꾸어 말하면, 언론자유가 추구하는 목적과 저작권이 추구하는 목적 간에는 갈등요소가 존재하지 않는다는 뜻이다. 그러나 실제 운영에서는 두 권리는 갈등관계에 놓일 수도 있다. 언론자유의 신장이 저작권의 간접적 침해사유가 될 수도 있고, 그 반대로 저작권의 신장이 자유로운 정보유통을 방해하는 결과를 야기할 수도 있다는 뜻이다. 이 경우, 저작권은 언론자유에 대한 법적 통제요인으로 작용할 수 있다.

언론자유와 저작권이 갈등할 경우 조화의 기준은 법원이 판결로써 제시한다. 법원은 언론자유가 주는 사회적 이익과 저작권이 주는 사회적 이익을 비교형량해서 조화의 지점을 제시한다. 이것을 이익의 비교형량원칙(*ad hoc balancing test*)이라 부른다.

1) 저작권의 개념과 관계

저작권은 성격상 인격권이며 재산권이기 때문에 그것에 대한 침해는 원칙상 민사문제로 다루어진다. 이 경우 불법침해에 대한 배상은 민사책임에 관한 일반원칙을 적용한다. 다만 그 침해가 명예훼손이 되는 경우는 형사문제로 다루어진다.

저작권이란 책·미술·음악·영상·컴퓨터 프로그램 같은 저작물을 만들었거나(저작재산권) 이를 대중에게 전달하는 데 기여한 사람(저작인접권)에게 일정기간 주는 독점적 권리를 말한다. 저작권의 효시는 1710년 책의 저작자에게 14~21년의 배타적 사용권을 인정한 영국의 '앤여왕법'이다. 그 이전에는 책을 쓰면 독점회사에 원고를 팔아야했다. 따라서 책이 많이 팔려도 저작자는 아무 권리를 주장하지 못했다.

덴마크는 1741년에, 미국은 1790년에, 프랑스는 1793년에 비슷한 법을 차례로 만들었고, 19세기에 들어오면서 대부분의 선진국에서 저작권이 정착되었다. 1886년에 유럽 14개국이 서로 저작권을 인정해주는 '베른협약'을 체결했다. 미국과 남미국가들은 '부에노스아이레스협약'을 1910년에 체결했고, 소련과 개도국들은 '세계저작권협약'(1952)에 참가하면서 세계적인 저작권시스템이 완성되었다.

2) 저작권법의 규정

우리나라의 저작권법은 1952년에 처음 제정되어 1986년과 2006년 두 차례의 전면개정 등 총 14회의 개정절차를 밟아 오늘에 이르고 있다. 우리나라의 저작권법은 어떤 저작물이 발생했을 경우 미국과 같이 별도로 행정기관에 등록하지 않아도 그 권리가 보장되는 '무방식주의'를 채택하고 있으며 이것은 베른조약에 가입한 각국의 저작권법의 원칙이다.

저작권법의 목적은 저작자의 권리와 이에 인접하는 권리를 보호하고 저작물의 공정한 이용을 도모함으로써 문화의 발전에 이바지함에 있다. 이 경우, 저작물이란 인간의 사상 또는 감정을 표현한 창작물을 총칭한다. 따라서 인간의 사상 또는 감정을 표현한 창작물은 모두 저작권법의 보호대상이 된다. 저작권법은 저작물뿐만 아니라 저작물의 복제권, 공연권, 공중송신권, 전시권, 배포권, 대여권, 2차적 저작물 작성권도 동시에 보장하고 있다.

저작권법에 의하여 보호받지 못하는 대상으로서는 ① 헌법·법률·조약·명령·조례 및 규칙, ② 국가 또는 지방자치단체의 고시·공고·훈령 그 밖에 이와 유사한 것, ③ 법원의 판결·결정·명령 및 심판이나 행정심판절차, 그 밖에 이와 유사한 절차에 의한 의결과 결정 등, ④ 국가 또는 지방자치단체가 작성한 것으로서 제1호 내지 제3호에 규정된 것의 편집물 또는 번역물, ⑤ 사실의 전달에 불과한 시사보도 등이다.

저작권법은 저작권의 보호기간을 명시해서 제한을 두고 있다. 저작인접권의 보호기간은 연장되어서 실연(實演)의 경우나 음반에 고정한 때 그리고 방송을 한 때의 다음 해부터 가산하여 50년간 존속한다. 최근 한-미 자유무역협정(FTA)에서 합의한 저작권관련 조항에서는 저작권 보호의 기간은 저작자 사후 70년, 법인의 경우 공표 후 70년으로 20년 더 보호하는 쪽으로 기간이 늘어났다.

특히 최근 개정된 저작권법에서는 온라인서비스 제공자의 책임을 강화해 권리주장자의 요구가 있을 경우 지체 없이 즉시 개정하도록 하고 있으며 그 사실은 복제, 전송자뿐만 아니라 권리주장자에게도 통보하도록 하고 있다. 그리고 영리를 위하여 상습적으로 지적재산권 등을 침해한 행위 등은 친고죄에서 제외되어 권리자의 고소가 없어도 형사처벌이 가능하도록 규정하였다.

미국의 경제전문지 〈포브스〉가 2008년에 유명 인사들의 사후 수입을 조사했더니 엘비스 프레슬리(Elvis Aron Presley)가 한 해 동안에 4,900만 달러를 벌어들여 1위를 차지했다. 대부분은 그가 부른 노래의 저작권 사용료였다. 2위는 비틀스의 존 레넌(John Winston Lennon)의 4,400만 달러이고, 3위는 '스누피'로 유명한 미국의 만화가 찰스 슐츠(Charles Monroe Schulz)의 3,500만 달러이고, 4위는 비틀스의 조지 해리슨(George Harrison)의 2,200만 달러이고, 5위는 세계적인 과학자 알베르트 아인슈타인(Albert Einstein)의 1,800만 달러로 나타났다.

우리나라의 저작권법은 제 7조에서 사실의 전달에 불과한 시사보도는 전술한 바와 같이 저작권법의 보호대상이 아니라고 규정하고 있다. 그러나 2007년 12월 2일 서울서부지법 민사 제 1부는 동아닷컴의 웹사이트에 게재된 보도기사를 동의 없이 자사의 웹사이트에 올려온 (주)하이쎌의 항소를 기각하고 동아닷컴에 640여만 원의 손해배상금을 지급하라고 판결했다. 재판부는 "사실전달을 위한 보도기사라고 하더라도 소재의 선택과 배열, 구체적인 용어선택, 어투, 문장표현 등에 창작성이 있거나 작성자의 평가와 비판 등이 반영되어 있는 경우에는 저작권법이 보호하는 저작물에 해당한다"며 판결이유를 밝혔다. 이것은 기사의 저작권을 인정한 최초의 판결이라 하겠다.

3) 언론자유와 저작권의 갈등

우리나라의 헌법 제 22조 2항은 저작자·발명가·예술가 등의 권리를 인정함으로써 그 보호 범위에 드는 정보유통에 대한 통제권을 그

정보생산자에게 부여하고 있다. 따라서 정보의 자유로운 유통은 그 한도 내에서 자연스럽게 제한받게 되는 것이다.

일부에선 저작권이 인류의 지적 자산을 소수가 독점하게 만든다며 저작권의 공유를 주장하는 운동을 벌이기도 한다. 이 운동을 '카피레프트'(*copyleft*) 운동이라 부른다. 한-미 자유무역협정문에 의하면 지적재산권의 보호가 강화되고 있다. 자유무역이라 함은 보호 장벽을 철폐함으로써 개방과 경쟁을 지향하는 노력이라 하겠다. 지적재산권의 보호와 자유무역 간에도 심각한 갈등이 야기되고 있다고 보겠다.

저작권의 보호기간도 획기적으로 연장되고 있다. 1957년 저작권법 제정 때 사후 30년이던 것이 1987년에 50년으로 연장되더니 한미 FTA협정은 이를 70년으로 다시 연장했다. 만일 한 작가가 30세에 작품을 쓰고 60세에 세상을 떠났다고 가정하면 그의 저작권 보호는 이제 100년에 이르게 된다.

특히 컴퓨터프로그램이나 디지털저작물과 같은 수명이 짧은 저작물에 대해서도 100년에 해당되는 기간 동안 저작권 보호 때문에 이용을 제한하는 것은 문제가 될 수도 있다. 지나친 보호기간의 설정은 새로운 저작물의 생산을 막을 뿐만 아니라 정보의 자유로운 유통을 저해하는 결과를 낳을 수도 있기 때문이다.

언론자유와 저작권 간의 갈등은 언론의 경우 두 가지 차원에서 발생한다. 하나는 언론이 타 저작물의 저작권을 침해했을 경우이고, 다른 하나는 다른 기관이 언론저작물의 저작권을 침해했을 경우이다. 언론이 타 저작물의 저작권을 침해하는 경우는 표절, 개작, 번역, 전제, 무단이용 등이고 타 기관이 언론저작물의 저작권을 침해하는 경우는 보도기사, 피처기사, 의견기사, 소설, 사진 등 언론저작물의 저작권을 침해할 때 발생한다.

우리나라의 저작권법 제 17조 5항은 사실의 전달에 불과한 시사보도는 저작물로서 저작권의 보호를 받지 못한다고 규정하고 있다. 그러나 법원은 전술한 바와 같이 2007년 12월 2일 동아닷컴 사건에서 기사의 저작권을 인정하는 첫 판결을 내렸다. 따라서 저작권법관련 조항의 개정은 불가피하게 되었다.

저작권 침해가 면책되는 첫 번째 사유는 저작자의 동의를 받은 경우이고, 두 번째 사유는 출처를 밝히는 경우이다. 그러나 이 경우에도 국제적으로 전제금지의 표시(©)가 있을 때에는 면책되지 않는다.

저작물이 저작권법에 의하여 보호를 받기 위해서는 그 저작물이 우선 '창작성 있는 표현'에 해당하여야 한다. 그리고 법원이 저작권 침해를 인정하기 위해서는 첫째, 주관적 요건으로서 침해자가 저작권 있는 저작물에 의거하여 그것을 이용해야 하고, 둘째, 객관적 요건으로서 침해 저작물과 피침해 저작물과의 실질적 유사성이 인정돼야 한다.

4) 판례를 통한 갈등의 조정

(1) 만화 〈바람의 나라〉와 드라마 〈태왕사신기〉 사건(2007)

법원은 〈바람의 나라〉와 〈태왕사신기〉의 시놉시스가 저작자에 의하여 보호받는 창작적인 표현방식에서 실질적으로 유사하지 아니하므로, 위 시놉시스에 의해 위 만화 저작자의 저작권이 침해되었다고 볼 수 없다고 판결했다.

이 사건은 아이디어의 영역에 속하는 요소를 공통으로 할 뿐, 그 등장인물이나 주변인물과의 관계설정, 사건전개 등 저작권에 의하여 보호받는 창작적인 표현형식에서는 만화와 드라마 시놉시스 사이에 내재하는 예술의 존재양식 및 표현기법의 차이를 감안하더라도 실질적으로 유사하지 아니하므로, 위 시놉시스에 의해 위 만화 저작자의 저작권이 침해되었다고 볼 수 없다고 판단한 사례이다.

(2) 영화 〈왕의 남자〉 사건(2006)

이 사건은 영화 〈왕의 남자〉가 희곡 〈키스〉에 나오는 "나 여기 있고 너 거기 있어"라는 대사를 사용함으로써 저작권 침해 문제가 발생한 사건이다. 법원은 대사의 저작물성 여부를 판단함에 있어 일상생활에서 흔히 쓰이는 표현인 이 사건대사는 저작권법에 의하여 보호받을 수 있는 창작성 있는 표현이라고 볼 수 없다고 판단했다.

법원은 판결문에서 "어문 저작물의 경우에는 작품 속의 특정한 행이나 절 또는 기타 세부적인 부분이 복제됨으로써 양 저작물 사이에 문장 대 문장으로 대칭되는 부분적 문자 유사성뿐만 아니라 작품 속의 본질 또는 구조를 복제함으로써 전체로서 포괄적인 비문자적 유사성도 감안하여야 한다"라고 판결했다.

(3) 소설 《이휘소》의 가족사진 무단게재 사건(1995)

"소설 《이휘소》에서 핵물리학자인 이휘소 유족의 동의 없이 가족사진을 무단으로 게재한 행위는 유족들의 초상권을 침해한 것이나, 이휘소가 우리 사회의 공인이 되었고, 또한 그가 사망한 지 이미 18년이 경과하였으므로, 그를 모델로 하여 이휘소라는 실명을 사용하여 창작된 소설에서 이휘소의 개인사진을 사용하는 것은 그 소설이 이휘소에 대한 명예를 훼손시키는 내용이 아닌 한 허용되어야 한다."

"소설에서 개인의 명예가 훼손되거나 인격권이 침해되었다는 이유로 그 출판금지를 구하는 경우에는 헌법상 예술의 자유와 출판의 자유가 보장되어 있는 점에 비추어 그 침해의 정도를 고려하여 개인의 명예가 중대하게 훼손된 경우에만 이를 인정하여야 한다."

"이휘소는 뛰어난 물리학자로서 우리나라 국민들에게 많은 귀감이 될 수 있는 사람으로서 공적 인물이 되었다고 할 것인데, 이러한 경우 이휘소와 유족들은 그들의 생활상이 공표되는 것을 어느 정도 수인(受忍)하여야 할 것이므로, 이휘소나 유족들의 인격권 또는 프라이버시가 침해되었다고 볼 수 없다."

(4) 연합뉴스의 기사 및 사진을 복제한 사건(2006)

일간신문의 편집국장이 연합뉴스의 기사 및 사진을 복제하여 신문에 게재함으로써 저작권 문제가 발생한 사건이다. 법원은 "사실의 전달에 불과한 시사보도는 저작권법의 보호대상에서 제외된다"고 판결했다. "시사보도는 여러 가지 정보를 정확하고 신속하게 전달하기 위하여 간결하고 정형적인 표현을 사용하는 것이 보통이어서 창작적인 요소가 개입될 여지가 적다."

(5) 지도의 창작성 여부 사건(2003)

저작자의 지도책들에 있는 표현방식과 표현된 내용의 취사선택에 창작성을 인정할 수 있느냐의 문제가 제기되었다. 법원은 지도는 저작권법상 보호되는 저작물로서 창작성을 인정할 수 없다고 판결했다.

"일반적으로 지도는 지표상의 산맥·도시·건물 등의 인문적 현상을 일정한 축적으로 미리 약속한 특정한 기호를 사용하여 객관적으로 표현한 것으로서 지도상에 표현되는 자연적 현상과 인문적 현상을 종래와 다른 새로운 방식으로 표현하였는지 여부와 그 표현된 내용의 취사선택에 창작성이 있는지의 여부가 기준이 된다고 할 것이고, 한편 지도의 표현방식에서도 미리 약속된 특정의 기호를 사용하여야 하는 등 상당한 제한이 있어 동일한 지역을 대상으로 하는 것인 한 그 내용 자체는 어느 정도 유사성을 가질 수밖에 없는 것이다."

"저작자의 지도책들에 있는 표현방식과 그 표현된 내용의 취사선택이 이전에 국내 및 일본에서 발행되었던 지도책들이 채택하였던 표현방식과 그 표현된 내용의 취사선택에 있어 동일·유사하거나 국내외에서 보편적으로 통용되는 기호의 형태를 약간 변형시킨 것에 불과하여 창작성을 인정할 수 없다."

5) 전망과 과제

디지털혁명에 따른 언론환경의 변화와 다매체·다채널시대의 도래는 언론자유와 저작권의 관계에 새로운 쟁점과 과제를 제기한다. 특히 UCC(User Created Contents)의 등장과 인터넷의 보편화는 저작권 침해의 양과 질에 획기적인 변화를 야기하게 되리라 전망된다.

저작권법이 시대의 변화에 신속하게 대처하지 못하고 있고, 미디어산업이 시대의 변화에 능동적으로 대처하지 못하고 있다. 낡은 생각과 관행으로는 새로운 시대를 지혜롭게 맞이하기 어렵게 된다. 디지털시대는 디지털방식을 요구하는 것이다.

입법기관은 급격히 변화하는 미디어환경에 대처하기 위해서 저작권법을 신속하게 손질해야 한다. 법원은 디지털환경에 부합하도록 새로운 판례와 기준들을 신속하게 제시해야 한다.

언론을 포함한 미디어산업은 새로운 시대와 새로운 저작권 환경에 대하여 교육하고 홍보해야 한다. 언론은 새로운 시대와 새로운 저작권환경에 부합하도록 적합한 윤리강령을 새로이 제정해야 한다.

5. 언론자유와 소년의 보호

개인권의 보호가 언론자유에 대한 법적 통제로 작용할 수 있는 다섯 번째 국면은 소년의 보호이다. 이 경우, 소년의 보호는 소년법 차원과 청소년보호법 차원을 포괄한다. 소년의 보호는 학자에 따라서는 개인적 권리라기보다는 사회적 권리로서 개념화하기도 한다.

청소년의 보호는 국가와 이념을 초월해서 범세계적인 과제로 정립되고 있다. 특히 선진국에서는 청소년을 엄격한 기준으로 보호하고 있다. 청소년은 왜 국가에 의해서 엄격하게 보호되어야 하는가. 첫째, 청소년은 국가와 이념을 초월해서 나라의 희망이고 민족의 꿈이기 때문이며, 둘째, 청소년은 육체적으로나 정신적으로나 아직 미완의 존재이기 때문이다. 셋째, 청소년은 독자적으로 책임 있는 사고나 결정을 내릴 수 없는 존재이며, 넷째, 청소년은 비록 과오를 범했다 하더라도 잘 계도하면 훌륭한 사람이 될 수 있는 잠재력과 가능성을 가지고 있는 존재이기 때문이다.

1) 언론자유와 소년법

우리나라의 헌법은 언론자유를 보장하고 있고, 소년법은 소년의 보호를 규정하고 있다. 2007년 5월 17일에 개정된 소년법은 제 68조 1항에서 "이 법에 의하여 조사 또는 심리 중에 있는 보호사건 또는 형사사건에 대하여는 성명 · 연령 · 직업 · 용모 등에 의하여 그 자가 당해 본인으로 추지할 수 있는 정도의 사실이나 사진을 신문지 기타 출판물에 게재 또는 방송할 수 없다"라고 규정하고 있다.

소년법은 다시 제 68조 2항에서 "제 1항의 규정에 위반한 때에는 신문지에 있어서는 편집인과 발행인, 기타 출판물에 있어서는 저작자와 발행자, 방송에 있어서는 방송편집인과 방송인을 1년 이하의 징역이나 금고 또는 300만 원 이하의 벌금에 처한다"라고 규정하고 있다.

이 법 속에 포함되어 있는 직업이란 소년의 경우 학교와 학년의 표시를 포함하고, 신문지라 함은 통신까지를 포함하며, 소년의 나이는 기사가 게재되는 것을 기준으로 만 18세를 의미한다.

언론자유와 소년법과 관련해서 제기되는 과제와 쟁점은 다음과 같다.

첫째, 소년법은 사건에 대한 보도 자체를 금지하는 것은 물론 아니지만 신문보도에서 필수적인 배경설명에 상당한 장애요인으로 작용할 수 있다.

둘째, 사건의 성질로 보아 사회에 응당 경고해야 할 언론보도의 사명감과 소년범의 보호 사이에 경우에 따라서는 갈등의 소지가 발생할 수 있다. 예를 들면, 범죄 자체가 극히 반사회적이고 흉악범이어서 재범을 막기 위해 시민에게 보다 상세한 배경설명을 해야 할 필요성이 제기될 때 언론은 어떻게 보도해야 하는가의 문제가 발생한다.

셋째, 이미 사건이 공개재판을 통해 공개되어 비밀을 보호할 실재적 이익이 없다고 판단되는 상황에서도 보도금지의 취지는 지켜져야 하는가의 문제가 제기된다.

우리나라의 경우, 이러한 과제와 쟁점들에 대한 법원의 판례가 없기 때문에 조화의 기준을 제시하기 어렵다. 그리고 우리 사회는 언론자유와 소년의 보호문제를 실정법 차원에서 해결하기보다는 윤리 차원에서 다루는 게 통례로 되어있다. 따라서 언론사는 스스로 윤리기준이나 보도기준을 만들어 문제를 해결하고 있다.

신문윤리실천요강 제7조(범죄보도와 인권존중) 4항(미성년피의자 신원보호)은 "기자와 편집자는 미성년(18세 이하)의 피의자 또는 피고인의 사진 및 기타 신원자료를 밝혀서는 안 된다"라고 규정하고 있고, KBS 방송강령 제23항은 "미성년자의 범죄에 대해서는 본인의 이름은 물론 인상착의나 직업·주소·부모이름·학교이름 등 본인임을 알 수 있는 내용과 영상은 밝히지 않는다"라고 규정하고 있다.

〈중앙일보〉는 미성년자 범죄보도와 관련해서 비교적 상세한 윤리기준과 규정을 제시하고 있다. 보도기준은 다음과 같다.

⑴ 용의자나 보호자의 이름이 노출되지 않도록 하고 주소·학교·직장 등은 본인의 신분이 노출되지 않는 정도로 하며 미성년 용의자가 한 사람인 경우 알파벳을 사용하지 않고 '소년(16)' 등의 표현을 쓴다.

⑵ 저명인사의 자식이 저지른 중대범죄로서 사회적 충격이 강하다고 판단되는 경우 미성년자는 익명으로 하되 보호자는 밝힐 수 있다.

⑶ 테러 등 사회적 충격이 크고 역사적 의미가 있는 사건의 용의자인 경우 실명으로 기재할 수 있고 보호자도 마찬가지이며 미성년자의 학교와 직장명도 마찬가지이다.

⑷ 미성년자가 흉악범으로서 도주 중 재범의 우려가 있고 사회적으로 충격과 폭넓은 공포감을 주고 있는 경우에는 실명으로 기재할 수 있다.

⑸ 교통사고범은 살았으면 익명, 죽었으면 실명으로 기재하고 피해자는 원칙적으로 실명으로 한다.

⑹ 미성년자 구분은 범행 당시를 기준으로 한다.

언론중재위원회는 범죄사건 보도 시 피의자 또는 피고인, 청소년 성매매사건의 피해자, 소년보호사건의 미성년 피의자 등의 신원을 공개하는 언론에 대해 시정권고를 내리고 있다. 시정권고의 기준은 첫째 범죄사건 보도 시 피의자 또는 피고인의 신원공개 금지이고, 둘째 살인강도, 성폭력범죄, 유괴사건 등에서 피해자·신고자·증인 등의 신원공개 금지이고, 셋째 청소년성매매 피해자의 신원공개 금지 등이다.

소년법의 적용연령이 현행 12~19세에서 10~18세로 하향 조정되었다. 이에 따라 현재 어리다는 이유로 아무런 법적 조치를 받지 않던 만 10~11세 어린이들도 앞으로는 형사처벌의 대상이 된다. 형사처벌은 보호관찰, 사회봉사, 수감명령 등을 포함한다.

그리고 만 19세 청소년은 소년법이 아닌 성년과 같은 법 적용을 받게 된다. 개정안은 또 형사소송법상 국선변호인 제도와 마찬가지로 소년범의 인권보장을 위해 신체의 자유가 제한되어 있는 위탁소년에 대해서는 반드시 국선변호인을 선정하도록 규정하고 있다.

소년법 차원에서 문제가 되는 보도유형은 다음과 같다.

첫째, 일부 청소년의 비행을 전체의 것인 양 오인케 할 여지가 있는 자극적인 제목을 사용하는 유형이다. 언론은 국민의 알권리를 위한다는 명분하에 선정적인 제목 위주로 보도하고 편집하는 경우가 이 유형에 속한다.

둘째, 보호할 만한 가치가 있는 기관이나 단체의 이름을 공개하는 유형이다. 교육기관, 특히 중고등학교 이름을 피의사실 등 보도내용에 그대로 전개하는 경우 해당기관은 선의의 피해자가 되며 학교의 명예는 물론이고 학교 관계자 즉 재학생, 학부모, 졸업생 등에게까지 나쁜 영향을 미치게 된다.

셋째, 청소년 피의자의 이름·주소·사진·신원 등을 공개하는 유형이다. 이 유형은 가장 일반적인 사례로서 소년법상의 보도금지조항의 직접적인 위반에 해당한다 하겠다. 이 경우 구체적으로는 ① 성명·나이·주소·재학 중인 학교·학년 등 모든 인적사항을 완전히 공개하는 경우, ② 이름은 밝히지 않고 성과 나이만을 공표했으나 주소를 밝히는 경우, ③ 이름은 밝히지 않고 성과 나이만을 공표했으나 부모의 신원을 적시하거나 주변사항을 공표하여 누구인지를 알게 하는 경우가 포함된다.

이상의 논의를 종합해보면 다음과 같은 몇 가지 결론이 도출된다.

첫째, 우리나라의 경우 언론자유와 소년보호의 문제는 법적인 차원에서 해결하기보다는 윤리문제로 다루어지고 있다. 언론자유와 소년보호에 관한 법원판례가 없기 때문에 조화에 관한 법적 기준은 현재로서는 제시하기 어렵다.

둘째, 언론은 사회적 공기로서 소년의 인권을 보호하도록 만전을 기해야 한다. 소년은 전술한 바와 같이 나라의 희망이고 민족의 꿈이기 때문이다.

셋째, 소년법상의 보도금지조항은 시대의 변화에 따라 보다 적극적으로 해석될 필요성이 제기된다. 이 경우 시대변화란 ① 사회 환경의 변화, ② 매체환경의 변화, ③ 소년범의 급격한 증가 등을 포괄한다. 현대사회는 영상문화와 감성문화의 확산으로 쾌락주의·물질주의·감각주의가 범람하고 있고, 매체환경은 영상매체와 인터넷매체에 의해서 지배되고 있고, 그러한 환경 속에서 소년의 범죄가 급격히 증가하고 있다.

넷째, 소년의 보호는 이념과 국경을 초월해서 범세계적인 관심의 대상이 되고 있다.

2) 언론자유와 청소년보호법

언론자유와 청소년 보호가 실제로 충돌하는 경우는 유해환경으로부터 청소년을 보호하기 위한 매체 규제에서 발생한다. 청소년보호법은 제 1조에서 “청소년에게 유해한 매체물과 약물 등이 청소년에게 유통되는 것과 청소년이 유해한 업소에 출입하는 것 등을 규제하고, 청소년을 폭력·학대 등 청소년 유해행위를 포함한 각종 유해한 환경으로부터 보호·구제함으로써 청소년이 건전한 인격체로 성장할 수 있도록 함을 목적으로 한다”고 규정하고 있다.

이러한 목적하에 이 법은 청소년 유해방송물에 대한 등급제 실시와 방송 시간의 제한을 규정하고 있다. 방송계는 이 같은 규제에 대하여 사전검열의 위헌성을 제기하고 있다. 언론매체인 방송은 헌법상 특별한 보호를 받고 있는데, 방송프로그램을 국가기구가 사전에 심의한다는 것은 언론자유이념에 위반된다는 취지이다.

그리고 청소년보호법은 청소년 유해매체물을 청소년을 대상으로 판매·대여·배포하거나 시청·관람·이용에 제공하는 행위를 금지하고, 영리를 목적으로 그러한 행위를 하는 자에 대하여 형벌을 가하는 규정을 두고 있다. 그런데 무엇이 금지의 대상이 되는 청소년 유해매체물인지를 결정하는 것과 관련하여 이 법은 청소년보호위원회 또는 법령에 의하여 당해 매체물의 윤리성과 건전성을 심의할 수 있는 기관으로 하여금 매체물에 대한 유해 여부를 심의하여 청소년에게 유해하다고 인정되는 매체물에 대하여는 청소년 유해매체물로 결정하여야 한다고 규정하고 있다.

이에 따라 한국공연예술진흥협의회는 CD-ROM '스타크래프트'(Star Craft)를 폭력성이 높다는 이유로 청소년 유해매체물로 결정하였는데, 당해 사건의 피고인은 자신이 경영하는 피시게임방에서 청소년으로 하여금 '스타크래프트' 피시게임을 하게 하는 등 영리를 목적으로 청소년유해매체물을 청소년의 이용에 제공한 혐의로 법원에 기소되었고, 법원은 직권으로 헌법재판소에 위 청소년보호법 규정들에 대한 위헌법률심판을 제청하였다.

이에 대해 헌법재판소는 별칭 청소년유해물사건(2000. 6. 29) 판결에서 재판관 전원 일치된 의견으로 청소년 유해매체물 여부의 결정권한을 청소년보호위원회 등에게 부여한 것은 헌법에 위배되지 아니한다고 결정하였다.

이와 같은 헌법재판소의 결정에 따라서 청소년 유해매체물에 대한 국가기관에 의한 검열은 헌법적 보장을 받게 되었다. 언론에 의한 사전검열 논쟁도 자연스럽게 해소되었다.

국가기관에 의한 검열 외에 윤리위원회가 자발적으로 검열해서 제재하기도 한다. 신문은 신문윤리위원회가, 방송통신은 방송통신심의위원회가, 잡지는 잡지윤리위원회가, 도서는 간행물윤리위원회가, 광고는 광고윤리위원회가, 공연의 경우는 공연윤리위원회가 청소년유해매체물을 자율적으로 심의해서 제재하고 있다.

미국은 법원판결에 의해서 청소년 보호를 엄격하게 유지하고 있다. 미국법원은 Ginsberg v. U. S. 사건(1968)에서 청소년 보호를 처음으로 법원기준으로 채택한 후로 현재까지 청소년을 우선적으로 보호하고 있다.

독일은 청소년 보호를 실정법으로 엄격하게 다루고 있다. 독일사회는 '청소년유해간행물 반포에 관한 연방법'을 제정해서 어떤 미디어가 ① 성적 진행과정들을 난폭하고 강요적인 방법으로 중점적으로 부각하는 경우, ② 성적 진행과정의 객관적인 전체 경향이 주로 성욕고무에 목표를 둘 경우 외설물로 판정해서 처벌하도록 규정하고 있다. 그리고 동법은 음란하지 않다 하더라도 다음과 같이 성윤리를 왜곡시키는 경우에는 처벌하도록 규정하고 있다.

(1) 인간의 존엄성을 땅에 떨어뜨리는 방법으로 인간을 성적 대상으로만 추락시키는 경우
(2) 여성을 성적 대상물로 품위를 떨어뜨리는 경우
(3) 학대음란증을 음욕 촉진방법으로 선전하는 경우
(4) 성폭행을 음욕을 채우는 체험으로 시인하는 경우

독일사회는 형법 중 특별조항을 두어 "성폭행(및 폭력을 수반한 방법), 수간, 어린이를 사용하여 음란한 간행물을 제조·거래·공급·

비축·제공·광고·찬양한 자 및 그러한 행위를 알선하도록 위임받은 자"를 처벌하도록 규정하고 있다.

유해한 환경으로부터 청소년을 보호하는 정책은 범세계적인 현상이라고 말할 수 있다. 특히 뉴미디어의 등장과 더불어 인터넷 음란성의 수준이 위험수위에 도달하고 있다고 판단된다. 인터넷음란물의 경우, 법적 규제, 기술적 규제, 윤리적 규제 등이 현실적 어려움에 봉착하고 있어서 언론자유와 청소년 보호에 새로운 문제를 제기하고 있다.

제 8 장

언론자유와 사회적 권리 보호

언론자유가 다른 권리와 갈등하는 두 번째 국면은 사회적 권리와의 갈등이다. 언론자유가 갈등하는 사회적 권리로서는 ① 일반사회질서의 보호, ② 선거질서의 보호, ③ 법정질서의 보호, ④ 의회질서의 보호, ⑤ 미풍양속의 보호 등이 있다.

우리나라의 헌법은 언론자유와 사회질서의 보호를 동시에 보장하고 있다. 언론자유를 보장하는 헌법조항으로서는 제 10조, 제 21조 1항과 2항, 제 37조 1항 등이 있고, 사회질서의 보호를 규정하는 헌법조항으로서는 제 21조 4항과 제 37조 2항 등이 있다. 사회질서의 보호를 규정하는 헌법조항의 내용을 소개하면 다음과 같다.

(1) 제 21조 4항 — 언론 · 출판은 타인의 명예나 권리 또는 공중도덕이나 사회윤리를 침해하여서는 아니된다. 언론 · 출판이 타인의 명예나 권리를 침해한 때에는 피해자는 이에 대한 피해의 배상을 청구할 수 있다.

(2) 제 37조 2항 — 국민의 모든 자유와 권리는 국가안전보장 · 질서유지 또는 공공복리를 위하여 필요한 경우에 한하여 법률로써

제한할 수 있으며, 제한하는 경우에도 자유와 권리의 본질적인 내용을 침해할 수 없다.

헌법에서 보장하는 사회질서란 공중도덕이나 사회윤리 또는 질서유지와 공공복리 등을 의미한다. 다르게 표현하면, 헌법에서 보장하는 사회질서란 공공의 안녕이나 질서의 유지와 타인이 향유할 수 있는 행복추구의 권리 등을 포괄한다.

언론자유와 사회질서의 보호가 충돌할 경우 조화의 원칙을 찾는 노력은 다양하다. 첫째, 사회질서의 보호를 규정하는 법률이 구체적으로 조화의 기준들을 제시한다.

둘째, 법의 기준이 명확하지 않거나 법령에 대한 해석을 달리할 수 있는 경우에는 법원이 최종적으로 기준에 관한 판결을 제시한다. 이 경우, 법원은 이익을 비교형량하여 조화의 기준을 제시한다. 이것을 '이익의 비교형량원칙'이라 부른다.

셋째, 언론법학자들이 이론적으로 연구하여 학문적인 기준을 제시하기도 한다. 미국의 세계적인 언론법학자인 토머스 에머슨(Thomas Emerson) 교수는 언론자유와 사회질서가 갈등할 경우 그 갈등을 조화롭게 해결하기 위해서는 사상표현과 행동표출을 엄격하게 구분해서 법을 적용해야 한다고 주장한다. 이것을 '에머슨 명제'라고 부른다.

마지막으로, 해당기관들의 윤리강령이 언론자유와 사회질서의 보호가 충돌할 경우 조화의 기준들을 제시한다. 윤리기준은 법적 강제력이 없다.

1. 언론자유와 일반사회질서의 보호

1) 언론자유와 집회와 시위에 관한 법률

집회와 시위에 관한 법률은 적법한 집회 및 시위를 최대한으로 보장하고 위법한 시위로부터 국민을 보호함으로써 집회 및 시위의 권리 보장과 공공의 안녕질서가 적절히 조화되게 함을 목적으로 한다. 따라서 이 법의 궁극적 목적은 사회질서를 보호하는 데 있지 언론의 자유를 제한하는 데 있다고 말하기 어렵다.

그러나 법을 집행하는 과정에서 언론자유와 질서유지가 갈등할 수 있는 소지가 발생하게 된다. 언론자유와 갈등할 수 있는 집시법 조항을 예시하면 제 3조(집회 및 시위에 대한 방해금지), 제 5조(집회 및 시위의 금지), 제 6조(옥외집회 및 시위의 신고 등), 제 10조(옥외집회와 시위의 금지시간), 제 11조(옥외집회와 시위의 금지장소), 제 12조(교통소통을 위한 제한), 제 13조(질서유지선의 설정), 제 14조(확성기 등 사용의 제한) 등이다.

언론자유와 일반사회질서의 보호와 관련해서 법원이 판결로써 제시한 기준들을 제시하면 다음과 같다.

(1) 집회에서 발생하는 소음이 지나칠 경우 집회에 대한 자유를 제한할 수 있다(2002).
(2) 즉흥적이고 우발적인 집회 또는 시위는 신고대상이 되지 않는다(1990).
(3) 외교기관 주변에서의 집회 및 시위는 공공의 안녕질서에 대한 명백한 위협이 없는 한 허용되어야 한다(2002).
(4) 시위자들이 죄수복 형태의 옷을 집단적으로 착용하고 포승으로

신체를 결박한 채 행진하려는 것은 사전신고의 대상이 된다(2002).

(5) 대학 당국의 사전승낙 없이 대학 구내에 들어가 파업행사 등을 벌인 경우 건조물침입죄에 해당한다(2003).

(6) 건강검진 결과의 조작의혹 등과 관련해 병원 앞에서 장기적으로 시위를 벌인 것은 근로자들의 사적 이익을 위한 것으로 금지되어야 한다(2002).

(7) 사업장 내에서 허가 없이 유인물을 배포한 경우 징계하는 회사의 규정은 언론자유를 침해하지 않는다(1994).

(8) 시위방법이 경찰서에 신고된 내용과 다소 다르다고 해서 이를 무조건 저지하는 것은 위법이다(1996).

(9) 과격한 내용이나 다중의 위력을 통한 폭행협박이 없는 시위는 집시법에서 규정한 소정의 시위에 해당되지 않는다(2003).

(10) 옥외집회를 할 때 경찰에 미리 신고하도록 한 집시법조항은 헌법에 위반되지 않는다(헌법재판소 결정, 2009. 5. 28).

국가인권위원회는 2009년 6월 9일 국회의장과 국회 행정인권위원장에게 집시법 개정안 중 ① 생명을 위협하거나 신체를 해칠 수 있는 물건을 집회 또는 시위에 사용할 목적으로 제조·보관·운반하는 행위금지, ② 복면 등 착용금지, ③ 통고만 한 뒤 이뤄지는 영상촬영, ④ 소음규제강화 규정, ⑤ 과료삭제 및 벌금액 상향 등 5가지 규정이 집회와 시위의 자유를 과도하게 제한할 우려가 있다고 판단되어 삭제를 권고했다. 인권위의 이러한 권고는 학계와 언론계에 의해서 심각한 논란의 대상이 되고 있다.

현재 우리 사회는 집회와 시위의 자유는 어디까지인가를 묻고 있다. 도로를 막고 하는 집회와 시위의 문제, 기업체의 정문을 봉쇄하고 하는 농성과 시위의 문제, 서울광장에서 벌어지는 정치집회의 문제, 야간촛불시위의 문제, 학생회의 총장실 점거농성의 문제 등이 대표적 사례들이다.

2) 언론자유와 경범죄처벌법

실제생활에서 언론자유와 경범죄처벌법이 상충하는 사례는 제 1장 제 9조(출판물의 부당게재 등), 제 11조(허위광고), 제 24조(불안감 조성), 제 25조(음주소란 등), 제 26조(인근소란 등), 제 40조(야간통행제한위반), 제 41조(과다노출), 제 53조(장난전화 등) 등이다. 열거한 법률사항은 출판물에 대한 제한, 광고나 자기표현 등에 대한 제한 등의 내용으로 기본적인 표현의 자유와 상충될 수 있는 여지를 안고 있다.

이와 같이 두 권리가 갈등할 경우 해당법률이 조화의 기준을 제시하든지, 법원판결이 기준을 제시하든지, 학문적 이론이 기준을 제시하든지, 윤리강령이 기준을 제시하든지 4가지 방법이 있게 된다. 그 중에서도 가장 중요하고 보편적인 방법은 법원이 판결로써 제시하는 조화의 기준이라 하겠다.

대표적인 법원판결의 사례를 소개하면 다음과 같다.

(1) 불안감 조성과 소란을 피우는 시위는 유죄다(2002).

2002년 8월 20일 대검 정문 앞에서 시위를 벌이던 배모씨(60)와 이모씨(57) 부부에 대해 서초경찰서장은 즉결심판에 넘겼다. 이들 부부는 250여 일째 검찰총장 면담을 요구하며 대검 정문 앞에서 시위를 벌여오다가 이날은 대검직원들이 자진퇴거를 요구하자 고성을 지르고 거세게 항의하며 몸싸움을 벌였다.

즉심에서 서울지법판사는 1시간가량 이들 부부의 주장하는 바를

들은 뒤 “검찰총장이 해결할 수 있는 일이 아닌 것 같으니 다른 방법을 찾아보라”고 설득했지만 배씨는 계속 시위를 벌이겠다고 답하자 경범죄처벌법상 불안감 조성죄와 인근소란죄를 적용해 배씨에게 구류 15일, 이씨에게는 구류 10일을 선고하고 유치명령 5일을 명했다.

(2) 혐오스런 1인 시위는 유죄다(2002).

민주노총 회원인 40대 남성이 2001년 4월 서울광화문 앞에서 1인 시위를 벌였다. 이 남성은 머리에서 발끝까지 하얀 붕대를 감고 해골을 그린 마스크와 선글라스를 착용하고 ‘레미콘 노동자들에 대해 합법노조를 인정해 달라’며 시위를 벌인 혐의로 기소됐다. 대법원 형사3부는 다른 사람들에게 혐오감을 줄 수 있는 방식의 시위는 경범죄처벌법 위반이라며 상고심 선고공판에서 벌금 3만원을 선고한 원심을 확정했다.

(3) 알몸을 드러낸 무대에서의 광고행위는 유죄다(2003).

요구르트 제품의 홍보를 위하여 전라의 여성누드모델들이 일반관람객과 기자 등 수십 명이 있는 자리에서, 알몸에 밀가루를 바르고 무대에 나와 분무기로 요구르트를 몸에 뿌려 밀가루를 벗겨내는 방법으로 알몸을 완전히 드러낸 채 음부 및 유방 등이 노출된 상태에서 무대를 돌며 관람객들을 향하여 요구르트를 던진 행위는 경범죄처벌법상 공연음란죄에 해당된다고 판결한 사례이다.

(4) 말다툼을 한 후 항의의 표시로 엉덩이를 노출시킨 행위는 유죄다.

신체의 노출행위가 있었다고 하더라도 그 일시와 장소, 노출부위, 노출방법과 정도, 노출동기와 경위 등 구체적 사정에 비추어, 그것이 일반 보통인의 성욕을 자극하여 성적흥분을 유발하고 정상적인 수치심을 해하는 것이 아니라 단순히 다른 사람에게 부끄러운 느낌이나 불쾌감을 주는 정도에 불과하다고 인정되는 경우 그와 같은 행위는 경범죄처벌법 제 1조 41호에 해당할지언정, 형법 제 243조의 음란행위에 해당한다고 할 수 없다고 판결한 사례이다.

(5) 지하철 전동차 구내에서 한 선교행위를 경범죄처벌법상 인근소란죄로 볼 수 있느냐에 대한 판결

"피고인이 한 구체적인 선교행위의 내용과 방법, 소란의 정도, 피고인의 선교행위로 인하여 그 전동차에 탑승한 승객들의 평온한 공공시설 이용권이 어느 정도로 침해되었고 그 수인한도를 얼마나 초과한 것인지 여부 등에 관하여 이를 심사할 아무런 자료도 없는 이 사건에서, 막연히 전동차 구내에서 선교활동을 하였다는 정도만으로 피고인에 대하여 유죄를 인정한 원심판결에는 종교와 선교의 자유 및 경범죄처벌법에 관한 법리를 오해하여 심리를 다하지 아니한 위법이 있다고 할 것이고 이 점을 지적하는 취지의 상고이유의 주장은 이유 있다. 그러므로 원심법원으로 환송하기로 판결한다."

표현자유와 경범죄처벌과 관련해서 제기되는 문제는 다음과 같다.

(1) 공중도덕이나 사회윤리의 기준은 어디까지인가. 공중도덕이나 사회윤리도 시대에 따라서 변화하는 현상이다.
(2) 개인의 취향을 법으로 규제할 수 있는가. 혐오감을 주는 머리 스타일, 의상, 문신 등을 법으로 규제해야 하는가. 법으로 규제할 경우 혐오성의 정도는 어디까지인가.
(3) 사상표현의 한 방법으로 동원한 신체노출을 어떻게 보아야하는가. 이 경우, 신체노출의 정도는 어디까지인가.

(4) 공공장소에서의 선교행위를 어떻게 볼 것인가. 개인의 사생활권과 종교의 자유는 어떻게 충돌하고 어떻게 조화를 이루는가.
(5) 최근 사회적인 문제가 되고 있는 지속적인 괴롭힘, 즉 스토킹 문제를 어떻게 보아야 하는가. 스토킹도 표현의 한 형태인가.

3) 언론자유와 도로교통법

도로교통법의 목적은 도로에서 일어나는 교통상의 모든 위험과 장해를 방지하고 제거하여 안전하고 원활한 교통을 확보함에 있기 때문에 언론자유와는 직접적인 충돌관계가 발생하기 어렵다. 그리고 도로교통법은 사건을 취재하는 취재차량에 대해서는 대단히 관대한 입장을 취하고 있다고 말할 수 있다. 그러나 도로교통법이 규정하는 차량의 진입이나 주정차 관계조항들은 취재현장에 도착한 취재차량의 취재활동을 간접적으로 제한함으로써 언론자유에 대한 간접적인 통제 상황이 될 수도 있음을 부인하기 어렵다. 언론자유와 도로교통법 관계의 법원판례는 현재까지는 없는 것 같다.

2. 언론자유와 선거질서의 보호

민주주의(民主主義)란 문자 그대로 백성(民)이 나라의 주인(主)이 되는 정치이념을 의미한다. 백성이 나라의 주인이 되기 위해서는 나라살림에 대하여 바르게 알아야 한다. 백성이 나라살림에 대하여 바르게 알지 못하면 주권을 바르게 행사할 수 없기 때문이다. 백성이 나라살림에 대하여 알 수 있는 길은 현실적으로 언론밖에 없다고 말할 수 있다. 그러니까 백성은 언론을 통해서 나라살림에 대하여 알게 되는 것이다. 민주주의의 구현을 위해서 언론이 중요한 이유가 바로 여기에 있다고 하겠다. 월터 리프먼(Walter Lippmann)은 언론을 '민주주의의 성서'라고 표현한 바 있다.

오늘날 대부분의 민주주의국가에서 국민이 국가의 정책결정에 직접적으로 참여하는 경우는 드물다. 국민은 선거를 통해서 국가의 정책결정에 참여하게 되는 것이다. 국민은 선거를 통해서 행정부의 수반인 대통령과 입법부의 의원과 지자체의 구성원들을 선출하는 것이다. 이러한 이유 때문에 선거는 '민주주의의 꽃'이라고 부른다.

우리나라의 헌법은 언론자유를 보장하고 있고, 우리나라의 공직선거 및 선거부정방지법(이하 선거법)은 공평하고 공정한 선거질서의 보호를 규정하고 있다. 민주주의의 현실적인 구현은 공명한 선거질서에 의해서 달성된다. 이 경우, 공명한 선거질서의 구체적인 알맹이는 선거질서를 준수하는 데 있다고 보겠다.

그런 뜻에서, 사회의 공기인 언론의 영향력과 책임은 막중하다. 경우에 따라서는 국민의 알권리를 위한 언론자유와 공정한 선거질서의 확립을 위한 선거법조항 간에는 갈등관계가 발생할 수 있다. 실제로 두 권리 간의 갈등관계가 법정까지 간 사례들도 존재한다. 그러나 선거법의 기본정신을 볼 때 선거법에 있는 언론관계 규제는 전통적인 의미에서 언론에 대한 제한법이라고 보기보다는 일반적인 권리규제와 같은 의미에서 언론의 선거질서적 책임이라고 보는 것이 더욱 타당하다고 판단된다.

1) 선거기간과 선거운동 제한의 문제

우리나라의 선거법은 돈이나 권력에 의한 후보자의 경쟁력 편차를 최소화하기 위하여 선거기간을 짧게 하고 선거운동 방법을 극도로 제한하고 있다. 선거법의 이러한 규정은 선거의 공정성을 구현하는 데는 긍정적인 기여를 하지만 반대로 유권자에 대한 충분한 정보제공을 할 수 없다는 부정적인 측면을 동시에 지니고 있다.

이러한 부정적 측면을 보완하기 위해서 선거법은 언론매체를 통한 선거보도를 적극 제안하고 있다. 그러나 선거보도가 선거운동이 되지 않기 위해서는 선거법이 정하는 기간 내에 특정후보자의 당락을 목표하고 있는가의 여부를 판별해야 하는데 이것은 대단히 어려운 과제가 아닐 수 없다. 실제로 선거보도는 특정후보에 대하여 아무리 객관적으로 이루어졌다 하더라도 일단 보도되면 그 후보에게 유리 또는 불리하게 작용하게 되는 것이다.

이러한 차원에서, 선거법은 공정한 선거질서의 확립을 위해서 선거기간을 어떻게 설정해야 하고, 선거운동을 어떻게 제한해야 하고, 선거보도를 어떻게 설정해야 하는가의 문제들을 안게 된다. 선거법이 이러한 문제점을 어떻게 해결하느냐에 따라 국민의 알권리를 위한 언론자유에 대한 간접적인 제한 문제가 개선되기 때문이다.

선거법 제82조(언론기관의 후보자 등 초청 대담·토론회)는 대통령선거에서는 선거일 전 1년부터, 국회의원선거 또는 지방자치단체의 장선거에서는 선거일 전 60일부터 선거기간 개시일 전일까지 후보자가 되고자 하는 자를 초청하여 대담·토론회를 개최하고 이를 보도할 수 있으며 이 경우 대담·토론회의 방송일시와 진행방법 등을 중앙선거관리위원회 규칙이 정하는 바에 따라 관할선거관리위원회에 통보하여야 한다고 규정하고 있다.

선거법 제93조(탈법방법에 의한 문서·도화의 배부·게시 등 금지)는 누구든지 선거일 전 180일부터 선거일까지 선거에 영향을 미치게 하기 위하여 이 법의 규정에 의하지 아니하고는 정당 또는 내용이 포함되어 있거나 정당의 명칭 또는 후보자의 성명을 나타내는 광고, 인

사장, 벽보, 사진, 문서·도화인쇄물이나 녹음·녹화테이프 기타 이와 유사한 것은 배부·첩부·살포·상영 또는 게시할 수 없다고 규정하고 있다.

앞의 조항을 살펴보면, 국민의 알권리는 선거법 제82조 1항에 따라서 대통령선거는 선거일 전 1년, 그 밖에는 선거일 전 60일이 되어야만 실현가능하게 된다는 점이다. 바꾸어 말하면, 그 이전에는 국민이 언론기관을 통해서 후보자 또는 정당의 정강·정책에 대해 알고 싶어도 알 수 있는 방법이 없다는 뜻이다. 이러한 관계 속에서 국민의 알권리가 지나치게 제한된다는 비판이 제기될 수 있다.

그리고 선거법은 방송시설이 대담·토론회를 개최하고 이를 방송하고자 하는 때에는 대담·토론회의 방송일시와 진행방법 등을 중앙선거관리위원회의 규칙이 정하는 바에 따라 관할선거구 선거관리위원회에 통보하도록 규정하고 있다. 이 규정 역시 언론자유의 핵심인 취재·보도의 자유를 위축시킬 수 있는 가능성을 안고 있다고 지적된다.

선거법 제93조 1항은 선거일 전 180일부터 선거일까지 정당 또는 후보자에 대한 국민의 의사표현 자체를 엄격히 제한하고 있다. 예를 들어, 특정후보에 대한 지지를 자신의 인터넷 홈페이지에 게시하거나, 광고 혹은 현수막이나 벽보, 심지어 표찰로 표현할 경우 모두 선거법 위반이 되며, 2년 이하의 징역이나 400만 원 이하의 벌금형에 처할 수 있다. 이 조항 역시 운용 여하에 따라서는 국민의 의사표현의 자유를 위축시킬 수 있다고 평가된다.

2) 선거보도의 공정성 문제

언론매체에 의한 선거보도라 하더라도 그것이 허위보도나 사실왜곡, 이러한 사실에 기초한 평론을 할 경우 공정성의 결여로서 선거법

제96조 위반으로 처벌을 받는다.

선거법에서 규정하는 공정성이란 '실질적 형평의 원칙'에 기반을 둔 공정성이지 '절대적 형평의 원칙'에 기반을 둔 공정성이 아니다. 따라서 언론매체는 모든 정당과 후보에게 무조건 똑같은 배려를 할 필요성은 없다 하겠다.

헌법재판소는 1997년 제15대 대통령선거에 즈음하여 공영방송 초청 후보자 토론회에 초청받지 못한 권영길 후보 등 3인이 공무담임권과 평등권 침해를 이유로 헌법소원을 청구한 사건에서 재판부는 "합리적인 근거가 있는 차별은 평등의 원칙에 반하는 것이 아니며, 선거운동의 기회균등원칙도 합리적 근거가 없는 자의적 차별 내지 차등만을 금지하는 것"이라고 말하고, "토론위원회가 방송토론의 장점을 극대화하고 대담, 토론의 본래 취지를 살리기 위해 공직선거법이 부여한 재량범위 내에서 후보자 선정기준으로서 최소한의 당선가능성과 주요정당의 추천에 입각한 소수의 후보자를 선정한 것은 비합리적이고 자의적이라고 할 수 없다"고 판결했다(1998. 8. 27).

3) 여론조사보도의 문제

선거에서 여론의 중요성은 아무리 강조해도 지나치지 않는다. 선거의 주체로서 국민은 정당이나 후보자에 대하여 직접적으로 알 수 있는 길은 거의 없다 하겠다. 정당이나 후보자에 대한 기초정보는 여론조사에 의해서 습득된다.

국민은 여론조사의 결과에 따라서 정당이나 후보자를 결정한다. 여론조사는 정당이나 후보자에 대한 의사표현의 중요한 창구가 된다는 뜻이다. 그리고 국민은 여론조사를 통해서 국민의 알권리를 실현한다 하겠다.

이와 같이, 여론조사는 사상표현의 자유와 국민의 알권리로 대표되는 언론자유와 직결된다. 따라서 여론조사를 실시하는 권리와 여론조사의 결과를 보도하는 자유는 헌법이 보장하는 언론자유의 테두리 내에 포함된다고 말할 수 있다.

여론조사가 선거를 위해 긍정적인 기능을 수행하기 위해서는 반드시 정확하고 공정하게 이루어져야 한다. 정확하고 공정하지 못한 여론조사는 선거질서를 훼손하는 부정적 요소가 된다.

여기에 여론조사 보도의 자유와 공정한 선거질서의 유지 간에 갈등이 발생한다. 여론조사 보도의 자유를 강조하면 공정한 선거질서가 훼손될 수 있고, 그 반대로 공정한 선거질서의 유지를 지나치게 강조하면 여론조사 보도의 자유가 위축될 수밖에 없는 것이다.

〈중앙일보〉가 1992년 그 해 실시될 제14대 대통령선거 출마예상자들에 대한 여론조사를 실시, 6월 19일자 신문에 그 결과를 보도하자 중앙선거관리위원회는 이를 '선거법 위반'이라는 유권해석을 내렸다 〈중앙일보〉와 한국신문편집인협회는 이에 항의하여 소원심판을 청구했다. 헌법재판소는 1995년 7월 21일 다음과 같이 판결했다.

(1) 민주국가에서 여론의 중요성은 특별한 의미를 갖는다. 이 같은 여론을 정확히 파악하고 표출하기 위한 여론조사는 선거와 밀접한 관련을 갖고 있다. 우선 국민은 여론조사를 통해 정당이나 정치인에 대한 자신의 의사를 표명, 간접적으로 국정에 참여할 수 있고, 정당이나 정치인은 자신들에 대한 국민의 평가를 파악하여 보완할 수 있다. 여론조사의 예비선거적 기능과 선거에 대한 관심촉구의 기능도 적지 않다.

(2) 부정적인 측면도 적지 않다. 여론조사결과가 공표되면서 투표자가 승산이 있는 사람으로 쏠리게 되는 밴드왜건 효과(*band-*

wagon effect)와 불리한 편에 동정하는 열세자 효과(*underdog effect*)가 나타나 국민의 진의와 다른 선거결과가 나올 수 있다. 여론조사가 고의든 실수든 불공정하고 무책임하게 나올 수 있으므로 이로 인한 폐해를 부정할 수 없다. 이 같은 사정은 그 동안의 여론조사결과가 사실과 다른 경우가 많았고 조사기관에 따라 큰 편차를 보인 경우도 많았다는 점에서도 알 수 있다.

(3) 외국과 같이 여론조사의 정도(正道)를 높이기 위해 따로 법률을 제정하든지 선관위 등이 이를 감시·감독하도록 하는 것 같은 장치가 없으므로 선거에 가장 영향이 클 것으로 보이는 선거일 전 일정기간 동안 선거여론조사의 결과 공표를 금하는 것은 어쩔 수 없다.

4) 선거운동기간 전 언론사의 후보자 대담 및 토론의 문제

선거법은 선거운동기간 전 언론사의 후보자 대담 및 토론회에 대하여 명확하게 규정하지 않고 있다. 따라서 선거운동기간 전 언론사의 후보자 대담 및 토론회 문제는 논란의 대상이 되었다. 언론자유론자들은 선거운동기간 전이든 기간 동안이든 언론사의 후보자 대담 및 토론회를 찬성하는 데 반하여 선거질서론자들은 공정한 선거를 위해서 반대의 입장을 취했다.

언론사들은 선거운동기간 훨씬 전인 2002년 2월 대통령후보 예정자들과의 대담 및 토론회를 개최한 바 있고 이는 선거법 위반이란 논란을 야기했다. 서울고법은 1997년 10월 29일 이 문제에 대하여 다음과 같이 판시했다.

"방송사 등 언론기관에는 선거에 관한 보도 또는 논평의 자유가 보장되고 있으므로 방송사가 후보 예상자들을 초청하여 대담 및 토론회 등을 개최하고 이를 방영하는 것은 선거관련 법규나 방송법 등 법률에 위배되는 등 특별한 사정이 없는 한 언론의 자유와 국민의 알권리 충족 차원에서 허용되어야 할 것인바, 선거법 제82조가 선거운동기간 중 언론기관 초청 대담 및 토론회에 관하여 규정하고 있다 하더라도 선거운동기간 전의 입후보 예정자 초청대담 및 토론회가 법 제254조 2항 2호에 위반되지 않는 경우까지 금지되는 것으로 볼 수 없다."

5) 언론기관의 범위 문제

선거법은 선거보도를 할 수 있는 언론기관으로 "텔레비전 및 라디오 방송시설과 신문법에 의한 정간물과 인터넷언론사"라고 규정하고 있다. 방송은 엄격한 허가제로 되어있기 때문에 방송법에 의해 허가를 받지 않은 방송은 후보자 대담 및 토론, 보도를 할 수 없게 되어 있다.

그러나 정간물과 인터넷언론의 경우에는 신문법에 등록되지 않은 매체가 얼마든지 존재한다. 이 경우, 신문법에 등록되지 않은 매체에게 후보자 대담이나 토론 그리고 보도할 수 있는 자격이나 권한이 있느냐의 문제가 제기된다.

2002년 2월 5일 인터넷신문인 〈오마이뉴스〉는 당시 민주당 대통령 후보 경선에 나선 노무현 후보를 초청, 공개인터뷰를 가지려다 선거법상 언론기관이 아니라는 이유로 선관위에 의해서 무산되자 언론자유의 본질적 내용이 침해되었다고 헌재에 헌법소원을 제기했다.

이에 대해 문화관광부는 9일 〈오마이뉴스〉에 공문을 보내 인터넷신문은 현행정간법상의 정간물은 아니지만, 〈오마이뉴스〉의 보도내용과 사회적 역할 등을 고려해볼 때 사실상 언론의 기능을 수행하는 '새로운 형태의 언론'임을 인정했다. 정부의 이러한 해석은 정간물 등록을 하지 않아도 언론기관으로 인정될 수 있다는 사실을 확인한 셈이다. 그러니까 언론기관이란 방송법이나 신문법에 등록된 기관인가의 여부가 아니라 국민의 의견 형성에 기여하는 정보제공의 기능을 수행하는 매체인가의 여부로 판단되어야 함을 말해준다 하겠다.

6) 선거보도와 후보자의 인격권문제

공직후보자는 국민의 선택을 받아 공직에 취임하려 하는 자이기 때문에 국민의 선택에 필요한 모든 것의 노출을 각오해야 한다. 국민은 이들을 선택함으로써 자기통치를 실현하기 때문에 후보자에 대한 전인격적 판단을 필요로 한다.

선거법은 제251조에서 "당선되거나 되게 하거나 되지 못하게 할 목적으로 연설 · 방송 · 신문 · 통신 · 잡지 · 벽보 · 선전문서 기타의 방법으로 공연히 사실을 적시하여 후보자, 그의 배우자 또는 직계존비속이나 형제자매를 비방한 자는 3년 이하의 징역 또는 500만 원 이하의 벌금에 처한다. 다만, 진실한 사실로서 공공의 이익에 관한 때에는 처벌하지 아니한다"라고 규정하고 있다.

하지만, 이 규정은 종종 사적 이익을 위한 후보자 비방과 공공의 이익을 위한 사실의 적시를 구분하는 경계의 모호함으로 인해 논란의 대상이 되고 있다. 이러한 경우에는 법원이 최소한의 기준을 제시하게 된다. 대법원 사례를 몇 가지 제시하면 다음과 같다.

(1) 피고인이 상대후보의 전과 사실을 적시한 것은 진실한 사실로서 공공의 이익에 관한 때에 해당하므로 상대후보의 평가를 저하시켜 스스로가 당선되려는 사적 이익도 동기가 되었지만, 유권자들에게 상대후보자의 자질에 대한 자료를 제공함으로써 적

절한 투표권을 행사하도록 하려는 공공의 이익도 한 동기가 되었다고 보는 것이 상당하다(1996. 6. 28).

(2) 후보자 연설 내용 중 다른 정당후보자의 오래전의 이혼과정을 그릇되게 추단하도록 하는 부분(어떻게 이혼을 했는지 그 소문을 이 자리에서 입이 부끄러워서 이야기하지 않겠습니다)은 위 후보자를 비방하는 것으로서 위법성이 조각되지 않는다(2002. 6. 14).

(3) "다른 정당의 후보자의 처가 의료법을 위반했음에도 벌금을 낸 적이 없다"는 부분은 구체적인 사실을 적시하고 있고 전체적으로 볼 때 진실한 사실로서 공공의 이익에 관한 때에 해당하므로 위법성이 조각된다(2002. 6. 14).

7) 과제와 전망

우리 헌법 제37조 2항은 "국민의 모든 자유와 권리는 국가안정보장, 질서유지 또는 공공복리를 위하여 필요한 경우에 한하여 법률로써 제한할 수 있으며, 제한하는 경우에도 자유와 권리의 본질적인 내용을 침해할 수 없다"고 규정하고 있다.

이 헌법정신에 따라서, 언론자유 역시 하위법인 선거법에 의해서 제한될 수 있는 것이다. 상위법에 의해서 보장받는 언론자유가 하위법인 선거법에 의해서 제한받을 경우 2가지 요건을 준수해야 한다. 첫째, 선거법은 언론자유와 권리의 본질적인 내용을 침해해서는 안되고, 둘째, 언론자유에 대한 선거법의 제한은 최소한에 그쳐야 한다는 점이다.

선거과정의 공정성과 선거과정의 자율성은 상호배타적 개념이라기보다는 상호보완적 개념으로 이해됨이 바람직스럽다. 따라서 전자를 위해서 후자를 희생한다든지 아니면 후자를 위해서 전자를 희생시키는 인식은 언론자유와 선거질서 확립을 위해서 바람직스럽지 못하다고 판단된다.

이 2가지 명제 가운데, 어느 명제를 선거법이 보다 강조하느냐의 문제는 전적으로 선거가 이루어지는 그 사회의 수준과 직결된다 하겠다. 사회가 보다 성숙하고 선진화되면 선거과정의 자율성이 보다 강조되는 것이고, 반대로 사회가 미숙하고 후진적이면 선거과정의 공정성이 보다 강조되는 것이다. 사회의 수준 가운데 언론의 수준은 특별한 의미를 가진다 하겠다.

현행 선거법이 가지는 가장 큰 문제점의 하나는 표현의 모호성에 있다. 예를 들어 '선거결과에 영향을 미칠 의도가 있느냐 없느냐'의 기준은 현실적으로 대단히 모호하다. 단순히 사실을 적시하는 표현조차 상황에 따라서는 상대에 대한 비방이 되기도 하고, 또는 자신에 대한 홍보가 되기도 한다. 선거결과에 영향을 미칠 의도가 없는 정치적 의사표현이란 도대체 어떤 표현이고 또는 어떻게 가능한지 모호하기 짝이 없다.

따라서 상대방에 대한 명백한 비방이나 허위사실 유포와 같은 위반사실의 경우에는 선거법에 따라 엄격하게 처벌하지만 일반적인 선거관련 보도 등은 헌법이 보장하는 언론자유에 맡기는 것이 바람직하다고 판단된다. 이 경우 선거보도의 정확성, 객관성, 공정성의 중요성은 아무리 강조해도 지나치지 않는다. 왜냐하면 선거보도의 공정성은 선거의 공정성이고, 이는 곧 국가의 미래를 담보하는 객관적 공정성이 되기 때문이다.

한 사회가 유지하는 선거의 수준은 국민의 수준을 그대로 반영한다. 그러니까 국민의 수준을 뛰어넘는 선거의 수준이란 존재하지 않는다는 뜻이다. "내 주권은 내가 지킨다"는 국민의 의식전환이 시급히 요청된다. 우리 국민이 선거권자로서 바로 서게 될 때, 언론의 선거보도도 공정성을 찾게 되고, 선거질서도 공정하고 자율적으로 구현되기 때문이다.

3. 언론자유와 법정질서의 보호

언론자유와 법정질서의 보호는 민주주의를 구현하는 데에 필수적 요건들이다. 민주주의는 언론자유를 먹고 자란다고 말할 수 있고, 한 나라의 민주주의 수준은 그 나라의 언론자유 수준과 정비례한다고 말한다. 이와 같이 언론자유는 민주주의의 동인이며 척도가 된다.

민주주의는 또한 법치주의를 근간으로 운영된다. 이 경우, 법치주의란 크게 보면 사법부의 독립 등을 의미하고, 작게 보면 신속하고 공정한 재판 과정을 의미한다. 법정질서의 보호는 법원이 공정한 재판을 구현하는 데에 필수적인 요건이 된다.

따라서 언론자유와 법정질서의 보호는 법에 의해서 보장되고 있다. 언론자유는 헌법에 의해서 보장되고 있고, 법정질서의 보호는 형법과 법원조직법 등에 의해서 보장되고 있다.

법정질서를 보호하기 위해서는 법원이나 재판장의 권위가 우선 인정되어야 한다. 따라서 법은 법원과 재판장의 권위와 질서를 침해하는 행위를 사전 또는 사후적으로 제한하고 처벌하게 된다. 이러한 과정에서 헌법이 보장하는 언론자유와 충돌하는 경우가 발생하게 된다.

1) 언론자유와 법정모욕

법정모욕이란 법원의 권위를 침해하는 제반 행위를 말한다. 나라에 따라서 차이가 있지만 법정모욕이란 일반적으로 ① 법정질서를 방해하는 행위, ② 재판 및 재판장을 비방하는 행위, ③ 재판결과에 불복종하는 행위, ④ 재판장의 명령에 불복종하는 행위 등을 의미한다.

우리나라의 형법 제138조는 법원의 재판을 방해 또는 위협할 목적으로 법정이나 그 부근에서 모욕 또는 소동한 자는 3년 이하의 징역 또는 700만원 이하의 벌금에 처한다고 규정하고 있다. 법원조직법 제58조는 법정질서의 권한을 재판장에게 부여하고 재판장은 법정의 존엄과 질서를 해할 우려가 있는 자의 입정금지 또는 퇴정을 명하거나 기타 법정의 질서유지에 필요한 명령을 발할 수 있도록 규정하고 있다.

법원조직법 제59조는 법정 안에서는 재판장의 허가 없이 녹화·촬영·중계방송 등의 행위를 하지 못하도록 규정하고 있다. 법원조직법 제61조는 법원이 직권으로 법정 내외에서 제58조의 명령이나 제59조에서 금지한 행위를 하거나 폭언소란 등의 행위로 법원의 심리를 방해하거나 재판의 위신을 현저하게 훼손한 자에 대하여 20일 이내의 감치 또는 100만원이하의 과태료에 처하거나 이를 병과할 수 있도록 규정하고 있다.

이 밖에 법정에서의 방청·촬영 등에 관한 대법원 규칙 제502호는 방청인에 대해서도 준수사항과 제지 및 퇴장명령의 대상이 되는 행위들을 구체적으로 적시해놓고 있다. 이 규칙은 법정 경위가 방청인의 의복이나 소지품을 검사할 수 있도록 하고 심지어 모자나 외투를 착용한 자, 음식 또는 흡연을 하는 자, 단정한 자세로 정숙하지 아니하고 소란을 피우거나 함부로 이석하는 자에 대해 재판장이 제지하거나 퇴정까지 명할 수 있도록 정해놓았다.

우리나라의 경우, 법정모욕 행위는 과거 독재정권시절 국가보안법이나 긴급조치법 및 집회와 시위에 관한 법률 위반사건에 대한 재판과정에서 빈발했다. 피고인이나 방청객이 재판을 거부하고 재판 진행에 지장을 주거나 재판부나 재판장을 겨냥해 모욕적인 발언을 하는 행위 등이 대부분이었다. 민주화 이후에도 법정모욕 행위는 계속 증가하는 것으로 나타난다.

법정모욕 행위는 2000년에 100건이던 것이 2002년에는 1,067건으로 증가했고 2004년에는 38,667건으로 5년 사이에 387배나 증가했다. 법정모욕으로 감치명령을 받은 건수는 2000년에 43건이던 것이 2002년에는 912건으로 증가했고, 2004년에는 28,119건으로 폭증했다. 대부분의 판사들이 피해자 가족이나 방청객의 소란에 대해 구두경고 등 관대한 처분을 내리는 것을 감안하면 실제 법정모욕 건수는 훨씬 많을 것으로 추정된다.

형법 위반으로 기소돼 처벌받은 대표적인 법정모욕 사건은 강신옥 변호사 사건이었다. 1974년 7월 9일 열린 대통령긴급조치 위반 등 피고사건의 비상고등군법회의 법정에서 피고인 김영일 등의 변호인인 강변호사는 변론을 통해 "이번 학생들 사건의 변호를 맡으면서 법은 정치의 시녀, 권력의 시녀라고 단정하게 되었다. 지금 검찰관들은 나라 일을 걱정하는 애국대학생들을 내란죄나 국가보안법 위반, 반공법 위반, 대통령긴급조치 위반 등을 걸어 빨갱이로 몰아치고 사형이나 무기이니 하는 형을 구형하고 있으니 이는 법을 악용하여 저지르는 사법 살인행위라 아니할 수 없다"는 요지의 발언을 했다가 긴급조치법과 법정모욕죄 위반으로 구속 기소되었다.

강 변호사는 1974년 9월 4일 비상보통군법회의에서 징역 10년과 자격정지 10년의 형을 선고받고 항소했으나 1974년 10월 11일 비상고등군법회의 항소심에서 기각되었다. 이후 1985년 1월 19일 상고심에서 대법원은 원심판결을 직권으로 파기했지만 법정모욕에 대해서는 판결문은 아무런 언급도 하지 않아 변론과 법정모욕의 범위나 한계에 대한 판단기준은 유보되었다.

미국의 경우 법정모욕에 관한 대표적인 사례는 Wood v. Georgia (1962) 사건이다. 1960년 6월 6일 미국 조지아 주 빕(Bibb) 카운티 고등법원판사는 공직후보자들이 흑인들의 지지를 얻기 위해 흑인지도자들을 거액으로 매수했다고 밝혔다. 그는 또한 지지자 매수는 공직선거를 부패시킬 수 있는 만큼 불건전하고 위험하며 불법적인 상황을 조성하고 있다고 지적했다.

이에 대해 재선을 위해 출마한 제임스 우드(James I. Wood) 보안관은 판사의 행동을 비판하는 성명서에서 "판사들의 의도가 무엇이든 대배심이 흑인 집단투표를 조사하도록 명령한 조치는 인종갈등을 유발하는 가장 통탄할 일이며 흑인유권자와 지도자들에 대한 사법협박 시도"라고 반박했다.

그로부터 한 달 뒤인 1960년 7월 7일 법원은 우드가 사용한 말들은 법원을 모욕하고 조사를 조롱하고 방해하기 위해 계획되고 계산된 행동이며, 고등법원의 정당한 사법행정에 '명백하고 현존하며 즉각적인 위험'을 초래했다는 이유로 우드를 소환했다.

이 사건에 대해 1심 재판부는 우드에게 유죄판결과 함께 20일 구류와 벌금 200달러를 판결했다. 2심의 3개항 가운데 2개항에 대해서는 유죄를 1개항에 대해서는 무죄판결을 내렸다. 조지아 주 대법원은 이 판결에 대한 재심을 기각하자 우드는 연방대법원의 심리를 요구했으며 1962년 6월 25일 연방대법원은 파기환송 결정으로 우드의 손을 들어줬다.

연방대법원은 "우드의 성명발표는 재판에 명백하고 현존하는 위험을 주지 않았고, 우드에 대한 유죄판결은 연방헌법 수정 제1조에서 보장한 언론의 자유에 대한 우드의 권리를 침해했다"고 판결했다. 이 판결로써 '재판관을 판단할 수 있는 권리'(*right to judge the judges*)가 보장되었으며 법정모욕죄의 남용에 제동이 걸리기 시작했다고 평가된다.

이상의 논의를 종합해보면 몇 가지 사실과 원칙을 확인할 수 있다.

첫째, 법정질서는 민주주의가 법치주의를 구현하기 위해서 반드시 보호되어야 한다는 사실이다.

둘째, 시민과 언론은 재판 과정에 대하여 의견을 개진할 자유를 가진다는 사실이다. 특히 언론은 국민의 알권리를 위해서 법정 환경에서부터 재판관의 행동에 이르기까지 모든 재판 과정을 감시할 의무를 지닌다. 법정에서 이루어지는 변호사의 변론자유는 반드시 보장되는 것이 바람직스럽다.

셋째, 법정질서의 보호와 언론자유가 충돌할 경우 법원이 조화의 기준을 제시하게 된다. 이 경우, 법원은 두 명제가 주는 사회적 이익을 사안에 따라 비교형량해서 적정한 기준을 찾아 제시하는 것이다.

넷째, 법정모욕죄는 법정질서의 보호를 위해서 대단히 유용한 방법이지만 남용되고 오용되면 언론자유에 대한 본질적 제약으로 작용할 위험성을 가지기 때문에 유의되어야 한다.

2) 언론자유와 카메라 취재의 금지

법원조직법 제 59조는 전술한 바와 같이 누구든지 법정 안에서는 재판장의 허가 없이 녹화·촬영·중계방송 등의 행위를 금지하고 있다. 그리고 법정에서의 방청·촬영 등에 관한 규칙 제 4조에 의하면 언론이 비록 재판장으로부터 취재허가를 받았다 해도 피고와 원고의 동의가 전제되어야 하며, 또한 법정촬영행위가 공공의 이익과 상충되지 않는다는 점도 인정받아야 한다. 그러니까 언론에 의한 법정에서의 사진촬영문제는 법문상으로 보나 현실적인 여건으로 보나 금지에 가깝다고 말할 수 있다.

법정 내에서의 사진촬영을 금지하는 주된 이유는 ① 법정질서의 보호, ② 형사피고인의 공정재판을 받을 권리 보장, ③ 개인의 프라이버시권의 보호 등이다. 법정 내에서의 사진촬영을 찬성하는 언론계의 주장은 ① 법정공개주의의 확대, ② 국민의 알권리 보호, ③ 취재 보도의 자유 등이다.

우리나라에서 재판장의 허가를 받고 법정촬영이 이루어진 경우는 1974년 문세광 재판, 1979~80년의 김재규 재판, 1996년 전두환-노태우 두 전직 대통령에 대한 재판 등 극히 일부에 한정된다. 전두환-노태우 전 대통령 재판공개는 재판부의 직권으로 이뤄졌다는 점에서 특히 주목된다.

법원조직법 제59조에 따르면 법정장면에 대한 촬영은 피고의 동의가 전제되어야 하기 때문이다. 그럼에도 불구하고 당시 재판부는 국민의 알권리와 사안의 중요성 등을 종합적으로 고려해 촬영을 직권으로 허가했던 것이다.

특히 전-노 재판의 경우에는 피고변호인단이 거꾸로 공판TV생중계를 요구했으나 재판부에 의해서 기각되었다. 당시 변호인단은 "이 사건이 정략적으로 이용되는 것을 막고 역사의 진실을 밝혀내기 위해 재판의 전 과정이 국민들에게 여과 없이 공개돼야 한다"고 주장했다.

이 같은 제약을 극복하기 위해 언론은 재판장의 모습을 컴퓨터그래픽을 통해 재현하기도 하고 삽화가로 하여금 재판장면을 캐리커처나 스케치 등의 방식으로 기록하기도 한다. 이 같은 방식은 법정질서 수호라는 가치와 언론의 자유라는 가치가 충돌하는 상황을 관리하고 조정하기 위한 일종의 '사회적 장치'라고 평가할 수 있다.

미국에서의 최초의 법정촬영사건은 Estes v. Texas 사건(1965)이다. 에스테스는 사기혐의로 텍사스에서 재판을 받고 유죄를 선고 받았다. 재판의 전 과정이 텔레비전에 방영되자 에스테스는 법정 내의 TV방영을 금지해 달라고 재판부에 요청했으나 거절되었다.

그 당시 텍사스와 콜로라도 주를 제외한 모든 주에서는 미국변호사협회(ABA)의 기준 35(canon 35)를 통과시켜 법정 내에서의 TV를 금지하고 있었다.

연방대법원은 텍사스 주 법과 텍사스 판결은 무효이며 재판 과정을 TV방영함은 피고인의 공정한 재판권에 대한 침해라고 판결했다. 이 판결로써 재판장 내에서의 카메라 사용은 금지되었다.

지금까지의 논의를 종합하면 몇 가지 의문과 연구과제가 제기된다.

첫째, 재판상황을 붓으로 취재하는 것과 카메라로 취재하는 것은 왜 다르게 취급받아야 하는가. 연방헌법 수정 제1조는 왜 붓으로 취재하는 것은 보장하고 카메라로 취재하는 것은 보장하지 않는가.

둘째, 카메라 취재는 법정질서를 훼손한다는 실증적이고 경험적인 연구결과가 존재하는가. 삽화가에 의한 취재는 사진이나 동영상에 의한 취재보다 삽화가의 주관적 개입을 더욱 심화시키지 않는가.

셋째, 카메라 취재는 형사피고인의 공정재판권을 침해하는가 아니면 도움이 되는가. 이러한 주장에 대한 실증적이고 경험적인 연구가 존재하는가.

넷째, 카메라 취재의 금지는 법정 환경에 대한 언론의 감시기능을 위축시키지 않는가. 카메라 취재의 금지는 재판 과정을 판단하는 언론의 고유기능에 어떤 영향을 미치는가.

다섯째, 미국·영국·일본과 같은 선진국에서는 언론에 의한 법정 촬영의 범위가 점차 확대되는 추세를 보이고 있다. 이러한 추세를 야기한 일차적 동인은 언론계의 끊임없는 문제제기와 저항이었다고 판단된다. 우리나라의 언론계는 왜 이 문제에 대하여 헌법소원이나 중재요청과 같은 구체적이고도 법적인 문제제기를 소홀히 하는가. 언론이 자신의 권리를 찾지 않으면 누가 언론을 대신해서 그러한 권리를 찾아주는가.

3) 법정에서의 방청과 관련된 사항

법정에서의 방청·촬영 등에 관한 규칙은 방청에 관한 조치(제2조)와 제지 또는 퇴정에 관한 조치(제3조)를 규정하고 있다.

규칙 제2조는 입정금지사항으로서 상당한 의복을 착용하지 아니한 자, 법정에서 법원 또는 법관의 직무집행을 방해하거나 부당한 행동을 할 염려가 있다고 믿을만한 현저한 사정이 인정되는 자 등을 법정에 출입하지 못하도록 규정하고 있다.

규칙 제3조는 제지 또는 퇴정사항으로서 모자나 외투를 착용한 자, 단정한 자세로 정숙하지 아니하고 소란을 피우거나 함부로 이석을 하는 자 등을 제지하거나 퇴정시킬 수 있도록 규정하고 있다.

물론 법원은 법정질서를 수호하기 위해서 입정과 퇴정을 명할 수 있는 세부적인 기준을 제시할 수 있다. 그러나 그러한 기준들은 국민의 알권리, 말하는 자유(*freedom of speech*), 표현의 자유(*freedom of expression*) 등을 지나치게 훼손하지 않는 범위 내에서 구체적이고도 적용 가능하도록 제시됨이 바람직스럽다.

예를 들어, 법원이 입정기준으로서 상당한 의복을 착용하지 아니한 자 혹은 직무집행을 방해하거나 부당한 행동을 할 염려가 있다고 믿을만한 현저한 사정이 인정되는 자 그리고 퇴정기준으로서 모자나 외투를 착용한 자 혹은 단정한 자세로 정숙하지 아니하고 소란을 피우거나 함부로 이석을 하는 자 등은 법집행자의 주관적이고 임의판단이 가능한 기준이기 때문에 보다 구체적이고도 객관적으로 조정되는 것이 바람직스럽다고 판단된다.

4. 언론자유와 의회질서의 보호

언론자유와 의회질서의 보호는 민주주의의 근간이다. 언론자유는 전술한 바와 같이 민주주의의 동인이며 견인차에 해당되고, 의회질서의 보호는 대의민주주의를 구현하는 데에 필수적인 요건이 된다.

따라서 언론자유와 의회질서의 보호는 법에 의하여 엄격하게 보장된다. 언론자유는 헌법 등에 의하여 보장되고, 의회질서의 보호는 국회법 등에 의하여 보장되고 있다.

의회질서를 보호하기 위해서는 의회나 의장의 권위가 일차적으로 인정되어야 한다. 따라서 법은 의회나 의장의 권위를 훼손하는 행위들을 사전 또는 사후적으로 제한하고 처벌하게 된다. 언론자유와 국민의 알권리는 이러한 관계 속에서 의회질서의 보호와 충돌할 수 있는 소지를 안게 된다.

1) 언론자유와 의회질서의 유지

국회법 제 145조는 회의의 질서유지를 위해서 의장이나 위원장에게 경고, 제지, 발언중지, 퇴장과 같은 권한을 부여하고 있다. 국회법 제 145조의 내용은 다음과 같다.

(1) 의원이 본회의 또는 위원회의 회의장에서 이 법 또는 국회규칙에 위배하여 회의장의 질서를 문란하게 한 때에는 의장 또는 위원장은 이를 경고 또는 제지할 수 있다.

(2) 제 1항의 조치에 응하지 아니한 의원이 있을 때에는 의장 또는

위원장은 당일의 회의에서 발언함을 금지하거나 퇴장시킬 수 있다.

(3) 의장 또는 위원장은 회의장이 소란하여 질서를 유지하기 곤란하다고 인정할 때에는 회의를 중지하거나 산회를 선포할 수 있다.

이와 같이 국회의 의장과 위원장은 의회질서를 보호하기 위해서 법에 따라서 의원의 발언이나 행동을 제지하고 중지하며, 경우에 따라서는 퇴장까지 명할 수 있는 것이다. 의회질서의 보호가 그만큼 중요하기 때문이다.

그러나 국회의원은 일반 국민과는 달리 국민에 의해서 선출된 국민의 일차적 대표기관이기 때문에 말하는 자유나 표현의 자유에 대한 제재는 명백하고 현존하는 위험이 상존하는 경우 이외에는 엄격하게 제한될 필요성이 제기된다.

국회의원의 발언은 곧 국민의 발언이라 말해도 무방하다. 국회의원은 국민의 다양한 의사를 수렴하여 이를 국가의 정책결정에 반영하는 국회의 대표로서 헌법이 보장하는 합의제 입법기관이기 때문이다.

2) 국민의 알권리와 의회의 비밀주의

국회는 국민의 직접투표를 통해 국민의 선택을 받은 의원들로 구성된 만큼 행정부와 사법부와는 달리 국회 내에서 이루어진 모든 결정과 업무는 선출권자인 국민에게 공개되는 것이 원칙이다. 따라서 헌법은 제50조 1항에서 "국회의 회의는 공개한다. 다만 출석의원 과반수의 찬성이 있거나 의장이 국가의 안전보장을 위하여 필요하다고 인정할 때에는 공개하지 아니할 수 있다"고 규정하고 있다.

국회법도 회의의 공개를 원칙으로 삼고 있다. 국회법 제 75조는 "본회의는 공개한다. 다만 의장이 제의 또는 의원 10인의 연서에 의한 동의로 본회의의 의결이 있거나 의장이 각 교섭단체 대표의원과 협의하여 국가의 안전보장을 위하여 필요하다고 인정할 때에는 공개하지 아니할 수 있다"고 규정하고 있다.

국회법 제 57조는 "소위원회의 회의는 공개한다. 다만 소위원회의 의결로 공개하지 아니할 수 있다"고 규정하고 있고, 국회법 제 65조는 "청문회는 공개한다. 다만 위원회의 의결로 청문회의 전부 또는 일부를 공개하지 아니할 수 있다"고 규정하고 있다.

국회법 제 118조는 회의록의 배부와 반포에 관하여 다음과 같이 규정하고 있다.

(1) 회의록은 의원에게 배부하고 일반에게 반포한다. 그러나 의장이 비밀을 요하거나 국가안전보장을 위하여 필요하다고 인정한 부분에 관하여는 발언자 또는 그 소속 교섭단체 대표의원과 협의하여 이를 게재하지 아니할 수 있다.

(2) 의원이 제 1항의 규정에 의하여 제재되지 아니한 회의록 부분에 관하여 열람·복사 등을 신청한 때에는 정당한 사유가 없는 한 의장은 이를 거절하여서는 아니된다.

(3) 제 2항에 의하여 허가받은 의원은 타인에게 이를 열람하게 하거나 전재·복사하게 하여서는 아니된다.

(4) 공개하지 아니한 회의의 내용은 공표되어서는 아니된다. 다만 본회의의 의결 또는 의장의 결정으로 제 1항 단서의 사유가 소멸되었다고 판단되는 경우에는 이를 공표할 수 있다.

국회법 제54조는 정보위원회에 대한 특례를 규정하고 있다. 국회법 제54조의 내용은 다음과 같다.

(1) 정보위원회의 회의는 공개하지 아니한다. 다만, 공청회 또는 제65조 제2항의 규정에 의한 인사청문회를 실시하는 경우에는 위원회의 의결로 이를 공개할 수 있다.

(2) 정보위원회의 위원 및 소속 공무원은 직무수행상 알게 된 국가기밀에 속하는 사항을 공개하거나 타인에게 누설하여서는 아니된다.

이상의 논의를 종합해보면 다음과 같은 몇 가지 일반화가 가능해진다.

첫째, 의회는 언론의 자유와 국민의 알권리를 위해 모든 회의와 자료들을 가능한 한 국민에게 공개해야 한다. 의회는 전술한 바와 같이 국민에 의해서 선출된 국민의 대의기관이기 때문이다. 그러니까 의회는 기밀주의보다는 공표주의를 존중해야 된다는 뜻이다.

둘째, 의회는 대의민주주의의 발전을 위해서 비공개의 원칙을 엄격하고 축소적으로 적용해야 한다. 비공개 원칙의 하나인 국가안전보장이나 기밀보호도 엄정한 기준에 따라서 축소적으로 적용함이 바람직스럽다.

셋째, 비공개회의는 다수당인 집권여당에 의해서 오용되고 남용될 가능성이 제기된다. 그러니까 다수결원칙을 바탕으로 한 비공개결정을 전가의 보도처럼 내세움으로써 제1당의 독선적이고 비합리적인 의사결정의 늪에 빠질 우려가 있다는 뜻이다.

넷째, 각종 법안과 안건의 심사를 위한 소위원회의 경우 회의 비공개로 여야 간 야합의 가능성이 제기된다. 그러니까 주요 의사결정과정에 국민과 언론을 배제시킴으로써 밀실야합의 우려가 상존한다는 뜻이다.

다섯째, 의회는 언론자유와 국민의 알권리를 제약하는 법을 제정하기도 한다. 언론기본법과 신문법 등이 대표적인 사례가 된다. 이러한 차원에서, 의회는 반드시 공표주의만을 위한 기관이 아님을 유념해야 한다.

여섯째, 의회의 기밀주의에 대한 경험적인 연구가 조속히 이루어져야 한다. 연구과제를 몇 가지만 제시하면 다음과 같다.

(1) 우리나라의 의회는 매년 몇 회의 비공개회의를 개최하는가. 어떤 문제를 논의하기 위해서 비공개회의를 개최하는가. 비공개회의에서 논의된 내용들이 과연 공개되기 어려운 주제들인가. 비공개회의가 당리당략에 의해서 남용되는 사례는 없는가.
(2) 우리나라의 의회는 매년 몇 건의 자료를 비공개하는가. 비공개자료의 내용은 어떤 것인가. 비공개 자료가 국민과 언론에 공개되면 어떤 문제가 발생하는가. 당의 당리당략을 위해서 자료가 비공개 되는 경우는 없는가.
(3) 우리나라의 의회는 언론자유와 국민의 알권리를 억압하는 법률을 얼마만큼 제정했는가. 의회는 왜 공표주의가 아닌 기밀주의를 위해 입법 노력을 하는가. 선진국에서도 이러한 입법 노력을 하는가. 선진국에서도 이러한 입법사례가 있는가.

3) 의회질서와 보도자유의 문제

의회는 헌법 제 50조 1항(의사공개의 원칙)과 국회법 제 75조(본회의의 공개)와 제 57조(소위원회의 공개) 등에 의하여 모든 회의를 국민과 언론에 공개한다. 언론은 국민의 알권리를 위해서 의회 내에서 일어나는 모든 회의와 결정 등을 국민에게 보도함으로써 공개한다. 국민은 의회에 대한 언론보도를 통해서 의회활동을 평가하고 심판한다. 의회민주주의의 발전은 의회활동에 대한 국민의 이해수준과 직결되어 있다고 말할 수 있다.

보도의 자유란 문자 그대로 어떤 제약으로부터 해방된 자유로운 보도활동을 의미한다. 그러니까 언론이라면 누구든지 의회활동을 제약없이 보도할 수 있어야 한다는 뜻이다. 그러나 국회 내의 물리적 공간의 한계와 의회질서의 보호 때문에 의회보도는 한정된 언론사에만 주어졌다.

16대 국회 때만 하더라도 고정 부스가 있는 언론사는 10개 중앙지, 5개 방송사, 2개 경제지, 일부 지방지의 합동기자실 등이 고작이었다. 그러나 매체의 폭발적 증가로 정식보도증을 받은 기자만 500명을 넘었고 일일 단위의 임시출입기자만 해도 1,000명을 넘게 되었다.

여기에 의회질서의 보호와 보도자유 간에 갈등이 유발된다. 그리고 언론과 언론 간의 갈등도 유발되는 게 현실이다. 의회는 한정된 공간과 폭발적인 매체 증가의 관계를 어떻게 조정함으로써 명실상부한 보도자유를 구현해야 하는 과제를 안게 되었다.

국회법 제149조의 2는 "본회의 또는 위원회의 의결로 공개하지 아니하기로 한 경우를 제외하고는 의장 또는 위원장은 회의장 안(본회의장은 방청석에 한한다)에서의 녹음·녹화·촬영 및 중계방송을 국회규칙이 정하는 바에 따라 허용할 수 있다"고 규정하고 있다.

'허용할 수 있다'는 문구는 '금지할 수 있다'는 전제를 내포하고 있다. 중계방송의 여부는 언론사의 자율판단에 맡기는 것이 바람직하다고 판단된다. 여야를 불문하고 자신들의 의정활동이 언론에 고스란히 공개됨으로써 초래될 수 있는 부담은 크다고 보겠다.

특히 생중계의 경우는 일일이 국회의 승인을 받도록 규정되어 있다. 이러한 규정은 경우에 따라서는 보도자유에 대한 직간접적인 통제요인으로 작용할 수도 있다.

제 149조의 2는 2005년 국회법 개정에 맞춰 신설된 부분이다. 그러니까 중계방송을 '허용해야 한다'로 강제됐던 조항이 개정안에서는 '허용할 수 있다'로 변경된 것이다. 이는 과거 국회를 취재하던 매체가 지상파 방송사, 중앙일간지, 일부 지방일간지 등에 한정됐던 것이 인터넷 등 뉴미디어의 발달로 매체수가 기하급수적으로 증가함에 따른 취재보도의 무제한적 허용과 그에 따른 혼란을 방지하기 위해서 마련된 조항으로 이해된다.

그러나 이 같은 조항은 전술한 바와 같이 취재보도의 자유를 제약하는 요인으로 작용할 뿐만 아니라 매체 간의 차별을 야기할 수도 있다. 실제로 최근 들어 국회중계방송 등에 관한 규칙과 관련된 논란이 그러한 사실을 말해준다고 보겠다.

5. 언론자유와 미풍양속의 보호

언론자유와 미풍양속의 보호는 우리 사회가 보호하고 육성해야 할 기본 권리에 해당된다. 우리 사회가 지켜야 할 미풍양속은 다양하게 존재하지만 그중에서도 언론자유와 관련해서 문제가 되는 미풍양속은 성도덕의 보호라고 말할 수 있다.

우리나라의 헌법은 언론자유를 보호함과 동시에 언론자유가 사회공중의 선량한 성도덕에 위배될 경우 제한될 수 있음을 규정하고 있다. 우리나라의 헌법 제 21조 1항과 제 37조 1항은 언론출판의 자유를 보장하고, 헌법 제 22조는 학문과 예술의 자유를 보장한다.

동시에 우리나라의 헌법 제21조 4항은 언론자유가 공중도덕이나 사회윤리를 침해할 경우 제한될 수 있음을 규정하고 있고, 헌법 제37조 2항은 국가안전보장, 질서유지 또는 공공복리를 위하여 필요한 경우에 한하여 법률로써 제한할 수 있음을 규정하고 있다.

우리나라의 형법 제243조(음화반포 등)는 "음란한 문서, 도서, 필름, 기타 물건을 반포, 판매, 또는 임대하거나 공연히 전시 또는 상영한 자는 1년 이하의 징역, 또는 500만 원 이하의 벌금에 처한다"고 규정하고 있고, 형법 제244조(음화제조 등)는 "전 조의 행위에 공할 목적으로 음란한 물건을 제조, 소지, 수입 또는 수출한 자는 1년 이하의 징역 또는 500만 원 이하의 벌금에 처한다"고 규정하고 있다.

이와 같이 두 권리가 갈등할 경우 조화의 원칙은 법원이 판결로써 제시한다. 법원이 판결로써 조화의 기준을 제시하는 경우 원용하는 원칙으로는 명백하고 현존하는 위험의 원칙, 이익의 비교형량원칙, 청소년 보호의 원칙 등이 있다. 최근에 와서 나라마다 청소년 보호를 대단히 중요시하고 있다.

1) 음란성 개념의 전개

우리나라의 법은 무엇이 음란성인지에 대하여 설명하지 않고 있다. 음란성에 대한 판단은 법원의 판결에 따르고 있다. 그러니까 법원이 무엇이 음란성인지에 대하여 최종적으로 판단한다는 뜻이다.

우리나라의 한글대사전에 의하면, 음란성이란 ① 육욕에 관하여 너무 추잡함(*obscenity*), ② 색정을 일으키고 색정을 함부로 표현시킬 목적으로 하는 추악한 행위(*indecent behavior*)로 정의된다.

법률학사전은 형법이 정한 음란죄로서 ① 풍속을 해치는 죄와, ② 정조에 관한 죄(강간죄, 간통죄 등)로 분류해서 설명한다.

우리나라의 대법원은 《반노》 사건(1975)에서 음란성 판단의 3대 기준으로 ① 함부로 성욕을 흥분 또는 자극시키는 상황, ② 보통사람의 정상적인 수치심을 해치는 상황, ③ 선량한 성적 도덕관념에 위배되는 상황을 제시했다.

우리나라의 헌법재판소는 "음란물이란 인간존엄 내지 인간성을 왜곡하는 노골적이고 적나라한 성표현으로서 오로지 성적 흥미에만 호소할 뿐 전체적으로 하등의 문학적, 예술적, 과학적, 또는 정치적 가치를 지니지 않은 것"이라고 정의했다.

《즐거운 사라》 사건(1995)에서 대법원은 음란성에 대한 보다 구체적인 기준으로 "문서의 음란성 판단에 있어서는 당해 문서의 성에 관한 노골적이고 상세한 묘사와 서술의 정도와 그 수법, 묘사·서술이 문서 전체에서 차지하는 비중, 문서에 표현된 사상 등과 묘사·서술과의 관련성, 문서의 구성이나 전개 또는 예술성·사상성 등에 의한 성적 자극의 완화의 정도, 이들의 관점으로부터 당해 문서를 전체로서 보았을 때 주로 독자의 호색적 흥미를 돋우는 것으로 인정되느냐의 여부 등의 여러 점을 검토하는 것이 필요하고, 이들의 사정을 종합하여 그 시대의 건전한 사회통념에 비추어 그것이 공연히 성욕을 흥분 또는 자극시키고 또한 보통인의 정상적인 성적 수치심을 해하고, 선량한 성적 도의관념에 반하는 것이라고 할 수 있는가의 여부에 따라서 결정되어야 할 것이다"라고 판결했다.

미국의 대법원은 음란성의 의미를 규정하기보다는 음란성의 상황과 한계를 설정한다. Roth v. U.S. 사건(1956)에서 미 대법원은 음란성의 상황과 한계를 ① 통상인의 기준, ② 현재 그 지역사회의 기준, ③ 중심주제의 기준, ④ 호색적인 흥미에의 영합기준을 제시했다. 판결의 원문을 소개하면 다음과 같다.

> To the average person, applying contemporary community standards, the dominant theme of the material taken as a whole appeals to prurient interest.

미 대법원이 로스 기준을 적용하기 시작했으나 그 기준의 구체적 적용 여하에 관해서는 대법관 간에도 합의가 이루어지지 않는 경우가 발생했다. 따라서 미 대법원은 Miller v. California 사건(1973)에서 새로운 헌법상의 기준으로 ① 통상인이 현행 지역사회의 기준(*contemporary community standards*)을 적용함에 있어 전체적으로 보아 호색적 흥미에 호소하는가의 여부, ② 해당 작품이 적용될 주 법률에 의해 구체적으로 정의된 성행위(*sexual conduct*)를 노골적이고 공격적인 방법(*patently offensive way*)으로 묘사 또는 서술하고 있는가의 여부, ③ 전체적으로 보아 그 작품이 진지한 문학적·예술적·정치적 또는 과학적 가치를 결여하는가의 여부 등을 제시했다.

영국의 대법원은 Fanny Hill 사건(1969)에서 "음란성의 판정은 음란한가 아닌가의 기준에 따라 정할 것이 아니라 그것이 사회적 현실로서 위험을 가져올 것인가의 여부에 따라 결정해야 한다"고 판시했다. 더 나아가 영국의 대법원은 "형법의 기능은 사회의 현실적 위험을 배제하는 것으로 충분하고 도덕성이나 개인의 주관적인 선호 영역까지를 벌할 수 없는 것이다"라고 주장했다.

일본의 최고재판소는 1959년에 음란성에 관한 기준으로 "외설이란 성욕을 자극시켜 일반인의 정상적인 성적 수치심을 불러일으킴으로써 선량한 성적 도의관념에 반하는 상황"으로 규정했다.

독일에서는 음란물 논란을 입법으로 해결하였다. 1973년 제4차 독일형법개정법률 제184조는 구성요건 표지를 '포르노그래피'로 대체하여 '하드코어 포르노그래피'와 '소프트코어 포르노그래피'로 나누고,

원칙적으로 성폭력 행위, 아동의 성적 남용 또는 동물과 인간의 성적 행위 등을 대상으로 하는 '하드코어 포르노그래피'의 제조 및 반포 등은 처벌하되, '소프트 포르노그래피'의 경우에는 원하지 않는 성인과 18세 미만의 청소년에게 유통시키는 행위를 처벌하도록 규정하였다. 인터넷콘텐츠 규제와 관련해서 독인은 불법·유해성보도로부터 청소년을 보호하기 위해서 청소년보호법을 2002년에 제정하여 엄격히 규제하고 있다.

2) 음란성 판단기준에 관한 학설

음란성 판단기준에 관한 학설은 주관설과 객관설이 있다. 주관설은 소극설이라 부르고, 객관설은 적극설이라 부른다. 학자들에 따라서는 객관설의 변용 학설인 상대적 음란설을 세 번째 기준으로 첨가하기도 한다.

(1) 주관설의 개념

주관설이란 음란성 여부를 행위자의 주관적 의도나 목적만을 기준으로 판단하는 학설을 의미한다. 주관설은 문학·예술이나 교육·과학을 옹호하는 학설로서 문학·예술과 교육·과학은 그 자체로서는 음란하지 않다는 입장을 취한다.

(2) 객관설의 개념

객관설이란 작품의 내용과 그 객체가 포괄하고 있는 구체적 사정들을 종합적으로 고찰하여 사회통념에 따라 객관적으로 음란성 여부를 판단하는 학설을 의미한다. 그러니까 음란성이란 행위자의 주관적인 의도에 의해서 좌우되는 것이 아니라 그 작품이 전체로 보아서 객관적으로 문학적·예술적 가치를 지니고 있는가를 보고 판단해야 한다는 학설에 해당된다. 대부분의 나라들이 이 학설을 채택하고 있다.

(3) 상대적 음란설

상대적 음란설이란 전술한 바와 같이 객관설의 변용설에 해당하는 이론이다. 상대적 음란설이란 어떤 객체가 그 자체로서는 예술적·문학적 작품이고 사회윤리적으로도 수긍되는 것일지라도 그것이 반포되었을 때 미치는 파급효과가 사회윤리를 저해하는 음란성을 자아낸다면 그 객체의 정당성은 이미 사라지고 음란성을 띠게 된다는 학설이다.

상대적 음란설은 예술작품 혹은 과학적 논문은 그 자체가 음란성을 가질 수 없지만 그것이 차원을 달리하여 공개될 때에는 상대적으로 음란하다고 보는 학설이다. 이 학설은 "차원을 달리하여 공개될 때"라고 하여 예술의 순수성과 객관적 판단의 중요성을 강조하는 학설이다.

이 학설은 독일의 형법학자인 카를 빈딩(Karl Binding, 1841~1920)에 의해서 이론화되었다. 카를 빈딩은 이 학설을 설명하면서 다음과 같은 독일법원의 판례를 예시하고 있다.

"어떤 예술작품적 누드화가 미술관에서 관람할 때에는 관람하는 사람의 범위가 미술동호인 등으로 제한되어 있어서 법에 저촉되지 아니하지만 이것을 복제하여 수많은 일반인에게 반포될 때에는 음란성의 효과를 자아냄으로 벌할 수 있다."

3) 우리나라의 대표적 판례 경향

(1) 성냥갑의 마야 사건(1970)

우리나라 대법원이 음란성에 관하여 처음으로 판단을 내린 사건이다. 세계명화집에 실려 있는 고야의 〈나체의 마야〉를 성냥갑 속에 넣어서 판매할 목적으로 그 명화 사진을 복사·제조하여 시중에 판매한 사건이다.

대법원은 "침대 비스듬히 누워있는 이 그림이 비록 명화집에 실렸다 해도 예술·문학·교육 등의 공공의 이익을 위하여 이용해야지 카드사진의 복사제로 성냥갑에 넣어서 판매한 경우에는 음화의 제조·판매의 죄책을 져야 한다"고 판시했다.

그러니까 대법원은 명화라도 판매할 목적으로 이를 복사·제조하거나 시판할 경우에는 음란성이 있는 음화로 보아야 한다는 판결을 제시한 것이다. 이것은 음란성에 대한 대법원의 최초의 기준 제시라 하겠다. 이 판결은 전술한 상대적 음란설에 기초하고 있다고 말할 수 있다.

(2) 소설 《반노》 사건(1975)

이 사건에서 대법원은 음란성에 관하여 최초로 3가지 판결기준을 제시했다. 대법원에 의해서 제시된 3가지 기준은 전술한 바와 같이 ① 함부로 성욕을 흥분 또는 자극시키는 상황, ② 보통사람의 정상적인 수치심을 해하는 상황, ③ 선량한 도덕관념에 위배되는 상황 등이다.

소설가 염재만은 판매할 목적으로 소설 1,500부를 저작·인쇄했고, 검찰은 그 소설 중 제13장부터 14장까지의 기술 가운데 남녀 간의 성교장면을 직접적으로 묘사한 내용을 적시하여 피고인을 형법상 음란문서제조죄로 기소했다.

이 사건은 1969년 기소 후 7년에 걸쳐 하급심에서 유죄와 무죄가 엇갈리면서 언론계와 문학계에 심각한 논쟁을 야기했다. 원래 이 소설은 1심에서 유죄판결을 받은 것을 항소 제기하여 무죄판결을 받았으나 원고 측이 다시 소를 제기하여 기각되었다가 최종적으로 다시 제소하였을 때 대법원은 무죄판정을 내린 역사적 사건이라 하겠다.

대법원은 1975년 12월 9일 최종 판결에서 "문학작품의 음란성 여부는 작품 전체와 관련시켜 판단해야 하며, 소설 《반노》는 성의 노예성으로부터 새로운 자아를 발견하는 방향으로 지향"했다고 판시했다. 대법원은 이 판결을 통해서 음란성의 구체적 기준들을 전술한 바와 같이 새롭게 제시하게 된 것이다.

우리나라의 법원은 성냥갑의 마야 사건(1970)까지만 해도 적극설을 압도적으로 채택했으나 《반노》 사건(1975)에서 처음으로 소극설 쪽으로 선회했다. 《반노》 판결은 이외에도 ① 우리나라 법조계의 높은 문화수준을 반영했고, ② 창작의 탄력성을 부여함으로써 출판의 자유를 신장했고, ③ 음란성 판단에 대한 세계적 추세에 접근하는 데 기여했다고 판단된다.

(3) 영화 〈사방지〉 포스터 사건(1990)

이 사건은 영화를 광고하기 위하여 영화 장면의 일부를 포스터나 스틸사진 등으로 제작하여 배포함으로써 문제가 된 사건이다. 대법원은 이 사건에 대한 판결에서 "제작된 포스터 등 도화가 그 영화의 예술적 측면이 아닌 선정적 측면을 특히 강조하여 그 표현이 과도하게 성욕을 자극시키고 일반인의 정상적인 성적 정서를 해치는 것이어서 건전한 성풍속이나 성도덕관념에 반하는 것이라면 그 포스터 등 광고물은 음화에 해당한다고 보아야 할 것"이라고 판시했다.

(4) 〈부부라이프〉 사건(1991)

이 사건은 월간 부부라이프사가 1989년부터 자극적이고 선정적인 기사와 사진이 많이 실려 있는 잡지들을 매월 4만 부씩 발행, 전국적으로 판매함으로써 문제가 된 사건이다.

대법원은 판결에서 "형법 제243조에 규정된 음란한 문서 또는 도화라 함은 성욕을 자극하여 흥분시키고 일반인의 정상적인 성적 정서와 선량한 사회풍속을 해칠 가능성이 있는 도서"라고 정의하면서 월간 〈부부라이프〉 등을 음란한 도서로 규정했다. 이어서 대법원은 "음란성의 존부는 작성자의 주관적 의도가 아니라 객관적으로 도서 자체에 의해서 판단되어야 한다"고 판단 대상에 관한 기준을 제시했다.

(5) 누드사진첩 사건 (1995)

이 사건은 서적도매상을 경영하던 피고인이 1993년 여자들의 전라사진 등이 게재된 '산타페', '엘르', '유연실: 이브의 초상', '탠 스토리스 캐럿', '에이스'라는 제목이 붙은 사진첩 등 5종을 보관하고 있다가 이를 편의점을 통해 판매한 것에 대해 검사가 피고인을 음화소지 및 판매죄로 기소한 사건이다. '탠 스토리스 캐럿'은 1심에서 유죄판결을 받았고, '에이스'는 대법원에서 유죄판결을 받았다. 나머지 사진첩에 대해서는 음란성이 부인되었다.

대법원은 판결에서 음란성에 대한 기본적인 기준 제시와 더불어 "최종적인 판단의 주체는 어디까지나 당해 사건을 담당하는 법관이라 할 것이니, 음란성을 판단함에 있어 법관이 자신의 정서가 아닌 일반 보통인의 정서를 기준으로 이를 판단하면 족한 것이다"라고 판시했다.

(6) 《즐거운 사라》 사건 (1995)

피고인 갑(甲)이 1991년 출판사 서울문화사를 통하여 소설을 간행 배포하였다가 한국간행물윤리위원회의 제재를 받고 위 출판사가 도서를 자진 회수하였다. 그 후 이 소설 내용 중 여러 부분에 걸쳐 음란한 표현을 추가시키고 성행위의 묘사도 정도를 심하게 바꾼 다음 출판사를 경영하던 피고인 을(乙)과 소설 출판계약을 체결했고 피고인 을은 이를 인쇄하여 서점 등을 통하여 전국에 판매함으로써 문제가 된 사건이다.

검사는 이 사건 소설 중 성행위 등 성관계를 노골적이고 구체적으로 묘사한 부분 17개소를 지적하면서 이를 음란문서로 보고 피고인 갑과 을을 음란한 문서의 제조 및 판매죄의 공범으로 기소를 하였다. 제1심은 음란한 문서라 함은 "그 시대의 건전한 사회통념에 비추어 그것이 공연히 성욕을 흥분 또는 자극시키고 또한 보통인의 성적 수치심을 해하는 것이어서 건전한 성풍속이나 선량한 성적 도의관념에 반하는 것"이라고 전제한 다음, 이 사건 소설 《즐거운 사라》는 음란성이 인정된다 하여 피고인들에 대하여 징역 8월 집행유예 2년의 형을 선고하였다(서울형사지방법원 1992. 12. 28 판결 92고단10092). 이에 피고인들이 이 사건 소설에는 음란성이 없다는 이유로 항소한 후 다시 상고하였다.

대법원은 "음란한 문서라 함은 일반 보통인의 성욕을 자극하여 성적 흥분을 유발하고 정상적인 성적 수치심을 해하여 성적 도의관념에 반하는 것을 가리키고, 문서의 음란성의 판단에 있어서는 당해 문서의 성에 관한 노골적이고 상세한 묘사 서술의 정도와 그 수법, 묘사 서술이 문서 전체에서 차지하는 비중, 문서에 표현된 사상 등과 묘사 서술과의 관련성, 문서의 구성이나 전개 또는 예술성 사상성 등에 의한 성적 자극의 완화의 정도, 이들의 관점으로부터 당해 문서를 전체로서 보았을 때 주로 독자의 호색적 흥미를 돋우는 것으로 인정되느냐의 여부 등의 여러 점을 검토하는 것이 필요하고, 이들의 사정을 종합하여 그 시대의 건전한 사회통념에 비추어 그것이 공연히 성욕을 흥분 또는 자극시키고 또한 보통인의 정상적인 성적 수치심을 해하고 선량한 성적 도의관념에 반하는 것이라고 할 수 있는가의 여부에 따라 결정되어야 한다"고 일반론을 전개한 후 다음과 같이 이 사건 소설의 음란성을 인정하였다. 《즐거운 사라》는 오늘날 각종 영상 및 활자매체 등을 통하여 성적 표현이 대담, 솔직하게 이루어지고 있고 다양한 성표현물이 방임되어 오고 있는 것이 일반적인 추세라고 하여도 정상적인 성적 정서와 선량한 사회풍속을 침해하고 타락시키는 정도의 음란물까지 허용될 수는 없는 것이어서 그 한계는 분명하게 그어져야 하고 오늘날 개방된 추세에 비추어 보아도 이 사건 소설은 그 한계를 벗어나는 것임이 분명하다.

(7) 《핑크컬러의 유혹》 사건(1995)

이 사건은 피고인이 소설 《핑크컬러의 유혹》을 출판, 판매한 혐의로 음란문서 제조 및 판매죄로 기소된 사건이었다. 대법원은 이 소설이 독신의 대학 강사인 여주인공 '제니퍼'가 벌이는 자위행위, 유부남과의 성행위, 자신의 제자, 자신이 근무하는 대학 학장, 그 학장의 아들 등을 성희의 대상으로 한 섹스 행각을 묘사하고 있는데다가, 그 묘사방법도 자극적 · 충동적이고 그 묘사분이 양적 · 질적으로 이 사건 소설의 거의 전부를 차지하고 있을 뿐만 아니라 그 구성이나 전개에서도 그 전체의 흐름에 비추어 문학적 · 예술적 · 사상적 가치가 결여되어 있어 주로 독자의 호색적 흥미를 돋우는 것으로밖에 인정되지 아니하는바, 이와 같은 여러 점을 종합하고 고찰하여 볼 때, 이 사건 소설이 피고인의 주장처럼 상류 직종에 종사하는 여성 이른바 '핑크컬러'들의 자유분방한 애정 행각을 부각시켜 사회에 경종을 울리고자 하는 의도에서 쓰였고, 그 표현방법에서 남녀의 성기를 직접 표현하지 않고 '젊음'이라는 단어를 사용하여 추상적으로 표현하였다고 하여도 음란한 문서에 해당되는 것으로 보지 않을 수 없다고 판시하였다.

(8) 연예인 누드집 출판 사건(1995)

이 사건은 음란도서를 출판하였다 하여 출판사의 등록을 취소한 행정처분의 취소를 구하는 행정소송 사건이었다. 대법원은 원고의 청구를 기각한 고등법원의 판결을 취소하면서 "…음란성 판단에 관한 법리와 오늘날 세계적인 성표현 자유화 경향의 영향으로 성에 관한 우리 사회의 인식도 현저히 변화하고 있는 점에 비추어 볼 때, 위와 같은 정도의 내용을 담고 있는 이 사건 화보집이 예술성이 있거나 격조 높은 것은 아니라 하더라도 이를 음란한 것이라거나 저속한 것이라고 단정하기는 어렵다 할 것이다"라고 판시하여 보상적 사회적 가치에 관하여 유연한 입장을 보이고 있다. 이 판결은 앞서 본 판결들의 기준에 따라 문제된 출판물의 음란성을 부인하면서 그러한 출판물을 간행한 출판사의 등록취소 처분이 재량권 일탈로서 위법함을 밝히고, 특히 등록취소의 사유로서 '음란' 또는 '저속'의 개념을 성에 관한 것인 경우에는 동일한 것으로 보아 양자가 등록취소 사유로 될 수 있음을 인정하였다. 그러나 헌법재판소는 '음란'과 '저속'을 다른 개념으로 보아 음란을 이유로 한 등록취소는 합헌이나 저속을 이유로 한 등록취소는 위헌이라고 판단하였다.

대법원은 1995년 6월 16일 선고된 3개의 판결에서 음란의 개념을 정리하고 있음을 알 수 있다. 거기서 '음란'이란 "일반 보통인의 성욕을 자극하여 성적 흥분을 유발하고 정상적인 성적 수치심을 해하여 성적 도의관념에 반하는 것"이라고 정의되었다. 그리고 이와 같은 음란 개념에 해당하는가의 여부를 판단함에 있어 첫째, 표현물의 문제된 일부뿐 아니라 전체적인 내용의 흐름에 비추어 판단하되(전체적 고찰방법), 당해 도화나 문서의 성에 관한 노골적이고 상세한 표현의 정도나 수법과 성에 관한 표현의 간행물 전체에서 차지하는 비중 및 그 관련성, 간행물의 구성이나 전개 등을 고려하여 주로 독자의 호색적 흥미를 돋우는 것으로 인정되느냐의 여부를 결정하여야 한다(묘사기준주의). 둘째, 그것이 공연히 성욕을 흥분 또는 자극시키고 또한 보통인의 정상적인 성적 수치심을 해하고, 선량한 성적 도의관념에 반하는 여부는 일반 보통인의 정상적 반응 여하에 의하되, 그 시대의 건전한 사회통념에 비추어 법관이 최종적으로 판단하게 된다(일반적 기준 및 규범적 음란 개념). 셋째, 그 표현물의 음란성은 그것이 가지는 예술성 · 학문성 등에 비추어 성적 자극을 완화하는 정도를 고려하여야 하는데(보상적 사회적 가치의 고려), 이 경우에는 작성자의 주관적 의도가 아니라 객관적으로 문서 자체에 의하여 판단되어야 한다는 것이다. 그 보상적 가치는 반드시 예술성이 있거나 격조 높은 것은 아니라 하더라도 무방하다.

(9) 그 밖의 판례와 사건들

번역소설 《아마티스타》 사건(1997)에서 대법원은 종전의 소설에 관한 음란판단 기준에 따라 중남미 에로티시즘 문학의 대표작 《아마티스타》를 번역한 소설이 음란한 간행물에 해당한다고 판시하였다. 원고 출판사는 아르헨티나 작가 알라시아 스테임베르그의 소설 《아마티스타》를 번역 출판하였는데, 출판사 및 인쇄소의 등록에 관한 법률 제 5조의 2 제 5호 소정의 '음란 또는 저속한 간행물'을 출판했다는 이유로 그 출판사 등록이 취소되자 그 취소를 구하는 행정소송을 제기하였다.

문제된 소설 《아마티스타》는 성에 대해 무지하고 부부생활의 권태기에 빠진 한 변호사에게 여주인공이 아마티스타라는 상상적 여인의 성체험 이야기를 들려주면서 이 변호사가 서술자인 여주인공 자신과 직접 성적 실습까지 하게 함으로써 숨겨진 성의 비밀을 가르쳐 주는 교육을 통해 변호사가 온전하게 성적 쾌락에 눈뜨고 새로운 활력을 갖게 된다는 과정을 다룬 것이다. 그 전편에 걸쳐 자위행위와 혼음, 구강성교, 항문성교 등의 다양한 성행위가 자극적으로 적나라하게 묘사되고 있다. 1989년에 출판된 이 사건 소설은 중남미 에로티시즘 문학의 대표작의 하나로 평가되는 작품이며 그 분야에 가장 뛰어난 작품에 수여되는 '수직선의 미소' 국제상 최종후보에까지 올랐던 작품이다.

이에 대하여 원심인 부산고등법원은 이 사건 소설은 성에 대하여 노골적으로 묘사하고 있지만 우아하고 독창적인 예술성으로 인하여 포르노그래피와 에로티시즘의 차이를 극명하게 드러내고 있다고까지 평가받고 있는 사실을 인정한 다음, 이 사건 소설의 성에 관한 묘사는 그 예술성으로 인하여 성적 자극이 완화되고 있어, 곧바로 공중도덕이나 사회윤리를 침해하는 것이라고 단정하기도 어렵다고 판단하면서 피고 동래구청장의 출판사등록취소 처분을 취소하였다.

이에 피고 동래구청장이 상고하였다. 대법원은 '음란'이란 개념 자체가 사회와 시대적 변화에 따라 변동하는 상대적이고도 유동적인 것이고 그 시대에서 사회의 풍속, 윤리, 종교 등과도 밀접한 관계를 가지는 것이므로 중남미의 애정선정물에 대한 긍정적 평가를 그대로 우리 사회에 적용할 수 없다는 전제하에서 번역소설 《아마티스타》가 우아하고 독창적인 예술성으로 인하여 중남미 에로티시즘 문학의 대표작의 하나로 손꼽히는 작품이라고 평가받고 있고, 성적 요소를 주제로 한 실험적 시도나 성교육의 기능이 내재하여 있다고 할지라도 그 전편에 걸쳐 다양한 성행위를 반복하여 묘사하고 있을 뿐 아니라 성에 관한 노골적이고 상세한 묘사서술이 전편에 흐르고 있고, 그러한 예술성 등의 사회적 가치로 인하여 성적 자극의 정도가 완화되었다고 보이지 아니하는 점 등을 종합하여 볼 때, 이 소설은 우리 시대의 건전한 사회통념에 비추어 공연히 성욕을 흥분 또는 자극시키고 또한 보통인의 정상적인 성적 수치심을 해하고 선량한 성적 도의관념에 반하는 '음란한 간행물'에 해당한다고 판시하였다.

다만, 대법원은 원고 출판사에 관한 여러 정황을 참작하여 피고의 취소 처분은 재량권 남용에 해당한다고 하여 원심을 유지하고 상고를 기각하였다.

2000년 장정일의 소설 《내게 거짓말을 해봐》 사건에서는 피고인 작가 장정일은 1997년 소설 《내게 거짓말을 해봐》를 저술, 출판한 사실 때문에 음란문서제조 혐의로 불구속 기소되어 제 1심에서 징역 10월의 실형을 선고받고 법정 구속되었다가 보석으로 풀려났으며, 항소심에서 징역 6월에 집행유예 1년을 선고받았다. 대법원 역시 종전의 음란판단 기준을 적용하여 문제된 소설이 음란하다고 하면서 피고인의 상고를 기각하였다. 그러나 이 사건에서 문제된 소설을 영화화한 〈거짓말〉에 관하여는 후에 검찰이 불기소처분을 내림으로써 대법원과 상이한 입장을 취하여 여전히 음란의 개념에 대한 불분명함과 일관성 없는 처신을 보여주었다.

가장 최근 음란성 판단기준에 의해 논란이 되었던 것은 2005년 김인규 교사 사건이다. 김인규 교사가 인터넷에 올린 작품들 6점 중 일부 3점이 대법원에 의해 음란물 판정을 받았다. 이 사건에서 피고 처벌의 근거가 소송이 진행되면서 바뀌었는데 처음 기소와 1심 재판이 열릴 당시인 2001년도에는 전기통신기본법 제 48조의 2에 규정된 '전기통신역무이용 음란물죄'가 처벌 근거조항이었으나 이 조항이 2001년 7월 1일에 삭제되고 현행 '전기통신망이용촉진 및 정보보호 등에 관한 법률' 제 42조의 '청소년유해매체물의 표시', 제 42조의 2 '청소년유해매체물의 광고금지' 규정이 신설되면서 대법원에서는 이 두 조항에 근거한 유죄결정이 내려졌다.

사회윤리 차원에서 최근 문제가 된 사건으로서는 이현세의 《천국의 신화》 사건(1997), 서갑숙의 《나도 때론 포르노그래피의 주인공이고 싶다》 사건(1999), 미술교사의 전라사건(2001), 〈문화일보〉의 신정아 누드사진 보도사건(2007), 〈문화일보〉의 연재소설 '강안남자' 사건(2007) 등이 있다.

(10) 매체별로 본 음란성 기준

음란 여부의 판단은 그 음란하다고 생각되는 표현이 사용한 매체종류에 따라 달리 판단될 수 있다. 우선 활자매체와 영상매체의 성표현이 그 호소력이나 영향력에 비추어 달리 판단될 수 있고, 그 배포 또는 접근성 여하에 따라 달라질 수 있는 것이다.

ⅰ. 소설 등 활자 자료

소설 등 활자 자료는 영상표현물에 비하여 성적 흥분에 호소하는 영향력이 적고, 그 수용형태에서 혼자 읽는 독자가 성적 수치심을 해치면서 독서를 계속한다는 것은 생각할 수 없기 때문에 이를 음란물로 인정함에는 신중을 기하여야 한다. 참고로 네덜란드에서는 서적 등 활자매체에 대하여는 애초부터 음란성을 인정하지 않는다.

대법원은 그 판단대상이 소설책 등 문서인 경우에 음란 여부를 판단함에는 ① 당해 문서의 성에 관한 노골적이고 상세한 묘사 서술의 정도와 그 수법, ② 묘사 서술이 문서 전체에서 차지하는 비중, ③ 문서에 표현된 사상 등과 묘사 서술과의 관련성, ④ 문서의 구성이나 전개, 또는 ⑤ 예술성·사상성 등에 의한 성적 자극의 완화의 정도, ⑥ 이들의 관점으로부터 당해 문서를 전체로서 보았을 때 주로 독자의 호색적 흥미를 돋우는 것으로 인정되느냐의 여부 등의 여러 점을 검토하는 것이 필요하다고 한다. 소설의 경우는 일정한 주제하에 스토리를 전개하여 나가기 때문에 소설책 전체를 기준으로 하여 음란성 유무를 판단하여야 한다.

ⅱ. 사진집 등 영상자료

음란성의 판단대상이 도화(圖畵)인 경우 문서보다 사회적으로 미치는 영향이 더 크므로 그 음란성의 판단기준을 달리하여 문서보다 더 용이하게 음란성을 인정하여야 한다는 견해가 일반적이다. 사진첩이나 도화집의 경우에는 거기에 실린 사진이나 도화 모두가 음란성이 인정된다면 그 전체가 음란한 도화가 된다. 그러나 거기에 실린 일부의 사진이나 도화에만 음란성이 인정되는 경우에는 개별적으로 판단되어야 할 것이다.

ⅲ. 공연

공연의 경우에는 형법 제245조의 공연음란죄의 적용이 문제된다. 여기서도 구성요건으로 규정된 음란한 행위에 해당하는가 여부는 대법원이 정의한 음란 개념과 기준이 적용된다. 연극 〈미란다〉 사건(1996)에서 대법원은 종전의 음란판단 기준을 연극공연에 적용하여 문제된 연극의 음란성을 인정하였다.

ⅳ. 영화

한국의 경우 영화가 음란죄에 해당하는가의 여부에 대하여 판시한 법원의 판례는 없다. 음란의 논란이 예상되는 영화는 공연윤리위원회 등 기관의 사전심의에서 일단 걸러지게 되므로 법원에까지 오게 될 가능성이 적기 때문이다. 그 때문에 여기서는 공연윤리위원회 등의 결정이나 검찰의 불기소 처분으로 결정된 영화에 관한 논란에 대하여 설명하기로 한다. 본래 영화에 대한 심의는 1966년 영화법이 관할관청의 영화검열을 도입한 후, 1984년부터는 공연윤리위원회에 의한 사전심의로 전환되었다가, 1997년 3월 17일 개정된 영화진흥법(1997. 4. 10 법률 제5321호)은 공연윤리위원회를 공연예술진흥협의회로 개편하고 등급심의제로 개선하였다. 그 후 1999년 개정 영화진흥법은 공연예술진흥협의회를 다시 영상물등급위원회로 개편하였으나, 등급 외 영화 전용관의 설치 여부를 둘러싸고 논란이 계속되고 있다. 영화계에 논란이 되었던 영화 〈노랑머리〉 등급보류 사건(1999)과 영화 〈거짓말〉 등급보류 사건(1999) 등은 여전히 논란적인 사례로 남아있다.

Ⅴ. 인터넷

전기통신을 이용한 정보전파의 방법으로 가장 보편화하고 있는 것이 인터넷이다. 인터넷은 그 매체의 특성 때문에 청소년 보호를 위한 음란표현의 규제에 특히 어려움이 있다. 1990년대 정보사회에 접어들면서 인터넷은 이용자들에게 현실의 어떠한 속박과도 무관한 새로운 세계를 열어 주었다. 인터넷 이용자들은 자신의 신원을 밝힘이 없이(익명성), 일정한 장비와 구좌명(ID) 만을 갖추면 누구에게나 개방된 네트워크에(개방성), 국경에 구애받지 아니하고(무국경성) 인터넷에 올려진 정보에 자유로이 접근할 수 있기 때문이다.

그러나 '정보의 보고'(寶庫) 라는 인터넷에는 음란물을 포함한 기타 유해정보가 범람하고 있다는 점에 문제가 있다. 항상 새로운 매체를 적극 활용하여 대중 속에 파고드는 경향을 갖는 포르노그래피는 인터넷이란 신매체의 출현에 따라 무차별적 확대·재생산이 가능하게 되었다. 이렇게 포르노그래피가 범람하는 인터넷에서는 이용자가 성인인지 청소년인지를 구분하는 일이 쉽지 않으므로 청소년 역시 쉽게 인터넷 포르노사이트에 접근할 수 있다. 청소년을 보호하려면 우선 거기서 유통되는 정보 중 청소년에 유해한 정보를 분류해야 한다.

일반적으로 인터넷에서 정보를 선별하는 필터방식에는 키워드(*keyword*) 제한 방식, URL(*uniform resource locater*) 제한 차단방식, 등급

제 차단방식(PICS 방식), 제한된 사용자를 위한 서비스 제공방식 등이 있는데, 청소년 보호를 위한 방법으로 이러한 일반적인 기법을 채택할 수 있는가 하는 점이 우선 검토될 수 있겠다.

4) 미국의 대표적 판례 경향

역사적으로 음란성이 최초로 문제시되었던 법정사건은 R. v. Hicklin 사건(1868)이다. 이 사건에서 법정은 경향론(*tendency test*)과 부분적시의 기준(*basis of isolated passages*)을 최초로 적용했다. 그러니까 음란성이란 비록 일부분이라도 음란적 경향이 있다고 판단되면 음란적이 된다는 법원판례이다.

이 법원판례는 1936년에 와서야 비로소 번복된다. 법원은 U.S. v. Levine 사건(1936)에서 힉클린 기준(*Hicklin test*)을 번복하면서 음란성이란 "작품전체의 기준과 작품이 도달할 수 있는 모든 사람에게 미치는 영향력"을 기준으로 판단해야 한다고 판시했다.

이 판결이 있기 얼마 전 법원은 U.S. v. One Book Called *Ulysses* 사건(1933)에서 음란성 판단의 기준으로 ① 전체 작품이 정상적인 성적 반응을 가진 통상인에게 미칠 영향, ② 저자의 의도, ③ 지역사회의 기준, ④ 국가횡단적으로 보급되는 출판물의 경우 관세검열의 불가피성 문제 등을 제시했다.

음란성에 대한 법원판례 중에서 가장 이정표적인 판례는 Roth v. U.S. 사건(1956)에서 제시되었다. 법원은 음란성 판단기준으로 ① 통상인의 기준, ② 그 당시 지역사회의 기준, ③ 출판물을 전체적으로 고려했을 때 주는 중심적인 주제의 기준, ④ 호색적인 흥미에의 영합 기준을 제시했다. 현재 이 기준은 미국법률원(American Law Institute)의 모델로 채택되면서 세계적으로 많은 영향력을 미치고 있다.

Smith v. California 사건(1959)에서 법원은 음란성을 판단함에 있어 '시엔타'(*scienter*)란 개념을 최초로 적용하였다. 시엔타란 일종의 죄책의식을 의미하는데 예를 들면 서적 판매상인이 서적의 내용을 잘 알면서 판매할 경우에 발생한다.

Ginzberg v. U.S. 사건(1966)에서 대법원은 "객관적인 심사가 작품의 음란성을 결정하지 못할 경우는 판매행위의 양상으로 나타나는 출판사의 의도를 기준으로 고려할 수 있다"고 판시했다. 이 사건에서 처음으로 상업행위, 광고행위, 판매촉진행위 등이 음란성을 결정하는 요인으로 등장했다.

Ginsberg v. New York 사건(1968)에서 법원은 "미성년자를 겨냥하는 출판물을 악성음란물(*hard-core pornography*)로 규정, 범죄로 처벌해야 한다"고 판시했다. 이 사건으로 미성년자에게 판매하는 문제가 음란성을 판단하는 기준으로 등장했다.

Stanley v. Georgia 사건(1969)에서 법원은 "개인은 어떤 작품이든지 음란성에 관계없이 자기 가정에서 즐기는 한 음란성으로 규제할 수 없다"고 판시했다. 이 경우 개인의 프라이버시권이 동시에 작용했다고 판단된다.

Miller v. California 사건(1973)에서 법원은 전술한 바와 같이 음란성에 관한 새로운 헌법상의 기준으로 ① 통상인이 현행 지역사회의 기준을 적용함에 있어 전체적으로 보아 호색적 흥미에 영합하는가의 여부, ② 해당 작품이 적용될 주 법률에 의해 구체적으로 정의된 성행위를 노골적이고 공격적인 방법으로 묘사 또는 서술하고 있는가의 여부, ③ 전체적으로 보아 그 작품이 진지한 문학적·예술적·정치적 또는 과학적 가치를 결여하는가의 여부 등을 제시했다.

그 밖에 FCC v. Pacifica Foundation 사건(1977), Barns v. Glen Theatre 사건(1990), Reno v. American Civil Liberties Union 사건

(1997), Sable Communications v. FCC 사건(1998) 들이 있었지만 이들 사건에서 법원은 음란성에 대한 새로운 기준이나 요소를 첨가했다기보다는 기존 판례들을 재해석하거나 축소해석하는 데 그치고 있다고 판단된다.

음란성 판단에 대한 대법원의 판례 경향을 압축해서 요약하면 다음과 같다.

첫째, 음란성 문제는 음란성 그 자체보다는 그것을 둘러싼 외부적 상황과 조건, 예를 들면 판매방법, 노출방법, 대상자의 성격 등으로 판단되고 있다.

둘째, 청소년 보호는 표현의 자유보다도 더욱 우선시되고 있다. 청소년 보호는 음란물에의 노출뿐만 아니라 '성적 표현물의 등장자'로서의 보호까지를 포괄한다. 성행위에 가담하는 미성년자를 보여주는 표현물이면 음란물로 보아 그 배포를 금할 수 있다. 여기에서 미성년자의 기준은 표현물 속에서의 나이가 아니라 실제 나이가 된다.

셋째, 성인과 관련된 표현물의 음란성 문제는 거의 자유화하는 방향으로 전개되고 있다.

5) 우리 사회의 과제

(1) 우리 사회에 음란성과 퇴폐성이 범람하고 있다. 음란성에 대한 규제 수준은 그 사회의 평균적 수준과 비례한다. 우리 사회가 필요로 하는 음란성 규제 수준은 무엇이어야 하는가. 우리 사회는 음란성 규제와 관련해서 어떤 문제에 직면해 있는가.

(2) 우리 사회는 폭력성에 대해서는 비교적 관대한 입장을 취하고 있다. 연구결과에 의하면, 음란성보다는 폭력성이 미치는 사회적 해악이 가공할 만하다. 우리 사회는 폭력적 음란성 혹은 음란적 폭

력성에 대하여는 어떤 기준을 어떻게 적용해야 하는가.

⑶ 우리 사회는 음란성 문제를 법적으로 다루기보다는 윤리 차원에서 주로 다루고 있다. 언론자유는 '우월적 자유'이기 때문에 법적으로 다루기보다는 윤리적으로 다루는 것이 보다 바람직하다. 그러나 윤리 규제는 윤리 문화가 전제될 때 실효성이 발생하는 것이다. 윤리 문화가 정착되지 않은 우리 사회에서 윤리 규제의 정당성은 무엇이며 윤리 규제의 실효성을 증대하는 방안은 무엇인가.

⑷ 우리 사회는 선진사회에 비해 청소년 보호에 적극적인 관심을 보이지 않고 있다고 판단된다. 청소년은 어느 사회를 막론하고 그 사회의 꿈이며 희망이기 때문에 우선적으로 보호되어야 한다. 선진국에서는 청소년 보호가 언론의 자유보다 우선시되고 있음이 최근의 추세이다. 우리 사회에도 청소년을 보호하기 위한 청소년보호법이나 청소년의 성보호에 관한 법률 등이 있다. 청소년 보호를 위한 법률제정과 더불어 청소년 보호를 위한 우리 사회의 교육 노력이 절실히 필요하다고 판단된다. 그러니까 우리 사회는 청소년 문화를 진작시키는 일련의 노력을 강화해야 한다는 뜻이다. 청소년이 병들면 우리 사회 전체가 병들기 때문이다.

⑸ 우리 사회에 인터넷음란성의 문제가 위험수위에 도달하고 있다. 인터넷음란성은 인터넷의 특성 때문에 들불처럼 번져나가고 있다. 인터넷음란성은 윤리 차원에서 규제하기 어려운 상태에 있을 뿐만 아니라 법적 규제와 기술적 규제 역시 현실적인 어려움에 봉착하고 있다. 우리 사회는 인터넷음란성의 문제를 어떻게 인식해야 하고, 어떻게 대처해 나가야하는가. 선진사회는 인터넷음란성을 어떻게 대처하고 있는가. 우리 사회는 선진국 경험으로부터 무엇을 배워야하는가.

제 9 장

언론자유와 국가적 권리 보호

1. 언론자유와 언론의 공공책임

언론자유가 갈등하는 기본 권리에는 전술한 바와 같이 명예권이나 사생활권과 같은 개인적 권리도 있고, 선거질서의 보호나 미풍양속의 보호와 같은 사회적 권리도 있다. 언론자유가 개인적 권리와 갈등할 경우에는 언론의 민·형사적 책임문제가 발생하고, 언론자유가 사회적 권리와 갈등할 경우에는 언론의 형사적 책임문제가 발생한다.

언론의 공공책임이란 언론의 민사적 책임이나 언론의 형사적 책임에 속하지 않는 공적 책임을 의미한다. 바꾸어 말하면, 언론의 공공책임이란 국가와의 법 관계에 대한 실정법상의 책임을 총괄한다. 관련 실정법으로는 국가보안법, 군사기밀보호법, 군형법, 국가안전기획부법, 계엄법, 형법 가운데 내란죄 관련 조항 등이 존재한다.

그러니까 언론의 공공책임이란 언론자유가 국가안보나 국가기밀의 보호와 같은 국가의 기본 권리를 침해했을 때 발생하는 책임을 의미한다. 언론은 사회적 공기로서 국가의 기본질서를 준수할 공공책임을 지닌다고 말할 수 있다.

2. 언론자유와 국가안보

언론자유가 국가적 권리와 갈등하는 첫 번째 국면은 국가안보이다. 언론자유는 절대적 자유가 아니고 상대적 자유이기 때문에 국가안보의 권리와 갈등하게 된다.

우리나라의 헌법은 언론자유의 보장과 더불어 언론자유가 제한될 수 있는 경우를 동시에 규정하고 있다. 헌법 제21조 1항은 "모든 국민은 언론·출판의 자유와 집회·결사의 자유를 가진다"고 규정하면서 동시에 헌법 제37조 2항은 "국민의 자유와 권리는 국가안전보장, 질서유지, 또는 공공복리를 위하여 필요한 경우에 한하여 법률로써 제한할 수 있다"라고 규정하고 있다.

국가안전보장과 관련된 법은 특별법으로서 국가보안법이 있고 일반실정법으로서 형법의 간첩죄와 내란죄 조항들이 있다. 국가보안법은 국가의 안전을 위태롭게 하는 반국가 활동을 규제함으로써 국가의 안전과 국민의 생존 및 자유를 확보하기 위해서 제정된 특별법이다.

국가보안법 조항 가운데 언론자유의 제한과 직접적으로 관계되는 조항은 제7조 1항이다. 국가보안법 제7조 1항은 "국가의 존립·안전이나 자유민주적 기본질서를 위태롭게 한다는 점을 알면서 반국가단체나 그 구성원 또는 그 지령을 받은 자의 활동을 찬양·고무·선전·선동한 자는 7년 이하의 징역에 처한다"고 규정하고 있다.

형법 제98조에서는 간첩을 방조하거나 또는 군사상의 기밀을 적국에 누설하는 경우에 성립하는 범죄로서 간첩죄를 규정하고 있다. 언론자유의 제한과 관계되는 대표적인 조항은 내란의 죄(제87~91조)이다. 내란의 죄는 언론이 국헌(國憲)을 문란하게 할 목적으로 내란을 선동하거나 선전하는 경우에 해당된다.

언론자유와 국가안보가 갈등해서 법원까지 간 사건들을 요약해서 소개하면 다음과 같다.

1) 〈경향신문〉 사건 (1964)

(1) 사건개요

〈경향신문〉 편집부 차모 기자는 1964년 5월 평양방송에서 "북한이 백미 200만 섬, 기계화학, 섬유, 시멘트 및 전기 등 다량을 남한에 무상원조 하겠으며, 또한 남한의 실업자들에게 일자리를 주겠다"는 대남방송을 청취한 후 이를 기사에 인용함으로써 문제가 된 사건이다.

(2) 판결

서울형사지방법원은 차모 기자에 대해 반공법 제 4조 1항(찬양고무죄), 제 16조(형의 감면), 국가보안법 제 11조(불고지죄), 형법 제 57조(판결선고 전 구금일수의 통산)를 적용하여 징역 1년, 자격정지 1년을 선고했다.

2) 이창복 사건 (1995)

(1) 사건개요

이창복 사건은 피고인 이 씨가 1994년 2월 민주주의 민족통일 전국연합 상임집행위원회 실무자들에게 연방제 통일방안의 추진, 안기부 폐지, 재벌해체, 주한미군철수 등의 주장을 담은 자료집을 제작·배포하게 하고 그해 8월 범민족대회를 추진한 혐의로 문제가 된 사건이다.

(2) 판결

1심에서 국가보안법 제7조 1항 및 집회와 시위에 관한 법률 위반 혐의로 징역 10월을 선고했다. 그러나 1995년 4월 6일 서울지방법원 형사항소 1부는 원심을 깨고 무죄를 선고했다. 재판부의 판결문 요지는 다음과 같다.

"연방제 통일방안 등 북한주장과 유사한 방안을 제시하는 것만으로는 자유민주적 기본질서에 명백한 위해를 준다고 볼 수 없으며, 국가안전보장이나 자유민주적 질서를 해칠 구체적이고 가능한 위험성이 있는 경우에만 처벌해야 한다."

3) 《용해공들》 출판·배포사건 (1998)

(1) 사건개요

도서출판 일터에서 북한을 찬양·미화하는 내용의 북한 원전소설인 《용해공들》을 출판·배포해 국가보안법 제7조 5항을 위반한 혐의로 편집부장 박치관 씨가 구속·기소된 사건이다.

(2) 판결

1심에서 법원은 피고인 박치관 씨에 대해 국가보안법 제7조 5항(이적표현물 소지 등의 죄)을 적용하여 징역 1년 및 자격정지 1년, 집행유예 3년을 선고했다. 그러나 대법원은 판결에서 국가보안법 제7조 1항과 5항에 대해 무죄를 선고했다. 이유는 북한 원전소설을 출판했음에도 불구하고, 대한민국의 인권과 자유민주주의 체제를 위태롭게 하는 '적극적인' 내용을 담고 있지 않기 때문이다.

언론자유와 국가안보 간의 갈등을 종합적으로 개선하기 위해서는 몇 가지 인식이 선행되어야 한다.

첫째, 국가보안법의 입법취지를 현실적으로 부인하기 어렵다는 인식이다. 그 이유로서는 분단 상태의 지속, 북한의 대남적화통일전략의 존속, 우리 사회의 이념적 갈등과 분열의 증가 등이다.

둘째, 국가보안법은 원칙적으로 반국가단체(동법 제2조)에 대한 처벌법이기 때문에 언론기관은 기본적으로 이에 해당되지 않는다는 인식이다. 언론기관이 반국가단체나 국외 공산계열의 활동을 고의로 찬양·고무·동조한다는 것은 법 상식으로도 불가능하다. 언론은 사회적 공기로서 국가의 기본질서를 준수할 공공의 책임을 쥐고 있기 때문이다.

셋째, 국가보안법은 세상의 모든 법이 그러하듯이 시대변화, 국제정세의 변화, 남북관계의 변화, 국내정세의 변화 등에 따라서 변화해야 한다는 인식이다. 상황이 어려우면 국가보안법은 보다 엄격하게 적용되는 것이고, 반대로 상황이 호전되면 국가보안법은 보다 유연하게 적용되어야 한다고 판단된다.

넷째, 국가보안법에 대한 법원의 해석은 시간의 경과와 더불어 점점 유연해지고 있다는 사실의 인식이다. 〈경향신문〉 사건에서 법원은 차모 기자에 대해 국가보안법과 반공법을 엄격하게 적용했지만, 《용해공들》 사건의 경우 북한 원전소설을 출판했음에도 불구하고 법원은 그 출판물이 대한민국의 안전과 자유민주주의 체제를 위태롭게 하는 '적극적인' 내용을 담고 있지 않다는 이유로 무죄를 선고한 것이다.

그러니까 초기에는 이적성 여부에 대한 인식 없이 행위 자체만으로도 처벌을 받는 '결과범' 수준의 법적용에서 '인지범'으로 변화하다가 최근에 와서는 자신이 한 행위에 대해 뚜렷한 목적을 가진 경우에 한해 처벌하는 '목적범' 수준으로까지 완화되는 추세를 나타내고 있다는 뜻이다.

결론적으로, 언론자유와 국가안보의 갈등에서 법원은 법운용의 묘를 살리면서 법의 제정 취지를 신장하도록 노력해야 한다. 만일 법원이 '목적범'이 아니고 '결과범'으로 처벌한다든지, 전체적 해석이 아니고 부분적 적시만으로 처벌하는 경우 국가보안법은 반공투쟁의 제1선에 있는 언론에 대한 통제법으로 작용할 가능성이 존재한다고 보겠다. 그리고 법원은 우리나라가 처한 특수성과 국제사회의 보편성을 잘 조화해서 국가보안법을 해석하고 적용해야 하겠다.

3. 언론자유와 국가기밀의 보호

언론자유가 국가적 권리와 갈등하는 두 번째 국면은 국가기밀의 보호이다. 모든 국가는 자국의 국가안전을 보장하고 국익을 보호하기 위해서 국가기밀을 지정해서 보호하고 있다. 이 경우, 국가기밀이란 군사적 기밀뿐만 아니라 외교·통일·산업기술 등 정치·경제·사회·문화적 기밀 등을 총괄하는 개념이다.

기밀과 비밀은 비슷한 개념으로 이해된다. 기밀이라는 단어는 형법 제98조(간첩), 국가보안법 제4조(목적수행), 군형법 제13조(간첩, 간첩방조, 군사상 기밀누설 등)와 제80조(군사기밀 누설) 그리고 군사기밀보호법 제조항 등에서 사용되고 있고, 비밀이라는 표현은 형법 제316조(비밀침해)와 제317조(업무상 비밀누설), 통신비밀보호법 제3조(통신 및 대화비밀의 보호) 등에서 사용되고 있다.

기밀은 기본적으로 국가의 이익과 연관되는 개념이고, 비밀은 개인의 이익과 연관되는 개념이라 말할 수 있다. 이러한 차이점에도 불구하고 기밀과 비밀은 두 가지 기본적 요소를 공유하고 있다. 그것은 제한된 범위의 사람들에게만 알려져 있는 사실이라는 점과 다른 사람

또는 단체가 알지 못하도록 유지되는 것이 법익주체에게 이익이 된다는 점이다.

국가기밀이란 제한된 범위의 사람에게만 알려져 있고, 국가의 안전에 대한 중대한 불이익을 초래할 위험을 방지하기 위하여 적국에 대하여 비밀로 하여야 할 사실·대상 또는 지식 등을 의미한다. 그러니까 국가기밀이란 적국 또는 반국가단체에 대하여 비밀로 하는 것이 자국의 이익을 위하여 필요하다고 인정되는 모든 기밀사항을 의미한다고 보겠다.

언론자유와 직접적으로 관계되는 국가기밀의 보호를 규정한 특별법으로는 국가보안법 제 4조 2항(국가기밀의 탐지·수집·누설·전달), 군사기밀보호법 제 11조(군사기밀을 적법한 절차에 의하지 아니한 방법으로 탐지하거나 수집한 자에 대한 처벌), 제 12조 1항(군사기밀을 탐지 또는 수집한 자가 이를 타인에게 누설한 자에 대한 처벌), 동조 2항(우연히 군사기밀을 알게 되거나 점유하여 이를 타인에게 누설한 자에 대한 처벌), 제 15조(외국을 위한 누설죄에 대한 가중처벌), 군형법 제 13조(간첩, 간첩방조, 군사상 기밀누설 등)와 제 80조(군사기밀 누설), 형법 제 90조 2항(내란 선동·선전), 제 101조 2항(선전·선동), 제 113조(외교상 기밀누설죄), 제 127조(공무상 비밀누설죄) 등이 있다.

언론자유와 국가기밀의 보호 차원에서 문제가 되는 국면은 언론이 외교나 안보 등과 관련해서 비밀로 지정된 정보를 입수해서 보도하는 경우이다. 국가기밀을 보호·유지하려는 정부와 사실을 자유로이 보도하려는 언론 간에는 긴장과 갈등관계가 숙명적으로 존재하게 되는 것이다.

국가기밀의 보호 차원에서 정부와 언론 간에 문제가 되었던 국내외 사건들을 요약해서 제시하면 다음과 같다.

1) 〈경향신문〉의 간첩체포 보도사건 (1959)

〈경향신문〉은 1959년 4월 3일 조간에 성북서는 대남간첩 하모를 체포했다는 기사를 보도했다. 정부당국은 〈경향신문〉에 대하여 국가기밀의 누설죄로 군정법령 제88호 제6조를 근거로 발행허가 취소처분을 내렸다. 정부당국은 2가지 사항을 특별히 문제 삼았다. 첫째, 경찰당국은 담당기자에게 제재금지를 요청했고, 둘째, 〈경향신문〉의 보도는 결과적으로 간첩 하모가 접선하기로 되어있는 간첩들의 도피를 용이하게 하였다는 점이다.

이에 대해 서울고법특별부는 정부의 조치는 부당하다고 판결했다. 판결이유는 다음과 같다.

(1) 여사한 종류의 기사는 타 신문에서도 흔히 볼 수 있는 기사이다.
(2) 수사당국은 기사내용이 보도되면 수사상 어떤 어려움이 발생한다는 사실을 담당기자가 아니고 발행인이나 편집책임자에게 알려 협조요청을 받아야 한다.
(3) 발행인이나 편집책임자에게 하등의 고의나 과실이 있음을 인정하기 어렵다.

2) 중앙일간지의 '주방위선, 서울북방 이동' 보도사건 (1965)

〈한국일보〉, 〈조선일보〉, 〈동아일보〉, 〈경향신문〉 및 〈서울신문〉은 1965년 2월 12일자 지면에 '한국의 주방위선 서울북방으로' 등의 제하에 관련 기사를 보도했다. 이 기사는 합참의장이 국회국방위원회 비공개회의에서 증언한 내용에 토대했다.

국방부는 군사기밀의 누설로 군사상 이익을 해한 이유로 5대 일간지를 한국신문윤리위원회에 제소했다. 근거 법조항은 형법 제 99조, 반공법 제 4조, 신문윤리 실천요강의 '보도와 평론의 태도'장 제 2항 등이다.

한국신문윤리위원회는 5대 일간지에 대하여 앞으로 이런 사례가 없도록 권고결정을 내렸다. 위원회의 권고결정요지는 "피소신문들이 우리나라 군방위선이 서울북방으로 이동되었다는 군사기밀에 관한 사항을 공개 보도한 것은 공공성을 보전하지 못하고, 사회의 공기로서의 책임을 다하지 못하였다고 인정되며, 이는 신문윤리강령 〈책임〉장의 '신문최대의 책임은 공공의 이익에 충실하게 복무함에 있다'는 규정을 위반하였다고 판단된다"로 요약된다.

3) 동양통신 군사기밀 누설사건 (1968)

동양통신의 국방부 출입기자 전제열은 국회국방위원회에 제출된 1968년도 제 1회 국방부 추가경정예산 설명서(경고문과 2급 비밀 표시) 등을 국방위원회 행정실 주사 이호정으로부터 입수 · 기사화하고, 이를 사회부장 김광순에게 제출하였고 부장은 '전투태세 확립 3개년 계획 확정, 금년 1차년도 40억 반영'이란 제목으로 6월 21일 발신하였다.

검찰은 이 기사가 군사기밀을 누설하고 적을 이롭게 하였다는 이유로 7월 24일 편집부장, 사회부장, 취재기자 3명을 군사기밀 누설 및 반공법 위반혐의로 구속했다.

그러나 당시 일반인도 참관할 수 있는 국방위원회에서 설명했다는 사실과 공산당과 그 동조자들에게 적용되는 반공법의 적용 등으로 법리논쟁이 벌어져 최종적으로 1972년 2월 무죄가 확정되었다.

4) 〈말〉지 사건(1986)

1986년 8월 한국일보 편집부 김주언 기자는 당시 문공부 홍보정책실에서 보낸 '보도지침'을 복사해 민주언론운동협의회에 전달했고, 이 협의회의 김태홍 공동대표와 신홍범 실행위원은 이를 편집하여 '보도지침: 권력과 언론의 음모—권력이 언론에 보내는 비밀통신문'이라는 제목의 기사를 협의회 기관지인 〈말〉지 특집호에 게재해 발간했다.

검찰은 이들을 형법의 외교상 비밀누설죄 위반 등의 혐의로 기소했다. 그리고 국가모독죄와 국가보안법 위반혐의도 추가되었다. 이로 인해 언론, 종교계, 재야 민주화운동단체들의 석방촉구가 잇따랐고, 미국 언론인보호위원회, 국제인권연맹, 미국과 캐나다 신문협회가 석방을 촉구했다.

1987년 6월 3일 서울형사 지방법원은 모두 유죄판결을 내렸다. 다만 김태홍 공동대표와 신홍범 실행위원에게는 집행유예, 김주언 기자에게는 선고유예가 내려졌다. 그러나 사건공판은 10년이나 걸린 뒤 1996년 전원에게 무죄판결이 내려졌다.

5) 군수관리하의 임야조사서에 대한 열람 거부사건(1989)

헌법재판소는 군에서 관리하는 임야나 토지 등에 대하여 군이 비밀로 결정해 관리한다 하더라도 그것이 실제 군사시설에 해당되는 것이 아니라면 국민의 알권리의 제외대상이 아니라고 판결했다. 그러니까 군수관리하의 임야조사서, 토지조사부에 대한 열람을 요구하거나 이를 복사하고 열람하는 것에 대해서는 군이 거부할 수 없다는 취지이다.

이는 대부분 군이 정하면 그대로 따르던 군사기밀에 대한 정의를 뒤바꾼 것으로서 직접적인 군사시설로서 군의 보안에 위협이 되지 않는다면 군사기밀로 구분할 수 없다는 법원의 최초판정으로 평가된다.

6) 시노하라 마사토 군사기밀보호법 위반사건 (1994)

일본 후지텔레비전 서울지국장이었던 시노하라가 한국해군 소령 고영철로부터 군사기밀 자료를 제공받은 후 이를 일본 국방협회 발행의 군사전문지 〈일본의 국방〉(1992년 9월호)과 일본군사전문지 〈군사연구〉(1993년 5월호)에 기고하였고, 일본 후지텔레비전을 통해서도 방송하였다.

서울고등법원은 공개한 정보가 군사정책, 군사전략, 군작전계획과 이에 따르는 군사용병에 관한 사항이라며 군사Ⅲ급 비밀을 적용하여 유죄판결을 내렸다. 공개한 정보는 레이더기지 현황, 한국공군 방공식별도, 독도출격 공군대비태세 현황 등이다.

그러나 서울고법은 시노하라가 고영철로부터 받은 메모나 구두설명은 군사기밀로 볼 수 없다고 판단, 무죄를 판결했다. 결국 서울고법은 시노하라에게 징역 2년, 집행유예 3년을, 고영철 전 해군소령에게는 징역 7년을 선고했다.

7) 미 국방성 기밀문서 누설사건 (1971)

미 국방성의 "월남전의 정책결정사"라는 기밀보고서가 〈뉴욕타임스〉에 유출, 〈뉴욕타임스〉와 〈워싱턴포스트〉가 연재하였다. 미국정부는 신문사를 상대로 법원에 보도금지명령을 청구하였다. 연방고등법원은 정부승소를 판결했고, 이에 〈뉴욕타임스〉는 항소하여 정부패소판결을 받았다.

대법원의 판결문을 요약하면 다음과 같다.

(1) 표현행위에 대한 어떠한 사전제한도 위헌성의 추정을 받는다.
(2) 정부는 사전제한의 정당화를 위한 무거운 입증부담을 진다.
(3) 법원은 정부가 그러한 부담을 제대로 충족시키지 못했다고 본다.
(4) 전시에 바다에 떠있는 수송선의 안전을 해치는 것과 같은 예외적 사유가 아니라면 사전제한은 허용될 수 없다.
(5) 이 사건의 경우, 사전제한을 위한 명시적인 법적 근거가 존재하지 않으며, 사전제한은 오직 국가와 국민에게 직접적이고, 즉각적이며, 회복할 수 없는 손해를 가져올 경우가 아니면 허용될 수 없다.

8) Peterzell v. CIA 사건(1986)

레이건 정부가 니카라과의 콘트라 반군을 지원한 사실이 알려지자 피터젤(Peterzell)이라는 민간인이 정보자유법에 의거 니카라과에서 일어난 미국의 비밀활동에 대한 CIA관련 문서의 공개를 정부에 요청했다. 이에 CIA는 관련 문서 공개는 물론 문서존재 자체가 비밀지정되어 있기 때문에 어떠한 확인에도 응할 수 없다고 밝혔다.

그러나 피터젤은 정부가 이미 그 문서의 존재를 인정하는 공개발언을 한 바 있다고 주장하며 정보공개 청구를 위한 소송을 제기했다. 그러나 법원은 정부의 비밀지정 필요성을 받아들여 문서공개 요구를 거부하는 게 적절하다고 판결했다. 이 판결은 법원이 정보공개의 예외로 분류한 사안에 대한 행정부의 재량을 인정했다는 의미를 가진다.

9) 오키나와 교섭밀약전문 누설사건(1974)

〈마이니치신문〉의 니시야마 기자는 1972년 외무성 여성사무관에 접근, 내연관계를 맺은 뒤 오키나와 반환협정에 따라 미국이 부담해야 할 토지원상복구 비용 400만 달러는 일본이 대신 낸다는 미·일 간 밀약이 담긴 비밀전문을 입수해 보도한 후 야당의원에게 넘겨 국회에서 폭로하도록 했다.

1974년 1월 동경지방재판소는 기자의 취재방법에 지나친 점은 있으나 언론사의 취재활동의 일환으로서 그 행위에 정당성이 있을 뿐만 아니라 "외교 교섭의 결론뿐만 아니라 교섭중의 구체적 과정도 공공적 관심사항에 속하는 것으로 국민적 감시나 공공적 토론을 받으면서 민주적으로 수행하는 것이 바람직하다"며 〈마이니치신문〉의 손을 들어줬다.

그러나 1976년 7월 동경고등재판소에서는 외무성 여직원은 국가공무원의 비밀엄수의무 위반죄로 해임하고, 니시야마 기자에게는 취재방법이 사회통념상 허용범위를 넘는 것이라며 국가공무원법의 기밀누설 교사죄를 적용해 유죄를 선고했다. 상고했으나 최고재판소는 기각했다.

지금까지의 논의를 중심으로 언론자유와 국가기밀 보호 간의 갈등을 조화롭게 해결할 수 있는 기준과 원칙을 찾아보면 다음과 같다.

첫째, 언론자유와 국가기밀 보호 간에 갈등이 발생했을 경우 최후의 조정자는 법원이 된다. 법원은 양 권리가 갈등할 경우 이익의 비교형량원칙에 따라 조화의 지점을 제시하게 된다.

둘째, 국가는 자국의 국가안전을 보장하고 국익을 보호하기 위해서 국가기밀을 지정해서 보호하고 있다. 언론은 사회적 공기로서 비밀로 지정된 국가기밀의 경우 준수해야 할 법적·윤리적 책임을 지게 된다.

셋째, 국가기밀이란 절대적인 것이 아니고 상대적인 것으로서 시기와 장소, 대상과 상황에 따라 달리 평가될 수 있는 것이다.

넷째, 언론자유에 대한 어떠한 사전제한도 위헌성의 추정을 받는다. 사전제한은 국가와 국민에게 직접적이고, 즉각적이며, 회복할 수 없는 손해를 가져올 경우가 아니면 허용되지 않는다.

다섯째, 언론자유는 공표주의를 지향하고 국가기밀의 보호는 기밀주의를 지향한다. 공표주의와 기밀주의의 관계는 반드시 제로섬(*zero-sum*) 관계가 아니고 운용 여하에 따라서는 윈윈(*win-win*) 관계가 될 수도 있다.

여섯째, 세계적 추세는 기밀주의보다는 공표주의의 방향으로 움직이고 있다.

제 10 장

언론자유와 경제적 통제

1. 개념과 유형

언론의 경제적 통제란 경제체계가 언론에 행사하는 영향력을 총칭해서 의미한다. 이 경우, 언론에 영향력을 행사하는 경제체계는 언론을 소유하고 있는 사주집단과 언론에 광고물을 제공하는 광고주집단으로 구성된다. 따라서 언론의 경제적 통제는 사주에 의한 통제와 광고주에 의한 통제로 대별된다고 말할 수 있다.

언론의 경제적 통제는 다른 통제유형과는 달리 자유민주주의 사회와 자본주의 사회에만 존재하는 통제유형이다. 공산주의 사회와 사회주의 사회에서는 경제적 통제란 기본적으로 존재하기 어렵다. 언론의 공산주의 이론은 언론의 국가소유를 규정하고 있기 때문이다.

언론의 자유주의 이론가들은 언론의 기업적 성격에 대하여 충분히 설명하지 못하고 있다. 그 결과, 학자들은 그들의 학문적 정향에 따라서 언론의 사기업관과 언론의 공기업관으로 나누어져 논쟁하고 있다. 언론의 사기업관은 언론의 사적 소유에 근거한 입장이고, 언론의 공기업관은 언론의 공적 기능에 근거한 입장이라 하겠다. 자유민주주의 사회는 언론의 사적 소유와 공적 소유를 동시에 허용하고 있다.

자유주의언론은 이원구조(*dual structure*)라는 특수한 조직체계를 가지고 있다. 이원구조란 기업성 구조와 공익성 구조가 언론조직 내에 공존하면서 상호갈등하고 조화하는 상태를 의미한다. 기업성 구조의 목표는 이윤추구의 극대화, 경제적 이익의 극대화, 기업성의 구현에 있고, 공익성 구조의 목표는 정보유통의 극대화, 사회이익의 극대화, 공익성의 구현에 있다.

양 구조가 지향하는 궁극적 목적은 언론조직의 성장과 발전이다. 따라서 양 구조 간에는 목적적 갈등이란 존재하지 않는다. 양 구조 간에 존재하는 갈등이란 어디까지나 목표적 차원에서의 갈등이라 하겠다. 따라서 언론의 기업성 구조와 공익성 구조 간의 관계는 제로섬 관계라기보다는 통합적 관계로 이해해야 한다. 그러니까 양 구조는 마차의 양 바퀴와 같이 언론조직의 발전을 받치고 있는 두 개의 기본축이기 때문이다.

어떻게 보면, 언론의 기업적 성격을 두고 사기업이냐 혹은 공기업이냐의 논쟁은 언론발전을 위해서 그렇게 생산적인 작업이라고 보기 어렵다. 보다 생산적인 논쟁은 언론의 기업성 구조와 공익성 구조가 조직 내에서 어떤 관계를 유지할 때 언론발전이 최대한으로 구현되느냐에 있다고 하겠다.

그러한 차원에서, 세 가지 기본인식이 우선 강조되어야 한다. 첫째로, 언론이란 일반 사기업과는 달리 수많은 공적 기능을 수행하는 특수한 기업이란 사실에 대한 인식이다. 언론은 다른 일반기업이 수행하지 못하는 정보제공의 기능, 환경감시의 기능, 사회교육의 기능, 문화전승과 발전의 기능, 민주화의 기능, 역시기록의 기능 등을 수행한다.

둘째, 언론조직은 기업성 구조보다는 공익성 구조를 보다 강조할 때 보다 언론적이 된다는 사실의 인식이다. 언론조직이 공익성 구조보다는 기업성 구조를 보다 강조하면 일반 기업과 다를 바가 없다 하겠다.

셋째, 언론조직의 기업성 구조는 공익성 구조를 지원하고, 공익성 구조는 기업성 구조를 결코 외면하지 않는 통합적이고 상생적인 상호관계에 대한 인식이다. 자본주의 사회에서 언론의 기업성 구조를 지나치게 과소평가하는 태도는 바람직하지 않다고 보겠다.

2. 사주에 의한 통제

사주에 의한 통제란 언론기업을 소유하고 있는 소유주에 의한 통제를 의미한다. 사주에 의한 통제는 일반적으로 자본에 의한 통제와 경영에 의한 통제를 의미한다. 그리고 사주에 대한 통제는 조직외적 통제와 조직내적 통제를 포괄한다.

조직외적 통제란 모기업에 의한 통제를 의미하고, 조직내적 통제는 조직에 의한 구조적 통제를 의미한다. 모기업에 의한 통제는 기업독점과 집중에 의한 통제 차원이고, 조직에 의한 통제는 회사의 규정이나 정책에 의한 구조적 통제 차원이라 하겠다. 조직외적 통제와 조직내적 통제 간에는 유기적이고 역동적인 상호작용관계가 존재한다. 그리고 사주에 의한 통제는 통제유형 가운데 유일하게 조직외적과 조직내적으로 언론에 작용하는 특성을 가진다.

기자들은 왜 사주에 의한 통제에 순응하는가. 워런 브리드(Warren Breed)는 그 이유를 ① 불복에 대한 제재 때문에, ② 상급자에 대한 존경심과 의리감 때문에, ③ 자신의 승진욕구 때문에, ④ 불복을 뒷받침해 줄 조직 내 집단의식이 부재하기 때문에, ⑤ 내부집단(*inner circle*)에 속하고자 하는 기자의 욕망 때문이라고 제시한다.[22]

그러나 선진국의 경우에는 사주에 의한 통제는 점점 감소하는 추세를 보이고 있다. 그 이유는 ① 기자의 전문성이 향상하고 있기 때문에, ② 사주통제에 대한 법적 제재가 강화되고 있기 때문에, ③ 미디어 조직의 방대한 성격 때문에, ④ 수문장 과정(*gatekeeping process*)의 중요성에 대한 인식이 증대하기 때문에 등이다.

우리나라의 경우는 상반되는 경향을 보이고 있다. 신문매체의 경우, 사주에 의한 통제영역은 급격히 확대되는 추세를 나타내고 있다고 판단된다. 그 이유는 워런 브리드가 제시한 5가지 이유와 더불어 ① 신문경영이 어렵기 때문에, ② 정경유착의 현실적 필요성 때문에, ③ 신문사업은 고도의 경쟁적 사업이기 때문에, ④ 사주의 지배적 영향력을 견제할 만한 세력이나 제도가 부재하기 때문에 등이다.

방송매체의 경우에는 공영방송과 민영방송 간에 상당한 차이를 나타내고 있다. 민영방송은 신문매체와 마찬가지로 기본적으로 사주에 의한 통제하에 있고, 공영방송은 언론민주화와 더불어 등장한 노조의 압력 때문에 사주통제로부터 비교적 자유로운 상태에 있다고 판단된다.

1) 사주에 의한 조직외적 통제

사주에 의한 조직외적 통제란 전술한 바와 같이 기업독점이나 집중과 연관된 모기업에 의해서 행사되는 영향력을 의미한다. 이 통제는 조직 바깥에서부터 조직 안으로 행사되는 통제이기 때문에 조직외적 통제라고 부른다.

---

22) Warren Breed(1955), "Social Control of the Newsroom: A Functional Analysis", *Social Forces* 33, pp. 326~336.

(1) 독점과 집중의 형태

기업독점은 ① 체인과 네트워크형태, ② 통합소유형태, ③ 다각소유 형태, ④ 공동계약에 의한 경영형태로 분류된다. 체인과 네트워크형태는 동일인이 상이한 지역에서 다수의 동종매체를 소유하는 형태를 의미한다. 신문매체의 경우는 체인이라 부르고, 방송매체의 경우는 네트워크라 부른다.

통합소유형태는 동일인이 동일한 지역 내에서 다수의 이종매체를 소유하는 형태를 의미한다. 이 경우, 이종매체란 신문과 방송, 신문과 잡지, 신문과 출판 등의 통합소유를 말한다. 학자에 따라서는 매체횡단적 소유형태라고도 부른다.

다각소유형태는 동일인이 미디어기업과 다른 기업을 복합소유하는 형태를 의미한다. 여기에는 수직적 소유형태와 대각선적 소유형태가 포함된다. 수직적 소유형태란 미디어기업과 연관 기업과의 복합소유를 의미하고, 대각선적 소유형태란 미디어기업과 연관성이 없는 일반기업과의 복합소유를 의미한다.

공동계약에 의한 경영형태는 편집권은 독립해서 운영하되 제작·인쇄·광고·판매 등은 공동계약에 의해서 함께 경영하는 형태를 의미한다. 뉴멕시코 주 앨버커키 시의 〈더 트리뷴〉(*The Tribune*)과 〈더 저널〉(*The Journal*)이 1933년에 처음 시도한 이후 경영합리화의 한 방안으로 급격히 확산되는 경영형태라고 말할 수 있다. 우리나라에는 이러한 경영형태가 현재 존재하지 않는다.

(2) 독점과 집중의 실태

미국의 경우, 일간지를 가진 1,500개 도시 가운데 1,450개 도시에서 조간과 석간이 동일 소유주에 의해서 체인으로 운영되고 있다. 소유주가 다른 경쟁지를 가진 도시로는 뉴욕, 보스턴, 필라델피아 등이 있다. 전체 라디오의 2/3가 네트워크 소유되고 있고, 전체 텔레비전국의 83%가 네트워크 소유되고 있다. 이러한 경향은 해를 거듭할수록 빠르게 확산되고 있다고 판단되다.

주된 이유는 ① 제작비의 급격한 상승, ② 규모의 경제논리, ③ 소유주의 관심과 참여의 증대 등이다. 미국사회는 이러한 독점과 집중경향을 독점방지법(Anti-Trust Law)으로 규제하고 있다.

우리나라에는 신문매체의 체인화는 존재하지 않는다. 그러나 동일 소유주가 일간지, 주간지, 연예스포츠지, 소년지, 영자지, 잡지 등을 다수 소유하는 수평적 통합소유형태는 존재한다. 이러한 통합소유형태를 신문에 의한 '문어발식 확장'이라 부른다. 이러한 '문어발식 확장'은 ① 타 매체와의 공정경쟁을 저해하고, ② 타 매체사의 경영적 위기를 초래하여, ③ 미디어 보이스(*media voice*)를 축소한다는 차원에서 비난의 대상이 되고 있다. 미디어 보이스란 동일 소유주가 일간지, 주간지, 월간지 등을 수평적으로 통합소유할 경우 매체사가 가진 목소리는 여러 개가 아니고 하나라고 주장하는 원리를 의미한다.

방송의 경우, KBS는 전국의 지방방송국(AM, FM, TV)들을 네트워크화하고 있고 MBC는 전국의 지방방송국들과 제휴·연합하고 있다. KBS와 MBC는 위성방송, 케이블방송 등 뉴미디어산업에도 광범위하게 참여하고 있다.

우리나라의 신문법은 신문과 방송의 겸영을 금지하고 있기 때문에 신문과 방송의 통합소유형태는 존재하지 않는다. 그러나 뉴미디어산업의 등장은 새로운 문제를 야기하고 있다. 현실적으로 신문은 현재 케이블방송을 운영하고 있고, 위성방송 사업에도 참여하고 있다. 방송과 통신의 융합 추세는 이러한 통합소유형태를 더욱 확대하리라 전망된다.

우리 사회에는 다각소유형태가 광범위하게 존재하고 있다. 그러니까 수직적 복합소유와 대각선적 복합소유가 다양하게 존재한다는 뜻이다. 수직적 복합소유의 경우는 신문이 제지회사나 잉크회사 등을 복합 소유하는 경우이고, 방송은 전기나 전자제품회사 등을 복합소유하는 경우이다. 이러한 수직적 복합소유형태는 최근에 와서 급격히 감소하는 경향을 보이고 있다.

대각선적 복합소유의 사례로는 〈중앙일보〉와 삼성그룹, 〈동아일보〉와 삼양사, 〈조선일보〉와 코리아나 호텔, 〈문화일보〉와 현대그룹과의 관계 등을 생각할 수 있겠다. 대각선적 복합소유형태 역시 여러 가지 법적 제재 때문에 급격히 감소하는 경향을 보이고 있다.

(3) 독점에 대한 찬반논쟁

독점에 대한 논쟁은 크게 찬성론과 반대론으로 나누어진다. 찬성론은 언론을 사기업으로 보는 미디어 경제학자들에 의해서 주로 제기되는 입장이고, 반대론은 언론을 공기업으로 보는 언론학자들에 의해서 주로 제기되는 입장이라 하겠다.

찬성론은 뉴스를 정보상품으로 인식하고 언론활동을 경제적인 수급관계로 파악한다. 찬성론은 경제를 언론의 주요활동으로 간주하며 가격경쟁 이론을 중시한다. 따라서 찬성론은 언론사 간의 경쟁을 중시하고 정부의 간섭이나 개입을 철저히 배격한다.

찬성론의 요지를 요약하면 다음과 같다.

① 독점은 자본축적을 가능케 하고, 경영부실을 해결하고, 새로운 개혁을 시도할 수 있기 때문에 언론창달에 기여한다.
② 독점은 규모의 경제를 가능케 하기 때문에 원가절감의 효과를 창출한다.
③ 독점은 불필요한 과다경쟁을 완화하는 데 기여한다.

④ 독점은 독점상태이기 때문에 경영진의 사회적 책임감을 고취한다.
⑤ 독점은 사원들의 후생복지 수준을 향상하는 데 기여한다.
⑥ 독점상태는 언론의 질을 결코 훼손하지 않는다.

반대론은 뉴스를 정보상품으로 인식하지 않으며, 언론활동을 단순히 경제적인 수급관계로 파악하지 않는다. 반대론은 경제의 가치는 인정하지만 경제를 언론의 가장 중요한 활동으로 간주하지 않으며, 가격경쟁 이론을 중시하지 않는다. 따라서 반대론은 언론사 간의 경쟁의 가치는 인정하지만 약육강식적 무한경쟁 상태를 인정하지 않으며, 필요한 경우 정부의 긍정적인 참여를 인정한다.

반대론의 요지를 요약하면 다음과 같다.

① 독점은 독점상태에 안주한 나머지 개혁을 거부하기 때문에 언론 창달에 기여하지 않는다.
② 독점은 언론과 여타 기업 간의 유착현상을 심화시킨다.
③ 독점은 독과점상태를 유발하기 때문에 정보소비자의 희생을 강요한다.
④ 독점은 선의의 경쟁을 제한하기 때문에 언론발전을 저해한다.
⑤ 독점은 언론자유를 손상하고 민주주의의 기초를 훼손한다.
⑥ 독점상태는 언론의 질을 훼손한다.

(4) 독점방지책

언론학은 기본적으로 언론의 공기업 이론, 언론의 공익우선주의, 언론의 문화주의를 존중하기 때문에 언론의 사기업 입장과 독점 찬성론을 반대한다. 따라서 언론학은 독점으로부터 야기되는 폐해를 개선하기 위해서 독점상태를 축소하고 방지하기 위한 방안들을 강구하게 된다. 대표적인 독점방지책을 몇 가지 제시하면 다음과 같다.

① 법에 의한 방지책

법에 의한 방지책으로서는 독점방지법(Anti-Trust Law), 신문보존법(Newspaper Preservation Act), 겸영금지규정 등이 있다. 독점방지법은 기업 합동을 방지하는 법이고, 신문보존법은 유력한 신문이 경쟁을 이기지 못해 폐간되는 것을 막기 위한 법이고, 겸영금지규정은 신문과 방송의 겸영을 금지하는 법률규정이다.

② 심사에 의한 방지책

심사에 의한 방지책으로서는 미국의 연방통신위원회(Federal Communications Commission)의 심의제도와 캐나다의 신문소유심사기구(Press Ownership Review Board)의 심사제도 등이 있다. FCC는 방송사로 하여금 전국적인 기준으로 AM, FM, TV 각각 12개 이상의 소유를 금지하고 있다. 1개 시를 기준으로 했을 경우 AM, FM, TV 1개 이상의 소유를 금지하고 있다. 캐나다의 신문소유심사기구는 신문소유권이 이동할 경우 심사해서 필요한 경우 독과점적 기업합동이 발생하지 않도록 규정으로 이동을 제한하고 있다.

③ 정부보조금에 의한 방지책

정부보조금에 의한 방지책에는 스웨덴을 포함한 북유럽 국가들의 보조금 지원제도 등이 있다. 북유럽 국가들은 유력한 신문이 경영난으로 문을 닫을 경우 보조금을 지원함으로써 미디어 보이스(*media voice*)를 확보하고 있다.

④ 편집권의 독립을 통한 방지책

편집권 독립을 통한 방지책으로서는 프랑스의 유력지 〈르몽드〉(*Le Monde*)의 사원주주제도와 독일의 유력지 〈프랑크푸르터알게마이네차이퉁〉(*Frankfurter Allgemeine Zeitung*)의 특수법인화제도 등이 있다. 〈르몽드〉 모델은 사원으로 하여금 회사주식의 50% 이상을 소유케 함으로써 기업이동을 방지하는 방법이고, 〈프랑크푸르터알게마이네차이퉁〉 모델은 신문사를 회사 정관으로 특수법인화함으로써 기업이동을 사전에 방지하는 방법을 말한다.

이 외에도 시민감시에 의한 방지책과 언론전문화를 통한 방지책 등이 있을 수 있다. 시민감시에 의한 방지책이란 언론독점과 집중에 대한 미디어 소비자운동과 같은 공적 통제력을 강화함으로써 기업합동을 방지하는 방법이고, 언론전문화를 통한 방지책은 언론의 전문성 수준을 향상함으로써 기업합동을 방지하는 방법을 의미한다.

(5) 몇 가지 의문과 쟁점

언론의 독점과 집중문제를 논의하면서 제기되는 첫 번째 의문은 신문과 방송을 같은 차원에서 논의해도 되는가의 문제이다. 신문과 방송은 둘 다 언론임에는 틀림없지만 신문은 기본적으로 사적 소유임에 비해서 방송은 기본적으로 공적 소유의 형태를 취한다. 방송은 전파의 공공성과 희소성 때문에 기본적으로 공적 성격을 띨 수밖에 없지만 신문에는 그러한 요구가 있을 수 없다. 그리고 방송은 방송의 특성상 대중적 영향력을 높게 가지는 데 비해 신문은 신문의 특성상 공중적 영향력을 높게 가진다. 따라서 매체 간 이러한 차이들은 자연히 언론의 독점과 집중문제를 논의할 때 고려될 필요성이 제기된다.

두 번째 의문은 전통미디어와 뉴미디어를 같은 차원에서 논의할 수 있느냐의 문제이다. 예를 들면, 공중파 방송과 CATV, DBS, IPTV 등을 같은 차원에서 논의해도 되는가, 순수한 방송현상과 방송·통신융합에서 생겨나는 방송현상을 같은 차원에서 논의해도 되는가. 따라서 이러한 매체 간의 차이들은 함께 고려될 필요성이 제기된다.

세 번째 의문은 정부나 정부기관이 다양한 형태로 미디어를 다수 소유하는 현상을 어떻게 보아야 하는가의 문제제기이다. 개인기업에 의한 미디어 집중과 정부기관에 의한 미디어 집중을 같은 차원에서 논의해도 되는가, 개인기업에 의한 집중화를 막기 위한 조치로서 정부기관에 의한 집중화가 초래되는 현상을 어떻게 보아야 하는가. 이러한 현상은 기본적으로 언론의 자유주의 이론에 배치되는가.

네 번째 의문은 국가적 특수성을 어떻게 보아야 하는가의 문제제기이다. 미국은 신문이 재정적으로 튼튼해서 여타 기업을 흡수하는 경우라면, 우리나라는 신문이 재정적으로 어려워서 일반기업이 개입하는 경우라 할 수 있다. 이러한 국가적 차이는 함께 논의되는 게 바람직하다.

다섯 번째 의문은 독점의 장단점 주장들이 경험적 연구에 의해서 뒷받침되고 있느냐의 문제제기이다. 예를 들면, 독점상태가 과연 미디어 내용에 어떤 영향을 미치는가, 독점상태가 경쟁을 완화하는가 촉발하는가, 독점상태가 경영진의 책임을 고취하는가 이완시키는가, 독점상태가 기자의 후생복지 수준을 향상시키는가 아니면 저하시키는가, 독점상태가 언론창달에 기여하는가 저해하는가 등이다. 경험적인 연구가 없는 주장은 공허하기 때문에 이러한 문제들에 대한 경험적 연구의 필요성이 절실히 요구된다 하겠다.

2) 사주에 의한 조직내적 통제

이 부분은 제 12장 언론자유와 조직적 통제에서 상세히 논의되기 때문에 여기서는 생략한다.

3. 광고주에 의한 통제

1) 광고주 통제의 배경

첫 번째 배경은 광고환경의 대두라고 말할 수 있다. 프랑스의 광고 전문가인 로베르 궤링(Robert Guérin)은 "우리가 숨 쉬는 공기는 산소, 질소, 광고로 구성되어 있다"라고 말한다. 현대사회에서 광고가 차지하는 지배적 환경을 단적으로 표현한 통찰력이라고 판단된다.

에릭 프롬(Eric Fromm)은 인간의 본성을 '소비적 존재'(*Homo Consumers*)로 파악한다. 그러니까 프롬은 인간의 본성 속에 광고적 요소가 내재되어 있음을 시사한다고 말할 수 있다. 소비와 광고 간에는 긴밀한 관계가 있다고 말할 수 있다.

광고환경의 대두에 결정적으로 영향을 준 요소는 자본주의와 시장경제의 발달이다. 광고학은 '광고는 자본주의의 꽃'이라고 설명한다. 광고는 기본적으로 자본주의 사회에서만 존재하는 현상이 된다. 자본주의의 발달은 광고의 필요성을 극도로 증대시키는 데 기여했다.

두 번째 배경은 미디어산업과 광고산업 간의 긴밀한 관계이다. 미디어 산업은 광고재원이 없이는 현실적으로 존재하기 어렵다. 매체 간에 약간의 차이는 있지만 신문의 광고수입은 전체 수입의 80% 이상이고, 방송의 광고수입은 거의 100%라고 말할 수 있다.

광고는 미디어를 통해 전달된다. 최근에 와서 뉴미디어 광고가 급속히 증가하지만 아무래도 신문·방송광고가 광고의 중심이라고 말할 수 있다. 따라서 광고의 중요성이 증대하면서 광고주의 영향력 또한 증가하는 추세를 보이고 있다.

2) 광고주 통제의 유형

광고주는 언론에 대하여 다양하게 영향력을 행사한다.[23] 첫 번째 통제유형은 광고물 자체를 통한 영향력 행사이다. 광고주는 언론에 광고물을 주고 안주고 함으로써 영향력을 행사하게 된다. 언론기업에서 광고의 비중이 증대하면 할수록 광고주의 영향력은 증대하는 것이다.

두 번째 유형은 관련 내용의 요구를 통한 영향력 행사이다. 광고주는 광고를 주는 대가로 기업과 관련된 기사의 게재 혹은 삭제, 기사의 확대 혹은 축소, 기업홍보 기사의 요구, 기업홍보 기사의 확대 혹은 축소 등을 요구할 수 있다. 경우에 따라서는 프로그램 중간에 자사제품을 노출하도록 요구할 수도 있다. 이러한 현상을 PPL(*product placement*)이라고 부른다.

세 번째 통제유형은 경쟁회사의 제품금지를 통한 영향력 행사이다. KAL이 후원한 프로그램에는 경쟁사인 Asiana의 광고는 금지되고, 권연담배의 프로그램에는 다른 유형의 담배광고는 금지되도록 요구된다.

네 번째 통제유형은 논쟁적 주장회피를 통한 영향력 행사이다. 자동차 회사가 후원한 프로그램에서는 자동차 공해나 대기오염과 같은

---

23) Peter M. Sandman et al. (1972), *Media: Introductory Analysis of American Mass Communications*, Englewood Cliffs, N. J: Prentice-Hall, pp. 134~137.

논쟁은 금지되고, 담배회사가 후원한 프로그램에서는 담배유해론은 금지하도록 요구된다.

다섯 번째 통제유형은 직접참여를 통한 영향력 행사이다. 광고주는 프로그램을 후원하는 대가로 프로그램 중간에 자사제품을 노출시킨다. 이것을 전술한 바와 같이 PPL이라고 부른다. 광고주는 프로그램을 후원하는 대가로 방송대본을 조정하기도 한다. 이것을 광고주 스폰서 프로그램이라 부른다. 미국의 코카콜라 회사는 폭스방송사가 방영하는 〈아메리칸 아이돌〉의 제작비를 지원하는 대가로 방송 중간의 광고시간에는 코카콜라 광고가 나오도록 할 뿐만 아니라 참가자들이 인터뷰하는 대기실에는 코카콜라 캔이 가득하고, 심사위원석에는 항상 코카콜라 컵이 놓여있도록 조치한다. 〈아메리칸 아이돌〉은 인기 있는 10대들의 연예콘테스트 프로그램이다.

3) 광고주 통제의 역기능

어느 사회를 막론하고 광고의 가치 자체를 부인하는 것은 적절하지 않다. 특히 자본주의 사회에서 광고란 전술한 바와 같이 '자본주의의 꽃'으로서 수많은 정기능을 수행한다. 미국광고협회(AAA: American Advertising Association)는 광고의 5대효과를 ① 제품과 용역에 대한 정보제공의 효과, ② 판매증가의 효과, ③ 가격인하의 효과, ④ 경쟁촉진의 효과, ⑤ 신제품 도입의 효과로 압축해서 설명한다.

현대사회에서 광고는 산소, 질소와 같은 가장 중요한 환경이 되고 있다. 따라서 현대사회를 사는 현대인간은 광고적 환경으로부터 하루도 해방될 수 없는 게 오늘날의 현실이다.

언론기업의 경우 광고는 필수적인 존재가 된다. 신문이나 잡지, 방송이나 인터넷미디어 등은 광고의 지원 없이는 사실상 존재하기 어렵다. 광고는 편집과 더불어 언론을 받치고 있는 두 개의 핵심기둥이라고 말할 수 있다.

문제는 광고주가 광고의 대가로 언론에 영향력을 행사할 때 발생한다. 광고주의 영향력 행사와 관련해서 제기되는 문제점으로는 ① 공익성보다는 기업성의 상대적 강조, ② 공공정보의 감소, ③ 미디어 내용의 왜곡이나 편향, ③ 사주 영향력의 상대적 증가, ⑤ 광고부서의 영향력 증대, ⑥ 국민의 알권리와 언론자유의 훼손, ⑦ 민주주의의 훼손 등이 제기된다.

4) 광고주 통제에 대한 방지책

광고의 정기능은 얼마든지 제고되어야 하지만 광고의 역기능은 방지하는 게 바람직스럽다. 광고의 역기능에 대한 방지책으로서는 ① 법적 차원의 방지책, ② 윤리적 차원의 방지책, ③ 사회적 차원의 방지책, ④ 언론 차원의 방지책 등이 제시될 수 있다.

법적 차원의 방지책은 공정거래법, 소비자보호법, 광고심의규정 등으로 방지하는 차원을 의미하고, 윤리적 차원의 방지책은 광고윤리강령의 제정과 운용, 광고심의의 강화, 광고주의 행동규범 제정과 운용 등을 통한 방지 차원을 의미한다. 사회적 차원의 방지책은 수용자 운동의 활성화와 언론소비자 운동의 확대와 같은 사회적 통제를 통한 방지 차원을 의미하고, 언론 차원의 방지책은 자체심의의 강화, 광고주 통제에 대한 거부, 편집권 독립을 위한 노력 등을 통한 방지 차원을 의미한다.

5) 몇 가지 의문과 쟁점

광고주 통제와 관련해서 제기되는 첫 번째 의문은 기업이 제공하는 각종 협찬과 관련된다. 순수한 협찬이란 현실적으로 존재하는가. 협찬과 관련해서 광고주의 입김이 개입될 소지가 있는가. 언론은 기업으로부터 협찬을 받지 않고는 프로그램이나 특집기사를 제작할 수 없는가 등이다.

두 번째 의문은 광고심의와 광고에 대한 자율규제와 관련된다. 광고심의와 자율규제는 광고주 통제와 관련해서 어떤 의미를 가지는가. 광고심의와 자율규제는 광고주의 입김을 완화하는 데 기여하는가. 현실적으로 광고심의와 자율규제는 광고주의 내·외적 압력을 막을 수 있는가 등이 제기될 수 있다.

세 번째 의문은 부수공개와 시청률공개와 관련된다. 부수공개와 시청률공개는 광고주 통제와 관련해서 어떤 의미를 가지는가. 부수공개와 시청률공개는 언론에 대한 광고주의 입김을 강화하는가 약화하는가. 부수공개와 시청률공개는 광고주와의 관계에서 언론의 위상을 상대적으로 강화시키는가 아니면 약화시키는가 등이다.

네 번째 의문은 한국방송광고공사(KOBACO)에 의한 방송광고독점과 관련된다. KOBACO에 의한 광고독점은 광고주 통제와 관련해서 어떤 의미를 가지는가. KOBACO에 의한 광고독점이 광고주의 입김을 약화시키는가 아니면 강화시키는가. KOBACO 운영이 신문광고에는 어떤 영향을 미치는가. 자본주의경제에서 광고독점을 어떻게 보아야 하는가. KOBACO 독점은 외국광고회사와의 관계에서 어떤 문제와 갈등을 야기하는가 등이다.

다섯 번째 의문은 광고시장 개방과 관련된다. 광고시장 개방은 광고주 통제와 관련해서 어떤 의미를 가지는가. 광고시장 개방은 광고주의 입김을 완화하는 데 기여하는가 아니면 강화하는 데 기여하는가. 광고시장 개방은 또 다른 광고주 통제를 의미하는가 등이다.

광고주 통제와 관련해서 제기되는 첫 번째 쟁점은 신문지면이나 방송시간에서 차지하는 광고의 비중과 관련된다. 광고가 전체지면의 50%를 넘는 경우 이것은 신문인가 아니면 광고지인가. 광고수입만으로 운영되는 신문과 잡지를 어떻게 보아야 하는가. 방송의 경우에는 불가능한 사실이 왜 신문이나 잡지에는 가능한가. 방송의 경우 광고는 전체 방송시간의 몇 퍼센트가 적절한 양인가 등이다.

두 번째 쟁점은 전면광고 현상과 관련된다. 전면광고 현상 때문에 기사의 양이 상대적으로 축소되는가. 전면광고는 언론으로서 신문의 품격에 어떤 영향을 미치는가. 전면광고는 실제 그만큼 광고적 효과가 있는가 등이다.

세 번째 쟁점은 신문의 경우 광고의존도의 급격한 증가현상과 관련된다. 선진국의 경우 구독료수입과 광고수입 간의 비율은 4대6 정도가 적당하다고 보는데 우리나라의 경우는 어떻게 보아야 하는가. 지방지의 경우 그 비율이 1대9가 되는 사례가 많고 일부 신문은 전술한 바와 같이 광고수입만으로 운영되고 있다. 언론이 언론으로서 존재하고 기능하기 위해서는 그 비율의 적정선은 무엇인가 등이다.

네 번째 쟁점은 정부에 의한 의도적 광고배분 문제와 관련된다. 노무현 정부의 국정홍보처는 2007년 1월부터 정부부처와 공공기관으로 하여금 어떤 매체에 얼마만한 광고를 얼마만한 크기로 내는지를 사전에 보고하도록 지시하였다. 그 결과 〈서울신문〉, 〈한국일보〉, 〈한겨레〉, 〈경향신문〉은 정부광고 수주 1, 2, 3, 4위가 되었고, 〈문화일보〉는 8위, 〈조선일보〉와 〈동아일보〉는 최하위를 기록했다.

정부에 의한 광고배분을 통제론적 차원에서 어떻게 인식해야 하는가. 정부에 의한 광고배분은 형식적으로는 경제적 통제이지만 내용적으로는 정치적 통제로 파악된다. 기업에 의한 광고배분은 광고주의 입김 정도에 머물지만 정부에 의한 의도적인 광고배분은 언론기업의 생사를 결정할 수도 있다. 따라서 자유민주주의 국가에서는 광고를 통한 정부의 영향력 행사를 가장 사악한 통제유형의 하나로 규정한다.

다섯 번째 쟁점은 외국기업에 의한 우리나라 광고회사의 급격한 흡수사태와 관련된다. 우리나라의 경우, 기업이 어려우면 왜 광고회사부터 처분하는가. 이는 우리나라만의 독특한 현상인가 아니면 세계적으로 보편적인 현상인가. 우리나라의 유력한 광고회사들이 대부분 외국기업에 의해서 최근 흡수통합된 사태를 어떻게 보아야 하는가.

이러한 현상을 통제론적 차원에서 어떻게 인식해야 하는가. 우리나라 광고회사와 외국기업에 흡수된 광고회사의 출현은 광고주에 의한 통제를 완화하는 데 기여하는가 아니면 강화하는 데 기여하는가.

여섯 번째 쟁점은 광고와 관련된 언론의 부정적 관행과 관련된다. 광고가 언론경영에서 차지하는 비중이 급격히 증가하면서 광고거래와 관련된 언론의 비윤리성, 무책임성, 비전문성 등이 위험수위에 육박하고 있는 게 오늘날의 현실이다. 논란의 기사가 나간 후 특정광고가 게재되는 사례, 특정광고가 나간 후 관련기사가 게재되는 사례, 광고를 우선 게재하고 난 후 광고요금을 청구하는 사례, 광고를 기사와 비슷하게 게재하는 사례, 광고판매와 관련된 부정적인 관행 등이 대표적인 사례들이다.

언론에 의해서 자행되는 이러한 부정적 관행들이 통제론적 차원에서 어떤 의미를 가지는가. 이러한 부정적인 관행들이 광고주 통제를 완화하는 데 기여하는가 아니면 강화하는 데 기여하는가. 이러한 부정적 관행들이 언론과 광고주 간의 유착상태를 조장하는가. 이러한 관행들이 정부개입의 빌미를 제공하는 데 기여하는가 등의 쟁점들이 제기된다.

제 11 장

언론자유와 사회적 통제

1. 사회적 통제의 개념과 배경

사회적 통제는 넓은 의미의 사회적 통제와 좁은 의미의 사회적 통제로 분류된다. 넓은 의미의 사회적 통제는 시민에 의한 통제(*civic control*)와 공중에 의한 통제(*public control*)를 의미하고, 좁은 의미의 사회적 통제는 언론 소비자에 의한 통제(*consumer control*)와 언론 수용자에 의한 통제(*receiver control*)를 의미한다.

사회적 통제의 배경으로는 사회적 차원의 배경, 이론적 차원의 배경, 학문적 차원의 배경, 법적 차원의 배경이 존재한다. 사회적 차원의 배경으로는 인본주의의 대두와 인간의 재발견, 민주주의의 향상과 주권사상의 대두, 시민사회의 등장과 시민의식의 향상 등으로 설명된다.

이론적 차원의 배경으로는 언론의 사회책임 이론의 등장과 새로운 언론패러다임의 모색 움직임 등으로 설명된다. 언론의 사회책임 이론은 언론의 자유주의 이론에 대한 수정이론으로서 자유주의 언론의 행태에 대해여 다음과 같은 비판의 주제를 제시한다.

(1) 자유주의 언론은 자신의 이익을 위해 권력을 행사한다.
(2) 자유주의 언론은 기업이나 광고주에게 구조적으로 취약하다.
(3) 자유주의 언론은 사회변혁에 소극적이다.
(4) 자유주의 언론은 선정주의에 빠져있다.
(5) 자유주의 언론은 대중을 도덕적으로 타락시킨다.
(6) 자유주의 언론은 개인의 사생활을 침해한다.
(7) 자유주의 언론은 정치집단에 의해 통제되고, 대중은 언론에의 접근권을 박탈당한 나머지 사상의 공개시장 이론은 위험에 직면하고 있다.

따라서 언론의 사회책임 이론은 이러한 자유주의 언론의 부정적 행태들을 개선하기 위해서 ① 감시기능의 제도화, ② 교육·연구기능의 강화, ③ 자율규제의 활성화 등을 제시한다. 요약하면 언론의 사회적 책임 이론은 언론에 의한 사회적 책임성의 강조와 사회적 통제의 중요성에 대한 강조로 압축된다고 말할 수 있다.

더 나아가 언론의 4이론을 보완할 수 있는 대안이론으로서 ① 언론의 민주사회주의 이론, ② 언론의 개발주의 이론, ③ 언론의 민주참여주의 이론, ④ 언론의 다원주의 이론 등이 새롭게 제시되었다. 언론의 민주사회주의 이론은 사회주의적 요소를 강조한 이론이고, 언론의 개발주의 이론은 개발주의적 요소를 강조한 이론이다. 언론의 민주참여주의 이론은 참여주의적 요소를 강조한 이론이고, 언론의 다원주의 이론은 다원주의적 요소를 강조한 이론이라고 말할 수 있다. 이 4가지 대안 이론 가운데서 언론의 사회주의 이론과 언론의 민주참여주의 이론이 언론에 대한 사회적 통제의 중요성을 상대적으로 더욱 강조하고 있다고 말할 수 있다.

학문적 차원의 배경으로는 수용자상의 변화와 그에 따른 수용자 패러다임의 변화 등으로 설명된다. 언론학의 최근 연구들은 언론 수용자가 ① 소극적 존재로부터 적극적 존재로의 변화, ② 수동적 존재로부터 능동적 존재로의 변화, ③ 정태적 존재로부터 동태적 존재로의 변화, ④ 변화무쌍한 존재로부터 완고한 존재로의 변화 등을 밝혀내고 있다. 이러한 수용자상의 변화와 더불어 수용자 패러다임도 "언론은 수용자를 위해서 무엇을 할 것인가"로부터 "수용자는 언론과 더불어 무엇을 할 것인가"로 변화하게 되었다.

법적 차원의 배경으로는 시민의 법의식 향상, 기본권에 대한 법적 보장의 확대, 법적 조화사조의 대두 등으로 설명된다. 법적 조화사조란 언론자유와 공공성·공익성을 조화하자는 시대사조를 의미한다. 자유론자에 따르면 언론자유는 역사 속에서 무관심사조, 통제사조, 자유사조, 조화사조로 진화해왔다고 설명된다.

2. 사회적 통제의 유형

사회적 통제는 직접적 사회통제와 간접적 사회통제로 대별된다. 직접적 사회통제는 적극적 사회통제를 의미하고, 간접적 사회통제는 소극적 사회통제를 의미한다.

직접적 사회통제는 다시 ① 조직을 통한 통제, ② 미디어 참여를 통한 통제, ③ 공적 규제력을 통한 통제, ④ 미디어 운영을 통한 통제로 분류된다.

조직을 통한 통제는 언론에 대한 사회적 영향력을 행사할 수 있는 압력단체의 구성이나 운동의 전개를 통한 사회적 통제를 의미한다. 예를 들면, 바른 언론을 위한 시민연대, 경실련미디어워치, 민주언론운동시민연합, 언론인권센터, 한국시청자연대회의, 한국여성민우

회미디어운동본부와 같은 압력단체의 구성이나 시청거부운동, 시청료거부운동, 신문안보기운동, NIE(Newspaper in Education)운동, 언론소비자운동, 매체교육(*media education*)운동, 국어순화운동과 같은 운동의 전개 등을 의미한다.

미디어 참여를 통한 통제는 수용자가 직접 혹은 간접으로 미디어에 참여함으로써 사회적 영향력을 행사하는 통제유형을 의미한다. 예를 들면, 메일보내기·편지쓰기·전화걸기·독자투고·칼럼쓰기 등과 같은 간접적 참여를 통한 사회적 영향력을 행사하는 경우라든가 아니면 직접 좌담이나 프로그램에 참여하든지 광고시간이나 지면을 사서 광고를 통해서 사회적 영향력을 행사하는 경우 등을 제시할 수 있다.

공적 규제력을 통한 통제는 수용자가 참여하는 공적 규제기구의 영향력 행사를 통한 통제유형을 의미한다. 수용자가 참여하는 공적 규제기구로서는 방송통신위원회, 언론중재위원회, 청소년위원회, 공정거래위원회, 발행부수공사제도(ABC) 등을 포함한 각종 심의기구와 윤리기구들이 존재한다.

미디어 운영을 통한 통제는 수용자가 직간접적으로 미디어를 운영함으로써 사회적 영향력을 행사하는 통제유형을 의미한다. 신문의 경우로는 〈한겨레〉, 〈경향신문〉, 〈서울신문〉과 같은 사원이 대주주가 되어 운영하는 형태와 〈강원일보〉와 같이 강원도민이 대주주가 되어 운영하는 형태 등이 있고, 방송의 경우로는 시민 라디오방송과 같은 형태가 있을 수 있다.

간접적 사회통제는 ① 수용자 의식을 통한 간접적 통제, ② 평가와 격려를 통한 간접적 통제, ③ 조사·연구를 통한 간접적 통제, ④ 비평활동을 통한 간접적 통제로 분류된다.

수용자 의식을 통한 간접적 통제란 제작과정에서 언론인들이 가지는 수용자 의식이 언론인에게는 간접적인 사회적 통제요인으로 작용하는 통제상태를 의미한다. 언론인들이 제작과정에서 의식하는 주요 집단으로서는 편집간부, 동료기자, 수용자집단, 경영집단, 광고주집단, 비평가, 가족이나 친지 등 다양하게 존재하지만 그중에서도 언론인들은 편집간부와 수용자집단을 가장 의식하는 것으로 나타난다.

평가와 격려를 통한 간접적 통제란 언론인들이 만든 기사나 프로그램에 대한 사회적 평가가 언론인에게는 간접적인 사회적 통제요인으로 작용하는 통제상태를 의미한다. 관련단체는 기사나 프로그램에 대하여 여러 가지 방법으로 평가하고 격려한다.

첫 번째 평가는 우수한 기사와 프로그램에 대하여 상을 시상하는 방법이다. 언론단체, 시민단체, 학술단체 등은 언론인들이 생산한 기사나 프로그램에 대하여 보도상, 편집상, 프로그램상 등을 수상한다. 경우에 따라서는 기자와 PD에게 상을 직접 시상하기도 한다.

두 번째 평가는 우수한 기사와 프로그램을 생산한 언론인에게 지원 혜택을 제공하는 방법이다. 언론재단, 학술재단, 문화재단 등은 우수한 언론인들에게 제작지원, 연수지원, 저술지원, 조사·연구지원 등을 제공하고 있다.

세 번째 평가는 우수한 기사나 프로그램 등을 공개적으로 추천하는 방법이다. 언론단체, 학술단체, 시민단체 등은 우수한 기사·프로그램·비디오·도서·영화 등을 수용자의 선택을 위해 공개적으로 추천한다.

조사·연구를 통한 간접적 통제란 미디어 내용에 대한 체계적인 조사·연구가 언론인에게는 간접적인 사회적 통제요인으로 작용하는 통제상태를 의미한다. 학술단체, 언론단체, 수용자단체 등은 미디어 내용에 대하여 체계적인 조사·연구를 실시해서 그 결과를 공개적으로 발표한다. 업계는 업계대로 미디어 내용에 대한 업계보고서를 발표하기도 하고, 관련단체들은 미디어 내용에 대한 세미나, 토론회,

공청회 등을 개최해서 그 결과를 발표하기도 한다.

비평활동을 통한 간접적 통제란 미디어 내용에 대한 체계적인 비평활동이 언론인에게는 간접적인 사회적 통제요인으로 작용하는 통제상태를 의미한다. 비평은 언론발전의 원동력이기 때문에 언론단체, 학술단체, 수용자단체 등은 미디어 내용에 대하여 객관적으로 비평하여 그 결과를 공개적으로 발표한다.

언론내용에 대한 모니터 활동은 넓은 의미의 비평활동에 포함된다고 말할 수 있다. 관련단체들은 미디어 내용에 대하여 신문모니터 활동, 방송모니터 활동, 인터넷모니터 활동, 비디오모니터 활동, 영화모니터 활동 등을 전개해서 그 결과를 공개하기도 한다.

3. 사회적 통제와 문화적 통제

사회적 통제는 사회체계에 의한 영향력 행사를 의미하고, 문화적 통제는 문화체계에 의한 영향력 행사를 의미한다. 사회체계는 사회규범과 사회단체로 구성되고, 문화체계는 문화규범과 문화단체로 구성된다. 그러니까 사회단체는 사회규범에 토대해서 언론에 영향력을 행사하고, 문화단체는 문화규범에 토대해서 언론에 영향력을 행사하는 것이다.

이러한 이유 때문에, 사회적 통제와 문화적 통제는 개념상 상이한 통제유형이라고 말할 수 있다. 따라서 이 책은 제2장 제3절에서 언론에 영향을 주는 외적 통제요인으로 정치적 통제, 경제적 통제, 사회적 통제, 문화적 통제로 나누어서 개념화한 바 있다. 개념적으로 보면, 사회단체와 문화단체는 상이한 단체이고, 사회규범과 문화규범도 상이한 규범이 된다.

그러나 실제적인 차원에서 보면, 사회단체와 문화단체를 엄격하게 구분하기 어렵고, 사회규범과 문화규범 간에도 상호 중첩되는 국면이 많다. 이러한 이유 때문에, 학자에 따라서는 사회적 통제와 문화적 통제를 합쳐서 사회문화적 통제로 개념화하기도 한다.

사회적 통제와 문화적 통제 간의 관계는 학자의 학문적 정향에 따라서 다르게 규정된다. 사회학적인 정향을 가진 학자들은 문화를 사회현상의 일부로 규정하기 때문에 문화적 통제를 사회적 통제의 하위개념으로 파악하고, 인류학적인 정향을 가진 학자들은 문화를 '인간의 생활 그 자체'로 규정하기 때문에 사회적 통제를 문화적 통제의 하위개념으로 파악한다.

사회적 통제에 대한 학문적 연구는 비교적 활발한 데 비하여 문화적 통제에 대한 학문적 연구는 상대적으로 저조한 상태에 있다고 판단된다. 문화적 통제는 전술한 바와 같이 그 사회의 도덕, 윤리, 전통, 관습, 예의범절 등에 의한 영향력 행사이기 때문에 대단히 중요한 통제유형에 해당된다. 문화적 통제론이 연구해야 할 대상으로서는 언론과 종교, 언론과 언어, 언론과 가정, 언론과 학문, 언론과 예술, 언론과 민족, 언론과 인종 등이 있을 수 있다. 이러한 분야에서 학문적 연구들이 보다 활발하게 이루어지기를 기대한다.

이러한 이유들 때문에, 이 책은 문화적 통제를 그 중요성에도 불구하고 독립된 장으로 논의하지 못하고 사회적 통제의 한 부분으로 논의하게 되었다. 문화적 통제에 대한 학문적 연구들이 축적되면 이 부분을 독립된 장으로 분리해서 논의하도록 하겠다.

4. 사회적 통제의 과제

사회적 통제의 첫 번째 과제는 수용자 주권개념의 정립이다. 수용자 주권이란 일종의 주인의식으로서 미디어의 객체가 아니라 미디어의 주체라는 인식을 의미한다. 정치가 국민의 수준을 넘지 못하는 것과 마찬가지로 미디어는 수용자의 수준을 넘지 못한다. 그러니까 미디어가 수용자의 수준을 결정하는 게 아니고 수용자가 미디어의 수준을 결정한다는 뜻이다.

사회적 통제의 두 번째 과제는 공중에 의한 실천적 행동의 필요성이다. 역사는 많은 사람들에 의해서 창조되는 것이 아니고 소수의 열정적이고 헌신적이고, 행동하는 지도자들에 의해서 창조되는 것이다. 공중이란 소수의 깨어있는 수용자 집단을 의미한다.

1967년에 존 반자프(John Banzhaf)라는 젊은 청년은 미국암협회의 지원을 받아 '흡연과 건강을 위한 행동'(ASH: Action on Smoking and Health)이라는 운동단체를 만들어 방송흡연광고에 도전했다. 반자프는 미연방통신위원회(FCC: Federal Communications Commission)에 동시간 원칙(*equal time principle*)을 근거로 담배광고와 동시에 담배금지 광고를 할 수 있도록 해달라고 정식으로 제소했다. 시카고에 있는 WCBS-TV가 시험대에 올랐다. FCC는 오랜 논의 끝에 긍정적인 결정을 내리기 직전 방송사는 1977년 스스로 담배광고를 취소했다. 깨어있는 소수의 실천적 행동이 TV로부터 담배광고를 축출하는 데 성공한 사례이다.

사회적 통제의 세 번째 과제는 미디어 소비자운동의 확산이다. 수용자는 미디어 내용의 수용자이면서 소비자라고 말할 수 있다. 소비자는 제품의 내용에 간섭할 수 있는 것과 같이 미디어 내용에도 간섭할 정당한 권리를 가지고 있는 것이다. 소비자 의식만으로는 불충분하고 소비자 의식의 의식화, 조직화, 동원화가 함께 이루어져야 소기의 성과를 거둘 수 있다고 보겠다.

사회적 통제의 네 번째 과제는 미디어 교육의 활성화이다. 미디어 교육(*media education*)이란 미디어를 위한 교육(*education for media*)이 아니고 미디어에 대한 교육(*education of media*)을 의미한다. 그러니까 미디어의 주체, 객체, 시간, 장소, 상황, 효과 등에 관한 교육이란 뜻이다.

미디어 환경은 현대사회의 가장 중심적인 환경인데도 불구하고 미디어에 관한 교육은 거의 전무한 상태에 있다고 판단된다. 미디어 교육의 중요성은 아무리 강조해도 지나치지 않는다. 따라서 미디어 교육은 사회교육 차원에서만 이루어질 게 아니라 학교교육 차원에서 체계적으로 이루어지는 게 바람직스럽다.

사회적 통제의 다섯 번째 과제는 조사·연구의 진작과 심의·비평의 활성화이다. 조사·연구는 모든 것의 토대가 되기 때문에 그 필요성은 아무리 강조해도 지나치지 않는다. 그러니까 조사·연구는 수용자 주권의 행사, 공중에 의한 실천적 행동, 소비자 운동의 확산, 미디어 교육의 활성화의 토대가 되는 활동이다.

그리고 조사·연구는 미디어 내용의 심의와 비평의 토대이기도 하다. 조사·연구에 토대하지 않는 심의와 비평은 설득력이 없어 공허하다. 우리 사회에 심의다운 심의와 비평다운 비평이 부재한 것은 미디어에 대한 체계적인 조사와 연구가 부재하기 때문이다.

사회적 통제의 마지막 과제는 수용자단체들의 전국적 연대와 연합이다. 수용자단체는 각자 특성이 있고 전문분야가 있기 때문에 개별적으로 활동하는 것이 보다 자연스럽다. 그러나 수용자 건강과 복지를 위한 중요한 사안이 발생했을 경우에는 수용자단체들이 중구난방식으로 활동하기보다는 전국적으로 연합하고 연대해서 활동하는 게 보다 효과적이다. 예를 들면, 바른 언론을 위한 시민연합, 방송개혁을 위한 시민연대, 미디어 지켜보기를 위한 시민연합(Citizen's Coalition for Media Watch) 등이 대표적인 사례라고 하겠다.

제 12 장

언론자유와 조직적 통제

1. 개념과 유형

언론의 조직적 통제란 언론사의 조직체계가 언론인에게 행사하는 영향력을 의미한다. 조직적 통제는 언론의 정치적 통제, 경제적 통제, 사회적 통제, 문화적 통제와 같이 조직 바깥에서 조직 안으로 행사되는 영향력이기 때문에 내적 통제라고 부른다. 학자에 따라서는 조직적 통제를 구조적 통제라고 개념화하기도 한다.

조직적 통제는 사주에 의한 통제, 사시나 사규에 의한 통제, 회사 정책에 의한 통제, 수문장(*gatekeeper*)에 의한 통제로 유형화된다. 이러한 4가지 유형들은 상호 독립되어서 작용한다기보다는 상호 연계되어서 작용하는 특성을 가진다.

사주에 의한 통제는 사주의 권위와 제재에 의한 통제, 사주의 경영철학, 정치적 이념성향, 언론관, 기대수준 등에 의한 통제, 사주의 개인적인 성격, 신념, 태도, 취향 등에 의한 통제 등을 포괄한다.

사주에 의한 통제는 경제적 통제부분에서 논의된 바와 같이 조직외적 통제와 조직내적 통제를 동시에 포괄하는 유일한 통제유형이라 말할 수 있다.

사시와 사규에 의한 통제는 회사가 대내외적으로 표방하는 기본방향인 사시에 의한 통제와 사시로부터 도출되는 회사의 각종 세부적인 규정이나 규칙에 의한 통제를 포괄한다. 회사의 세부적인 규정으로서는 인사규정, 조직규정, 재정규정 등 다양하게 존재한다.

회사정책에 의한 통제는 경영 차원의 정책, 조직관리 차원의 정책, 인사관리 차원의 정책, 재정관리 차원의 정책 등에 의한 통제를 의미한다. 경영 차원의 정책으로서는 국제화, 구조조정, 다각화, 합리화 등과 관련된 정책을 의미하고, 조직관리 차원의 정책은 전산화, 조직의 축소나 확대, 조직의 시스템화 등과 관련된 정책을 의미한다. 인사관리 차원의 정책은 인력의 충원이나 감원, 인력의 배치, 인력의 교육이나 훈련 등과 관련된 정책을 의미하고, 재정관리 차원의 정책은 투자, 긴축, 확대, 균형 등과 관련된 정책을 의미한다.

수문장에 의한 통제란 정보유통의 관문을 관리하는 관리책임자들에 의한 영향력 행사를 의미한다. 언론사 내에는 정보유통을 관리하는 다양한 관문들이 있는데 편집관문, 광고관문, 판매관문, 인쇄관문, 기술관문 등이 대표적이라 하겠다. 이들 중에서 가장 중심적인 관문은 편집관문이라고 말할 수 있다.

2. 언론사조직의 특성

조직의 일반적인 특성으로서는 조직목적(*organizational goal*), 경계선(*boundary*), 규범질서(*normative order*), 권위의 위계질서(*authority ranks*), 구성원 자격제도(*membership coordinating system*), 의사소통체계(*communication system*), 지속성(*continuity*) 등이 제시된다.[24)]

언론사조직도 조직일반론에서 제시한 7개의 조직특성을 그대로 가지고 있다고 말할 수 있다. 언론사의 경우, 조직목적은 대중정보를 생산·유통함으로써 적정이윤을 추구하는 데 있고, 경계선은 대중정보의 생산과 유통에 있다. 규범질서는 회사의 각종 규정과 규칙 그리고 언론인이 준수해야 할 각종 윤리강령 등이 형성하는 질서이고, 권위의 위계질서는 사장, 전무, 상무, 편집인, 주필, 편집국장, 부장, 차장 등으로 형성되는 위계질서를 의미한다. 구성원 자격제도는 승진, 승봉 등과 관련된 각종 인사정책과 규정 등을 의미하고, 의사소통체계는 언론사 내의 수직적 의사소통과 수평적 의사소통체계를 의미하고, 지속성은 오랜 기간 존속하는 영속성을 의미한다.

그리고 언론사조직은 ① 사조직이 아니고 공조직이고, ② 일반조직이 아니고 사회조직이며, ③ 기능조직이 아니고 전문조직이며, ④ 정보전달조직이 아니고 의사소통조직이며, ⑤ 권력조직이 아니고 봉사조직이며, ⑥ 일원적 조직이 아니고 이원적 조직이라 말할 수 있다. 이원적 조직이란 한 조직 내에 목표를 달리하는 두 개의 구조가 갈등하고 조화하면서 조직의 궁극적인 목적인 성장과 발전을 위해 기여하는 상태를 의미한다.

언론사의 조직 내에 존재하는 경영구조는 언론사의 기본성격을 이윤추구를 극대화하는 기업조직으로 규정하는 데 반하여 편집구조는 언론사의 기본성격을 정보유통을 극대화함으로써 공익에 봉사하는 공공조직으로 파악한다. 따라서 경영구조와 편집구조가 추구하는 목표에 차이가 존재할 수밖에 없게 된다. 언론사의 기본성격과 목표에 대한 두 구조 간의 차이가 조직 내에서 수많은 갈등을 야기한다.

그러나 경영구조와 편집구조 간에는 조직의 궁극적 목적에 대한 갈

---

24) Richard Hall(1972), *Organizations: Structure and Process*, Englewood Cliffs, N. J. : Prentice-Hall, p. 9.

등은 존재하지 않는다. 조직의 궁극적 목적은 두말할 것도 없이 조직의 계속적인 성장과 발전이다. 그러니까 경영구조와 편집구조 간에 존재하는 갈등이란 목적적 갈등이 아니고 목적을 구현하기 위한 목표에서의 갈등이라고 말할 수 있다.

국제신문그룹의 소유자인 로이 톰슨(Roy Thomson)은 경영구조의 중요성과 관련해서 "오늘날 어떤 신문도 고립된 편집인에 의해서 운영되지 못한다. 각종 부서에 얼마만큼 경비지출을 할 수 있는가를 결정할 최고경영자가 있어야 한다"라고 주장한다. 다국적 복합매체 그룹의 소유자인 루퍼트 머독(Rupert Murdoch)은 "나는 존경을 받기 위해서 미디어를 경영하는 것이 아니고 이윤을 창출하기 위해서 미디어를 경영하는 것이다"라고 주장한다. 톰슨은 영국의 세계적인 신문이며 영국인의 자존심인 〈더 타임스〉(*The Times*)의 소유주이고, 머독은 미국의 대표적인 신문인 〈월스트리트저널〉(*Wall Street Journal*)의 소유자이다.

편집진은 언론을 단순한 기업이 아니고 특수한 기능들을 수행하는 특수기업으로 규정한다. 언론이 국가사회를 위해서 수행하는 대표적인 특수기능으로서는 환경감시의 기능, 사회교육의 기능, 문화전승의 기능, 민주화의 기능, 역사기록의 기능 등이다. 그러니까 언론은 일반사기업이 수행할 수 없는 특수한 기능들을 수행하기 때문에 일반사기업으로 규정하기 어렵다는 뜻이다.

전술한 바와 같이, 언론조직에서 경영구조와 편집구조는 언론조직을 받치고 있는 두 개의 핵심기둥이라고 말할 수 있다. 따라서 경영구조가 편집구조보다도 더 중요하다든지 아니면 편집구조가 경영구조보다 더 중요하다고 말해서는 안 된다. 경영구조와 편집구조는 상호 배타적이고 갈등적인 존재라기보다는 상호보완적이고 통합적인 존재로서 인식되는 것이 바람직스럽다.

비슷한 차원에서, 언론조직 속에는 전문구조와 관료구조가 혼재하면서 갈등하고 있다. 전문구조는 생산하는 제품의 질에 목적을 두지만 관료구조는 이윤추구에 목적을 둔다. 전문인들 사이의 관계는 전문성에 바탕을 두지만 관료들 사이의 관계는 업무 자체에 바탕을 둔다. 전문인의 경우 작업의 유인은 지식에의 공헌에 있지만 관료의 경우 작업의 유인은 승진에 있는 것이다. 그리고 정책결정에서 전문인들은 부차적인 발언권을 행사하지만 관료들은 궁극적인 발언권을 행사한다고 말할 수 있다.[25]

이 외에도 참모(*staff*)와 계선(*line*) 간의 갈등, 전문조직과 공리조직 간의 갈등, 봉사조직과 기업조직 간의 갈등, 전문부서와 관료부서 간의 갈등 등이 존재할 수 있겠다.

우리나라 언론사조직은 몇 가지 문제점을 안고 있다고 판단된다. 첫 번째 문제점은 편집국 구조의 경직성 현상이다. 편집국 구조가 너무 경직되어 있어서 기존 부서의 강화나 분화 그리고 새로운 부서의 설립 등이 대단히 어려운 상태에 있다. 편집국 구조는 시대변화, 사회변화 그리고 독자취향의 변화 등에 따라서 융통성 있게 적응하는 게 바람직하다. 예를 들면, 조사부, 심의부, 국제부 등은 보다 강화되어야 하고 경제부, 사회부, 문화부 등은 보다 세분화되어야 하며 환경·노동·교통·여성 분야 등은 새로운 부로 설립되어야 한다.

두 번째 문제점은 조직구성원의 편재현상이다. 취재기자는 총무, 관리, 판매, 광고요원들에 비해서 상대적으로 부족해서 기자의 노동강도가 극도로 심화되어가는 추세를 나타내고 있다. 신문사의 조직구성원은 남성인력으로 편재된 경향을 보이고 있다. 특히 기자직의

---

25) William Kornhauser(1962), *Scientists in Industry: Conflict and Accommodation*, Berkely: University of California Press.

경우에는 여성기자의 심각한 부족현상을 나타내고 있다. 최근에 와서는 상당히 개선되고 있지만 여전히 편집국 문화는 여성차별적 경향을 나타내고 있다고 말할 수 있다.

세 번째 문제점은 수평적 의사소통과 협조체제의 부재 현상이다. 편집국 내에는 전체적으로 수직구조가 팽배해있다. 하의상달(下意上達)식 구조보다는 상의하달(上意下達)식 구조가 지배적이며, 부서 간 수평적 의사소통 구조는 대단히 부족한 상태에 있다. 이러한 이유 때문에 부서 간 협동취재가 원만하게 이루어지지 않고 있다.

네 번째 문제점은 언론노조의 파행적 운영이다. 언론노조는 노조로서의 본래기능을 수행하기보다는 정치적으로 편향되어 있다. 조직 내에서 언론노조의 위상과 영향력이 크게 향상된 나머지 노조에 의한 통제가 보편화되고 있다.

3. 조직구성원과 조직적 통제

조직적 통제는 전술한 바와 같이 사주에 의한 통제, 사시나 사규에 의한 통제, 회사정책에 의한 통제, 수문장에 의한 통제로 유형화되지만 가장 지배적인 통제는 아무래도 사주에 의한 통제라고 말할 수 있다. 사주는 조직운영의 최고 위치에 있기 때문이다.

사주에 의한 통제는 통제유형 가운데서 유일하게 조직외적 통제와 조직내적 통제를 포괄한다. 조직외적 통제는 경제적 통제의 한 유형이고 조직내적 통제는 조직적 통제의 한 유형에 해당된다. 따라서 사주에 의한 통제는 외적 통제로서의 경제적 통제와 내적 통제로서의 조직적 통제 속에 중첩해서 존재하는 통제유형이 된다는 뜻이다.

이러한 이유 때문에, 제 10장 언론자유와 경제적 통제에서 논의되었던 일부분이 조직적 통제에 그대로 적용해서 논의되는 것은 불가피하다고 판단된다.

조직구성원은 왜 조직적 통제에 순응하는가. 워런 브리드(Warren Breed)는 전술한 바와 같이 ① 불복에 대한 제재 때문에, ② 상급자에 대한 의리와 존경심 때문에, ③ 자신의 승진욕구 때문에, ④ 불복을 뒷받침해줄 조직 내 집단의식의 결여 때문에, ⑤ 내부집단에 속하고자 하는 욕망 때문이라고 설명한다. 조직구성원은 어떻게 조직적 통제에 순응하는가. 워런 브리드는 편집국 사회화과정을 통해서 점차적으로 순응하게 된다고 설명한다.

조직적 통제의 가장 지배적인 통제유형인 사주에 의한 통제는 선진국의 경우 점차 감소하고 있다. 사주에 의한 통제가 감소하는 대표적인 이유로서는 ① 기자의 전문성이 향상되고 있기 때문에, ② 사주통제에 대한 법적 제재가 강화되고 있기 때문에, ③ 미디어 조직의 방대한 규모 때문에, ④ 수문장과정에 대한 중요성이 점차 증대되기 때문이라고 설명한다.

수문장 통제에 영향을 미치는 대표적 요인으로서는 ① 사주의 권위와 제재, ② 전문직 규범과 윤리, ③ 준거집단의 영향력, ④ 수용자의 요구와 반응, ⑤ 언론에 대한 다양한 외적 통제, ⑥ 수문장의 개인적인 가치관, 태도, 인성, 취향 등이 제시된다.

4. 개선방향과 방지책

통제란 전술한 바와 같이 언론에 행사되는 내외적 영향력을 총칭하기 때문에 부정적인 측면과 긍정적인 측면을 동시에 가지게 된다. 따라서 언론통제론은 부정적인 통제영역은 가능한 한 줄이고 긍정적인 통제영역은 가능한 한 확대함으로써 언론자유를 구현하는 데 역점을 두어야 한다.

조직적 통제의 경우에도 마찬가지이다. 조직통제라고 해서 모두가 다 부정적인 게 아니고 부당한 통제가 문제되는 것이다. 부당한 통제는 줄이고 긍정적인 통제는 확대함으로써 조직적 통제의 수준을 개선하는 방법에는 어떤 것이 있는가. 5가지 개선책을 강구할 수 있다고 판단된다.

첫째로, 언론의 전문성을 제고해야 한다. 언론의 전문성이란 대중정보를 관리하는 기술적 능력, 대중정보를 관리하는 윤리적 능력, 맡은 분야에서의 충분한 경력과 훈련 등을 의미한다. 언론이 고도로 전문화되면 부당한 조직통제는 자연히 개입하기 어렵게 된다.

둘째로, 편집권의 독립을 보장해야 한다. 편집권의 독립을 언론의 내적 자유라고 규정한다. 언론의 내적 자유를 구현하는 방법으로서는 일반적으로 〈르몽드〉(*Le Monde*) 모델과 〈FAZ〉(*Frankfurter Allgemeine Zeitung*) 모델이 있다. 〈르몽드〉모델은 사원주주제도를 의미하고, 〈FAZ〉모델은 특수법인화제도를 의미한다. 르몽드는 프랑스의 세계적인 신문이고, 〈FAZ〉은 독일의 세계적인 신문이다.

셋째로, 언론노조를 제자리에 정착시켜야 한다. 우리나라의 언론노조는 노조의 본래 역할 수행보다는 정치적으로 크게 굴절되고 편향되어 있다. 언론노조가 제 모습을 찾아 제 기능을 수행하면 그것이 부당한 조직통제에 대한 효과적인 견제장치가 되는 것이다. 회사 내 노조의 위상정립과 동시에 사내노조와 노조연합체와의 연대성도 함께 강화됨이 바람직스럽다.

넷째로, 수용자 감시를 활성화해야 한다. 수용자는 전술한 바와 같이 언론의 객체가 아니고 언론의 주체인 것이다. 이것이 수용자 주권의 핵심내용이다. 수용자는 언론의 주체로서 부당한 조직통제에 대하여 감시하고, 비판하고, 경우에 따라서는 투쟁해야 한다.

다섯째로, 법적 장치를 통한 법률적 노력을 강화해야 한다. 선진국에서는 부당한 조직통제에 대한 법적 제재가 강화되고 있다. 부당한 조직통제를 예방하고 개선하기 위해서 인사관계법, 고용관계법, 노동관계법 등의 개정과 제정노력 등이 강화될 필요가 있다 하겠다.

제 13 장

언론자유와 자율규제

1. 자율규제의 개념과 필요성

자율규제(*self-regulation*)란 언론인이 자신의 윤리규범과 도덕률로 자신의 사고와 행동을 규제하는 상태를 의미한다. 그것은 언론인이 자신을 윤리적으로 구속함으로써 자유롭게 되는 과정이라고 정의해도 무방하다.

언론인에게 왜 자율규제가 필요한가. 첫 번째 이유는 언론이 사회 속에서 차지하는 특별한 위상과 기능 때문이다. 언론이란 전술한 바와 같이 인간의 의사소통현상이고, 사회의 신경계통이고, 세상의 빛과 소금이고, 국가운영의 항해사일 뿐만 아니라 역사의 기록자이기 때문이다. 언론은 또한 인간과 사회를 위해서 정보를 제공하고, 환경을 감시하며, 사회교육을 실시하고, 문화를 전승하며, 오락을 제공하고, 광고를 전달하는 특수한 기능을 수행하기 때문이다.

두 번째 이유는 언론인의 사회적 특수성 때문이다. 언론인은 사인이 아니고 공인이며, 개인이 아니고 조직인이며, 일반직이 아니고 천직이며, 기능직이 아니고 전문직이며, 단순한 정보의 전달자가 아니고 의사소통의 관리자이기 때문이다.

세 번째 이유는 언론의 가공할 영향력 때문이다. 언론이 미치는 영향력은 개인에서부터 조직, 사회, 국가, 국제사회에 이르기까지 광범위하다. 언론이 미치는 영향력은 정치에서부터 경제, 사회, 문화, 교육에 이르기까지 다양하다.

언론은 이제 우리 사회의 가장 중요한 사회환경이 되었다. 언론은 이제 우리 사회의 가장 보편적인 생활의 도구가 되었다. 한 예로서 텔레비전의 경우를 살펴보자. 우리 사회에는 현재 약 1,200만 대의 텔레비전이 있고 시청자는 하루 평균 3시간을 시청한다. 텔레비전은 공동시청매체이기 때문에 전국적으로 보면 한 대당 4명씩 공동시청하는 것으로 나타난다. 이러한 수치들을 산술적으로 곱하면 우리나라의 시청자는 하루에 1억 4,400만 시간을 텔레비전과 함께 보내고 있는 셈이다. 여기에 기회비용을 포함하면 그 영향력은 가히 가공할 만하다고 말할 수 있다.

언론의 범주에는 텔레비전만 있는 게 아니고 신문, 라디오, 잡지, 통신, 인터넷미디어들이 포함된다. 이러한 언론매체들이 형성하는 사회적 환경과 이러한 언론매체들이 미치는 사회적 영향력은 어떤 사회적 기구들과 비교할 때 그 비중이 막중하다 하겠다.

언론의 자율규제는 내적 통제(*internal control*)의 한 유형으로서 외적 통제(*external control*)를 예방하는 지름길이라고 말할 수 있다. 언론에 가해지는 정치·경제·사회·문화적 외적 통제는 언론인이 스스로 자신의 윤리규범과 도덕률로 자신의 사고와 행동을 규제하게 되면 그 영향력은 자연히 소멸되고 만다.

따라서 언론의 자율규제는 언론의 이상이며 지향해야 할 궁극적 목표이다. 크게는 언론학연구, 작게는 언론통제론연구의 궁극적 목적은 우리 사회에 자율규제의 영역을 확장하고 정착시키는 데 있다고 말해도 무방하다.

2. 자율규제와 전문화

자율규제란 전술한 바와 같이 언론인이 자신을 구속함으로써 자유롭게 되는 과정이다. 그러면 무엇이 언론인을 구속해서 자유롭게 하는가. 그러니까 자유의 선행요건은 무엇인가.

이 문제는 제 3장 제 2절에서 상세하게 논의한 바 있다. 간단하게 요약하면, 자유의 선행요건이란 도덕적 완성, 이성에 의한 지배, 지성의 자발성, 자유의지의 실천, 신과의 합일, 자신과의 합일, 진리에의 순응, 참나(眞我)의 발견, 무소유의 실천, 예(禮)사상의 실천 등으로 나타난다.

언론학은 자율규제의 실현방안으로서 전문화를 제시한다. 전문화(*professionalization*)란 언론인으로 하여금 전문인(*professional*)이 되게 하고 언론직으로 하여금 전문직(*profession*)이 되게 하는 과정으로 규정된다. 바꾸어 말하면, 전문화란 언론인의 전문성(*professionalism*) 수준을 향상시키는 과정이라고 말할 수 있다.

1) 전문직의 개념

전문직이란 하나의 모형이며 이념형이다. 이 세상에 어떤 직업도 완전히 전문화된 직업은 없다. 그러니까 완전한 전문직이란 현실세계에는 존재하지 않는다는 뜻이다.

그러나 전문직은 언론의 이상이며 지향이다. 언론은 그곳을 향하여 부단히 노력하고 추구하면서 언론활동을 하는 것이다. 그런 차원에서 보면, 전문직은 흑백의 개념이 아니고 정도의 개념이고, 과정의 개념이며, 연속선상의 개념이 된다.

전문직은 직업의 하위개념이다. 모든 전문직은 직업이지만 모든 직업이라고 해서 다 전문직은 아니라는 뜻이다. 전체 직업 가운데 전문직이 차지하는 비중은 대단히 적다고 말할 수 있다.

전문직의 반대쪽에 기능직(*craft*)이 존재한다. 기능직은 전문직이 아니다. 전문직과 기능직과 관련해서 특수직(*specialized occupation*)이란 개념이 존재한다. 전문직은 모두가 특수직이지만 모든 특수직이 다 전문직이 되는 게 아니다. 어떤 기능직은 특수직의 범주에 속하는 경우가 있기 때문이다.

마지막으로, 전문직을 구성하는 특성에는 태도적 특성과 제도적 특성이 존재한다. 그러니까 태도적 특성만으로는 전문직이 되지 못하고 그러한 태도적 특성들을 실제적으로 구현하는 제도적 특성이 뒷받침되어야만 비로소 전문직으로 정립하게 되는 것이다.

전문화는 언론의 자율규제능력을 제고할 뿐만 아니라 언론의 자유영역을 신장하는 길이다. 전문화는 언론의 의사소통능력을 향상시킬 뿐만 아니라 언론의 공공성과 공익성을 고취하는 길이다. 전문화는 언론의 사회적 명성과 대국민 공신력을 증진할 뿐만 아니라 언론인의 평생 직업의식을 고취하고 언론의 사회적 책임의식을 제고하는 데 기여한다. 결국, 전문화는 언론으로 하여금 언론되게 하는 데 필수적인 지름길이라고 말할 수 있겠다.

2) 전문화의 특성과 선행요건

전문직과 기능직의 차이는 무엇인가. 무엇이 어떤 직업으로 하여금 전문직이 되게 하는 데 기여하는가. 일반적으로 전문직이라고 불리는 의사직, 법조직, 교수직, 성직자직의 공통된 특성은 무엇인가.

첫 번째 특성은 장기간의 체계적인 교육과 훈련과정이다. 여기에 중요한 개념은 교육의 장기성과 체계성이다. 그러니까 장기적이고 체계적인 교육과정의 유무가 어떤 직업으로 하여금 전문직으로 격상하는 데 필요한 선행요건이 된다는 뜻이다.

의사직의 경우를 한 예로 살펴보자. 의사직은 한 사람의 전문의사를 배출하기 위해서 예과 2년, 본과 4년, 인턴과정 2년, 레지던트과정 3년의 교육과 훈련과정을 요구한다. 한 사람의 전문의사가 탄생하기 위해서는 10년 이상의 교육과 훈련과정이 필요하다는 뜻이다.

교육과정의 체계성이란 교육내용들이 전문의사를 배출하기 위해서 상호 유기적으로 연계되는 상태를 의미한다. 그러니까 의사직의 전문화를 위해서는 일반교육과 전문교육이 상호 연계되고, 교육과 훈련과정이 연계될 뿐만 아니라 기술교육과 윤리교육이 상호 연계되어서 이루어진다는 뜻이다.

두 번째 특성은 이론에 기초한 지식과 기술의 활용이다. 여기에 중요한 개념은 이론성이다. 이론이란 보편타당한 법칙성을 의미한다. 따라서 이론의 존재가 어떤 직업으로 하여금 전문직으로 격상하는 데 필요한 선행요건이 된다는 뜻이다.

그러니까 이론이 있으면 전문직이고 이론이 없으면 기능직이라고 말할 수 있다. 이론의 반대개념은 짐작이나 주먹구구라고 말할 수 있다. 짐작과 주먹구구는 보편타당한 법칙성이 없기 때문에 수많은 시행착오를 겪을 수밖에 없는 것이다.

의사가 수술을 할 때 짐작과 주먹구구에 의존한다고 가정해보자. 그 수술은 엄청난 시행착오를 겪은 나머지 환자의 생명을 위태롭게 할 수도 있을 것이다. 따라서 전문적인 의사는 수많은 시행착오를 사전에 줄이고 환자의 생명을 살리기 위해서 엄격하게 검증된 이론에 기초해서 수술을 하는 것이다.

세 번째 특성은 윤리규제의 제도화이다. 여기서 중요한 개념은 윤리성이다. 윤리성이란 사람이 지켜야 할 도리나 윤리규범이 되는 원리의 준수를 의미한다. 윤리규제의 제도화에서 중요한 요소는 윤리강령의 제정과 그것을 규제하는 윤리기구의 설립이라 하겠다.

따라서 윤리성의 유무가 전문직과 기능직을 구별하는 중요한 척도가 된다. 윤리성이 존재하면 전문직이 되고 윤리성이 부재하면 기능직이 되는 것이다. 의사직의 경우에는 히포크라테스 선서에서 보는 바와 같이 높은 수준의 윤리성을 강조하고 있다.

네 번째 특성은 사회적 책임의식이다. 여기서 중요한 개념은 책임성이다. 책임성이란 자신의 공적 언사와 행동에 대하여 사회적인 책임을 지는 태도를 의미한다.

따라서 책임성의 존재는 어떤 직업으로 하여금 전문직으로 격상시키는 데 대단히 중요한 선행요건이 된다. 그리고 책임성의 유무는 전문직과 기능직을 구별하는 데 중요한 척도가 된다. 책임성이 있으면 전문직이고 책임성이 없으면 기능직이라고 말할 수 있다.

전문인으로서 의사는 자신의 진단과 처방에 대해서는 응분의 사회적 책임을 지게 되어있다. 만일 의사가 수술을 잘못해서 환자가 어렵게 되었다면 그 환자는 그 의사에게 응분의 책임을 물을 수 있는 것이다. 그렇기 때문에 의사는 진단과 처방 그리고 수술에 만전을 기하게 되는 것이다.

다섯 번째 특성은 사회적 봉사정신이다. 여기서 중요한 개념은 봉사정신이다. 봉사정신이란 자신을 위하는 태도가 아니고 항상 남을 위하는 이타정신을 의미한다.

따라서 봉사정신의 유무는 전문직과 기능직을 구별하는 데 중요한 척도가 된다. 봉사정신이 있으면 전문직이 되고 봉사정신이 없으면 기능직이라고 말해도 무방하다. 봉사정신은 전문직 여부를 결정하는 중요한 선행요건이 된다는 뜻이다.

전문인으로서 의사는 자신의 부귀영화를 위해서 일한다기보다는 고통받는 환자의 건강과 생명을 위해서 봉사하는 것이다. 전문직으로서 의사직은 권력과 부를 얻기 위한 직업이라기보다는 사회봉사를 위해서 존재하는 직업이란 뜻이다.

여섯 번째 특성은 자율성이다. 이 경우, 자율성이란 3가지 의미를 가진다. 첫 번째 의미는 타인으로부터 규정이나 구속, 강제나 지배를 받지 않고 스스로 보편적 도덕법을 세워 이에 따르는 자유상태를 말하고, 두 번째 의미는 타인에 의해서 고용되지 않고 자기가 자신을 고용하는 자기고용(*self-employment*) 상태를 말하고, 세 번째 의미는 자신의 사고와 행동의 주체가 자신이 되는 자주상태를 말한다.

따라서 자율성은 전문직과 기능직을 구별하는 중요한 척도가 된다. 바꾸어 말하면, 자율성이 있으면 전문직이고, 자율성이 없으면 기능직이 된다는 뜻이다. 전문인으로서 의사는 자신이 만든 도덕법을 자율적으로 따르고, 일반적으로 자기고용상태를 유지하며, 자신의 사고와 행동을 자주적으로 결정하는 직업인이라 말할 수 있다.

마지막 특성은 독립성이다. 이 경우, 독립성이란 경제적인 차원에서의 자립성을 의미한다. 전문직은 그것이 차지하는 사회적 위상과 공적 기능 때문에 일상생활과 업무수행에 상응하는 경제적 보상을 받을 수 있도록 제도화되어 있다. 따라서 전문직은 일반적으로 경제적 어려움으로부터 비교적 해방된 직업이라 하겠다.

이러한 이유 때문에, 독립성은 전문직과 기능직을 구별하는 중요한 척도로서 작용한다. 독립성이 보장되면 전문직이 되고, 독립성이 보장되지 않으면 기능직이라고 규정해도 무방하다 하겠다.

이들 7가지 특성 가운데 장기간의 체계적인 교육과 훈련과정, 이론에 기초한 지식과 기술의 활용, 윤리규제의 제도화는 제도적 차원의 특성이고, 사회적 책임의식, 봉사정신, 자율성, 독립성은 태도적 차원의 특성이라 하겠다.

인간사회의 모든 질서가 그러하듯이 제도적 특성과 태도적 특성은 상호보완적 관계를 유지하면서 상호작용한다. 따라서 그들 간에 우열을 논의하는 것은 아무런 의미가 없다고 말할 수 있다.

3. 언론의 전문화 과제

1) 교육의 양적 확대와 질적 개선

교육과 훈련 차원의 첫 번째 과제는 양적 부족과 상호보완성의 제고라 하겠다. 우리나라 언론관계 교육과 훈련과정은 다른 전문직에 비해서 대단히 짧다고 말할 수 있다.

우리나라의 경우 언론인이 되기 위해서 필요한 정규교육과정은 4년 정도라고 말할 수 있다. 그리고 언론사 내에서 이루어지고 있는 훈련과정은 특수한 직능교육을 제외하고는 거의 전무한 상태에 있다고 평가된다.

언론사는 언론인을 선발할 때 언론학의 정규교육을 받은 예비전문인을 선호하지 않는다. 그러니까 어떤 전공을 해도 시험에만 합격하면 언론인이 될 수 있도록 제도화되어 있다. 이런 제도로는 언론의 전문화는 요원한 상태에 있다고 말할 수 있다. 그리고 이런 상태로는 언론학교육과 언론전문화 간에는 아무런 연관성을 찾을 수 없다.

그리고 언론학교육과 훈련 간에도 체계적인 상호보완성이 대단히 부족한 상태에 있다고 판단된다. 그러니까 교육과 훈련과정이 언론의 전문화라는 하나의 축으로 연결되어서 운영되지 못하고 구체적인 목적 없이 헛돌고 있는 것이다.

우리나라의 언론교육과 훈련과정이 언론의 전문화 수준을 획기적으로 향상시키기 위해서는 교육은 이론중심으로 그리고 훈련은 실습과 기능중심으로 상호 연계되어서 이루어지는 게 바람직하다고 보겠다. 그리고 교육과 훈련 차원에서 언론의 전문화 수준을 제고하기 위해서는 언론사와 대학 간의 산학협동체제가 대단히 절실하다고 판단된다.

교육과 훈련 차원의 두 번째 과제는 교육내용과 과정에 대한 합의의 구축이라 하겠다. 언론의 경우 무엇이 전문적 능력인가 그리고 대학과 산업에서는 무엇을 가르치고 훈련할 것인가에 대하여 대학은 대학대로, 산업은 산업대로, 산학 간에 합의가 부재한 것 같다.

일반적으로 언론의 경우 전문성이란 대중정보관리의 기술적 능력, 대중정보관리의 윤리적 능력, 담당분야에서의 풍부한 지식과 경험 등을 포괄한다. 이 경우, 대학은 이 3가지 능력들을 어떤 비율로 어떻게 교육해야 하는가. 산업은 이 3가지 능력 가운데 어떤 능력을 보다 집중적으로 훈련해야 하는가. 대학과 산업은 이 3가지 능력들을 중심으로 역할분담을 어떻게 설정해야 하는가.

이러한 문제제기에 대하여 대학은 대학대로, 산업은 산업대로, 산학은 산학대로 나름의 합의를 도출해야 한다. 합의가 없는 교육내용과 과정의 수행은 너무 산만하고 비체계적이기 때문에 언론전문화에 크게 도움이 되지 않는다.

이 3가지 능력 가운데 정보를 관리하는 윤리적 능력의 중요성은 아무리 강조해도 지나치지 않는다. 특히 우리나라와 같이 법과 윤리의식이 후진적인 상태에 있는 사회에서는 윤리적 능력의 중요성은 더욱 절실하다.

그러면 대학은 정보관리의 윤리적 능력을 어떻게 가르쳐야 하는가의 문제가 제기된다. 어떤 학자들에 의하면, 윤리적 능력이란 대학교육의 본령이 아니라고 주장한다. 그들에 의하면 대학의 본령은 필요한 지식과 기술의 교육에만 한정되어야 한다고 말한다. 어떤 학자들에 의하면, 윤리적 능력이란 대학교육의 본령이지만 현실적으로 가르치기 거의 불가능한 영역이라고 말한다.

심리학연구에 의하면, 인간의 기본태도는 12~13세 전후에 모두 형성된다고 한다. 따라서 대학생에게 윤리적 태도를 교육하는 것은 비현실적이고 비효율적인 것이 된다고 말한다.

그러나 저자의 생각은 다르다. 대학은 앞서 말한 3가지 능력 가운데 정보관리의 윤리적 능력을 가장 중요한 교육 분야로 설정해서 가르쳐야 한다. 지식은 지식주체의 마음가짐에 따라서 문명의 이기가 되기도 하고 문명의 흉기가 되기도 한다. 지식주체의 마음가짐이란 곧 도덕과 윤리적 태도를 의미한다.

따라서 지식이란 윤리로 뒷받침될 때에만 비로소 살아있는 지식이 되어서 문명발전에 기여하게 되는 것이다. "지식에 정신이 담기면 지혜가 되고, 기술에 정신이 담기면 예술이 된다"는 말은 지식과 윤리의 관계를 적절히 설명한다고 말할 수 있다.

대학은 정보관리의 윤리적 능력을 종교기관에서의 교육처럼 직접적으로 가르치기보다는 관련과목의 교육을 통해서 간접적으로 가르치는 게 더욱 효과적이라고 판단된다. 이 경우 관련과목이란 사상, 철학, 역사, 법제, 윤리, 비교언론 등을 의미한다. 대학은 4년이라는 기간 동안에 이러한 과목들을 적절히 편성해서 교육함으로써 앞으로 언론인이 되겠다는 대학생들의 윤리수준을 향상할 수 있다고 판단된다.

정보관리의 기술적 능력과 관련해서는 보도론, 편집론, 문장론, 제작론과 같은 기술적 분야와 더불어 커뮤니케이션 이론과 조사방법론을 반드시 교육해야 한다. 전문직이란 전술한 바와 같이 이론에 토대한 지식과 기술의 활용이기 때문에 기술적 과목들을 공통분모적으로 가로지르고 있는 커뮤니케이션 이론과 조사방법론은 필수과목으로서 교육해야 한다고 보겠다.

언론전문화를 위해서 모든 대학의 언론관련 학과들이 같은 내용을 같은 방법으로 교육할 필요성은 없다고 본다. 언론학은 매체별로 다양하기 때문에 어떤 학과는 인쇄매체 중심으로, 어떤 학과는 뉴미디어 중심으로 특성화해야 하겠다. 그러니까 언론학 교육의 특성화가 언론전문화의 중요한 과제로 부각되고 있다는 뜻이다.

마지막으로, 언론학교육과 충원의 연결과제가 제기된다. 전술한 바와 같이, 언론은 전문직을 지향한다. 따라서 언론은 아무나 할 수 있고 아무에게 맡겨도 된다는 인식은 언론전문화를 위해서 반드시 청산해야 한다.

의사는 환자의 건강상태를 관리하는 전문직이고, 법조인은 이해당사자의 법적 이해관계를 관리하는 전문직이고, 성직자는 인간의 영적 세계를 관리하는 전문직이라면 언론인은 국민 전체의 정보, 문화, 교육세계를 관리하는 전문직이라고 말할 수 있다. 따라서 언론은 아무나 할 수 있고 아무에게 맡겨도 되는 그러한 직업이 아니어야 한다는 뜻이다.

경제계가 경제학도를 선호하고, 법조계가 법학도를 선호하고, 성직계가 신학도를 선호하는 것과 같이 언론계도 언론학도를 선호해야 한다. 의학계는 의학전공이 아니면 충원하지 않는다. 교육과 충원이 연결되어야만 언론전문화의 수준이 향상된다고 판단된다.

2) 이론화를 위한 조사·연구기능의 확대

전문직이란 전술한 바와 같이 이론에 토대한 지식과 기술을 활용하는 직업을 의미한다. 따라서 이론의 존재는 전문직을 결정하는 데 중요한 선행요건이 된다. 이론이 있으면 전문직이고, 이론이 없으면 기능직이 된다는 뜻이다.

이론이란 조사·연구에 의해서 도출된다. 바꾸어 말하면, 조사·연구 없이는 이론이 생산되지 않는다는 뜻이다. 이와 같이 조사·연구와 이론정립은 숙명적인 관계를 유지하고 있다고 말할 수 있다.

이론정립의 본령은 대학이다. 언론학계는 언론의 전문화를 위해 조사·연구기능을 확대하고 활성화해야 한다. 필요하다면 산업계는 대학의 조사·연구기능을 활성화하기 위해서 과감하게 지원해야 한다. 산업계는 지원하고, 학계는 이론정립의 노력을 강화하고, 산업계는 다시 학계에서 생산한 이론들을 실제적으로 적용하는 선순환관계가 정립될 때 언론의 전문화는 향상되는 것이다.

언론계도 조사·연구기능을 확대해야 한다. 언론은 고도의 정보지식산업이고 창조적 문화산업일 뿐만 아니라 사회적 영향력이 엄청난 문명의 이기이다. 따라서 감각만으로 언론계에 종사하는 시대는 지난 지 오래되고, 선배 언론인한테 어깨 너머로 배운 지식과 기술만으로 지식을 습득하는 시대는 이미 과거가 되어버렸다.

언론사조직 속에서 조사·연구부서는 가장 천대받는 곳이 되었고, 조사·연구자는 가장 천대받는 직원이 되어버렸다. 언론사는 입으로는 언론의 전문화를 주장하지만 실제적인 차원에서는 언론전문화의 중요한 선행요건인 이론화의 필요성에는 마음의 문을 닫고 있는 게 오늘날의 현실이다.

언론사는 늦기 전에 조사·연구부서의 위상을 격상시키고 조사·연구자의 노력을 인정해야 한다. 그리고 언론은 과감하게 사회과학 방법론과 만나야 한다. 이것이 정밀저널리즘(*precision journalism*)의 지향이다.

3) 윤리규제의 제도화

전문직이란 윤리규제가 제도화되어 있는 직업을 말한다. 이 경우, 윤리규제의 제도화는 윤리강령의 제정과 윤리기구의 설립을 의미한다. 윤리규제는 전술한 바와 같이 전문직의 중요한 선행요건이다.

우리나라의 언론계는 광범위한 윤리강령과 기구를 운영하고 있다. 언론계가 운영하고 있는 윤리제도는 크게 2가지 차원에서 존재한다. 첫 번째 윤리제도는 개별언론사가 자체적으로 설립해서 운영하는 차원이고, 두 번째 윤리제도는 관련업계가 공동으로 설립해서 운영하는 차원이 된다. 두 번째 윤리제도는 방송통신위원회, 언론중재위원회, 신문윤리위원회, 잡지윤리위원회, 출판윤리위원회, 간행물윤리위원회, 정보윤리위원회 등을 의미한다.

윤리규제의 제도화 차원에서 우리 사회가 안고 있는 문제점은 양적 차원보다는 질적 차원에 있다고 판단된다. 그러니까 윤리강령과 윤리기구는 다양하게 존재하지만 윤리규제의 실효성은 대단히 낮은 수준에 있다는 뜻이다. 언론인들이 법적인 규제는 의식하면서 윤리적 규제에 대해서는 거의 의식하지 않고 있는 게 우리 언론의 현실이다.

왜 우리 사회의 윤리수준은 낮은 상태에 있는가. 왜 언론인들은 다른 전문인들에 비해 윤리규제를 덜 의식하는가. 왜 우리 사회의 윤리제도는 실효성이 낮은 상태에 있는가. 우리 사회는 윤리규제의 제도화를 위해서 무엇을 해야 하는가.

첫 번째 과제는 우리 사회에 윤리문화를 확산하는 작업이다. 우리 사회에는 윤리문화가 부재하다. 사회윤리가 부재하니까 언론윤리도 후진적인 상태에 있게 되는 것이다. 우리 사회에 윤리문화를 확산하고 정착시키기 위해서 범사회적 윤리운동의 전개가 시급하다 하겠다.

두 번째 과제는 윤리교육과 훈련이 대학과정과 현장과정을 통해서 대폭 강화되어야 한다. 대학은 사상이나 철학, 역사나 법제, 윤리나 비교언론과 같은 윤리관련 과목들을 통해서 윤리교육을 강화해야 하고, 현장은 구체적인 사례들을 통해서 윤리훈련을 강화해야 하겠다.

세 번째 과제는 추상적인 윤리강령을 현실에 부합되도록 구체적으로 개정할 뿐만 아니라 윤리기구의 독립성과 자율성을 보장함으로써 윤리기구의 공신력을 제고하도록 노력해야 한다. 이러한 노력과 함께 윤리제도의 도덕적 강제성을 강화하는 방법들이 동시에 강구되어야 하겠다.

4) 충원제도의 전문화

전문직은 전문적인 시험과정을 통해서 전문인을 충원한다. 의사직은 의사시험을 통해서 의사를 충원하고, 법조직은 법조시험을 통해서 법조인을 충원하는 것이다. 이와 같이 충원과정은 전문화를 위해서 대단히 필요한 요건이 된다.

그런데 언론직은 전문적인 시험과정을 통해서 언론인을 충원한다고 말하기 어렵다. 우선 언론인을 충원하는 대상으로서 전공분야가 없다. 누구든지 대학을 졸업하면 언론시험에 응시할 수 있다.

그리고 언론인을 충원하는 시험과목은 일반적으로 국어, 영어, 상식, 논술 등이다. 여기에 언론학이나 커뮤니케이션이론과 같은 전문적인 능력을 테스트할 수 있는 과목이 없다. 의사를 뽑는 시험과목에 의학이 있고, 법조인을 뽑는 시험과목에 법학이 있는데 언론인을 뽑는 시험과목에 언론학이 없다는 사실은 언론의 전문화 차원에서 반드시 문제시되어야 한다.

전문 언론인을 뽑는 시험과목으로서 상식을 포함시킨 것은 이해하기 어렵다. 전문인은 전술한 바와 같이 이론에 토대한 지식과 기술을 활용하는 직업이지 상식을 활용하고 전달하는 직업이 아니기 때문이다. 언론인에게 가장 필요한 전문능력은 말이나 글에 의한 의사소통능력이라 할 수 있다. 따라서 언론인을 뽑는 시험에는 의사소통능력을 테스트할 수 있는 과목이 반드시 포함되는 것이 바람직하다.

'언론은 하나의 직업이 아니고 열정'이라는 말이 있다. 언론은 머리의 게임이라기보다는 가슴의 게임이라 할 수 있다. 머리 좋은 사람이 반드시 좋은 기자가 되는 게 아닌 것 같다. 뜨거운 가슴, 차가운 머리, 민첩한 손발 가운데 언론인에게 가장 요구되는 덕목은 뜨거운 가슴이라고 말할 수 있다.

따라서 언론인을 뽑는 시험과정에는 열정과 뜨거운 가슴을 테스트할 수 있는 과정은 반드시 필요하다고 판단된다. 국어, 영어, 상식, 논술만으로는 그러한 능력을 테스트하기 어렵고, 거기에다 기자의 동기, 적성, 태도 등이 함께 고려되어야 한다.

언론이 전문화를 지향한다면 전문적인 교육을 받은 대학졸업생에게 어떤 형태로든 충원의 혜택이 주어져야 한다. 그리고 언론의 전문성 수준을 향상하기 위해서는 응시자격을 석사과정 졸업생으로 격상하는 방안도 함께 검토되어야 하겠다. 인사배치나 승진의 과정에서도 전문적인 교육의 정도가 함께 고려됨이 바람직스럽다.

5) 심의제도의 활성화

심의에는 자체심의와 제 3자에 의한 심의 2가지 방법이 있다. 우리나라의 언론계는 대부분 나름의 자체 심의기준과 심의기구를 운영하고 있다. 외부심의도 다양한 외부윤리기구들에 의해서 광범위하게 이루어지고 있다.

심의 차원에서 가장 시급한 문제점은 내부심의든 외부심의든 심의에 대한 언론계의 인식이 대단히 낮은 수준에 있다는 사실이다. 언론사조직 내에서 심의실은 가장 천대받는 기구이며, 심의요원은 가장 천대받는 직원에 해당된다. 사내 민주화의 부작용으로 사내 심의기능은 질서를 잃고 방황하고 있다고 판단된다.

따라서 심의 차원의 첫 번째 과제는 흔들리는 심의기구와 심의기능을 제 위치에 정립하는 작업이라 하겠다. 심의제도는 윤리제도와 마찬가지로 언론전문화의 지름길이라 하겠다. 따라서 언론사는 심의기준을 현실에 맞도록 조정하고, 심의절차의 정확성과 객관성과 공정성을 제고하고, 심의기구의 독립성과 자율성을 확립함으로써 심의수준을 향상해야 한다.

심의 차원의 두 번째 과제는 외부심의의 한 형태로서 옴부즈맨 제도(*ombudsmen system*)를 시급히 도입해서 운영하는 작업이라 하겠다. 옴부즈맨 제도는 현재 미국을 포함한 선진국에서 성공적으로 운영되고 있다. 이 제도는 언론사가 공간·인원·재정 등을 제공하고, 그들은 언론사의 내용 등을 독립적으로 심의해서 정기적으로 보고하는 외부 심의기구라 말할 수 있다.

6) 비평문화의 정착

비평은 어느 분야를 막론하고 발전의 원동력이다. 비평은 평가와 면밀히 연관되어 있다. 피터 드러커(Peter Drucker)에 의하면, 인간과 사회는 바라는 대로 발전하는 게 아니라 평가하는 대로 발전하는 것이다.

비평은 어디까지나 비평윤리에 따라서 이루어져야 한다. 따라서 비평은 비난이나 비방과는 엄격하게 구별되어야 한다. 비평은 발전을 위한 긍정적 활동인데 반하여 비난은 발전을 가로막는 부정적 활동이라고 말할 수 있다.

언론의 경우에도 마찬가지이다. 언론비평은 언론발전의 원동력이다. 그런데 우리나라의 언론은 비평에 마음의 문을 닫고 있다. 우리나라의 언론은 비평으로부터 가장 초월적 위치에 있는 사회기관이라고 말할 수 있다.

언론은 사회 환경을 감시하는 기관이기 때문에 비평과 평가는 언론의 필수적 활동의 하나이다. 언론이 사회 환경을 자유롭게 비평하려면 그 자신이 스스로 사회비평을 과감하게 수용해야 한다. 언론은 국민위에 군림하는 권력기관이 아니고 국민을 위해서 봉사하는 기관이기 때문에 국민의 소리에 귀를 기울여야 한다.

이러한 차원에서 언론기관은 언론의 발전을 위해서 언론비평을 과감하게 지원해야 한다. 이 경우, 언론기관이란 언론재단, 방송통신위원회, 언론중재위원회, 신문협회, 방송협회 등을 의미한다. 언론관련 학계는 이론정립을 위한 조사·연구활동과 더불어 언론전문화를 위한 비평활동을 강화해야 한다. 우리 사회에는 방송비평회를 위시해서 다양한 비평단체들이 존재하고 있다.

언론발전을 위해서 언론계는 매체횡단적 비평활동을 정착해나가야 한다. 같은 업종 간에는 비평하지 않는다는 침묵의 카르텔은 조속히 시정되어야 한다. 동종매체 간의 비평뿐만 아니라 이종매체 간의 비평 활동은 언론발전을 위해서 획기적 계기가 되리라 판단된다. 선진국에서는 매체 간의 비평이 대단히 활성화되어 있다고 말할 수 있다.

7) 기존 전문기구의 효율적 활용

우리 사회에는 다양한 전문기구들이 존재한다. 협회 형태로는 신문협회, 방송협회, 출판협회, 잡지협회, 기자협회, 성우협회, 방송

작가협회, 연기자협회 등이 있고, 위원회 형태로는 방송통신위원회, 언론중재위원회, 간행물윤리위원회, 공연윤리위원회, 정보윤리위원회 등이 있다.

이 밖에도 언론연구원, 프로듀서연합회, 관훈클럽, 방송진흥원, 통신개발연구원, 방송작가교육원, 대한언론인회, 한국언론인연합회 등이 다양한 목적을 가지고 존재하고 있다. 이들 기구들은 크게 보면 모두가 다 언론발전을 위해서 존재한다고 말할 수 있다.

그러나 현실은 그렇지 않다. 대부분의 전문기구들은 친목단체의 수준에 머물러 있다고 판단된다. 그들이 수행하는 기능은 언론의 전문화 노력하고는 거리가 멀다고 보겠다.

그러니까 전문기구들이 언론의 전문화 노력을 외면하고 있다는 뜻이다. 신문협회와 방송협회가 대표적인 경우라고 말할 수 있다. 미국과 일본을 포함한 선진국의 협회들은 언론전문화를 위한 교육과 연구분야에서 놀라운 업적을 쌓고 있다.

우리나라의 언론계는 이들 전문기구들을 언론전문화를 위해서 효과적으로 활용해야 한다. 방송통신위원회를 포함한 재정적 능력이 있는 기구들은 이들 기구들이 전문화 노력을 할 수 있도록 지원하는 방안을 강구해야 한다.

8) 대기자 제도와 전문기자 제도의 확대운영

대기자란 기자로 시작해서 기자로 끝나는 평생기자를 의미한다. 그의 주된 임무는 취재, 보도, 해설, 논평이다. 대기자는 가능한 한 언론사의 경영부문이나 사업부문 등을 맡지 않고 오직 기자직에만 충실한 전업기자이다. 그는 기자직이 좋아 기자직에만 헌신할 뿐만 아니라 기자직에 최고의 가치를 부여한 전형적인 기자이다.

〈뉴욕타임스〉(*New York Times*)의 제임스 레스턴(James Reston) 기자, 〈허스트신문사〉(*Hearst Newspaper*)의 헬렌 토머스(Helen Thomas) 기자, 〈CBS〉의 월트 크롱카이트(Walter Cronkite) 앵커 등이 이 범주에 속한다.

제임스 레스턴 기자는 78세로 〈뉴욕타임스〉를 은퇴한 후 열정적으로 미국 국민을 향하여 정기적으로 '연서'(*love letter*)를 집필하다가 얼마 전에 서거했다. 헬렌 토머스 기자는 89세의 현역기자로서 백악관 맨 앞줄에 앉아 50년째 백악관을 취재하고 있는 할머니기자이다. 월트 크롱 카이트 앵커는 75세에 방송을 은퇴한 후 26년 만에 다시 방송계에 복귀한 방송기자이다. 그는 91세의 나이로 은퇴생활TV의 마이크를 잡다가 얼마 전에 작고했다.

전문기자란 의학이나 법학과 같은 전문분야에서 전문적인 교육과 훈련을 받은 전문인으로서 해당분야를 취재, 보도, 해설, 논평하는 기자를 의미한다. 일반적으로 전문기자는 기자직을 효과적으로 수행하기 위해서 전문적인 능력 외에 별도로 저널리즘 관련 교육과 훈련을 일정기간 받게 된다.

우리나라의 언론사에도 대기자 제도와 전문기자 제도가 부분적으로 도입되어서 운영되고 있다. 그러나 이러한 제도들은 극히 일부 유력한 언론사에만 한정되는 현상임을 부인하기 어렵다. 우리 언론의 경우 왜 이러한 제도들이 더 이상 확산되지 못할까. 2가지 차원의 이유가 작용하고 있다고 판단된다.

첫 번째 차원은 언론사가 대기자와 전문기자를 선호하지 않는다는 사실이다. 언론사는 한 사람의 대기자나 전문기자를 활용하기보다는 두세 사람의 신입기자를 활용하는 것이 더 경제적이라고 생각한다.

그리고 언론사는 젊은 기자들이 실제로 나이 많은 기자들보다는 취재보도 활동에 더 많은 능력이 있다고 생각한다. 그러니까 언론사는 가슴이나 두뇌로 취재하는 기자보다는 손발로써 취재하는 현장기자를 더욱 선호하고 있다는 뜻이다.

두 번째 차원은 언론인이 언론사를 쉽게 떠난다는 사실이다. 이러한 현상에 영향을 준 부정적 경향으로서는 언론인의 출세주의, 언론인의 풍조주의, 언론인의 세속주의, 언론인의 물질주의 등이 있다.

언론인의 출세주의란 언론을 징검다리로 삼아 정계나 관계나 기업계로 상향 진출하려는 경향을 의미하고, 언론인의 풍조주의란 언론을 가볍게 생각하는 태도, 유행추구적 태도, 효과추구적 태도, 바람에 흩날리고 조수에 나부끼는 태도 등을 의미한다.

언론인의 세속주의는 언론을 단순한 월급쟁이로 생각하는 태도, 세상적인 것을 너무 숭상하는 태도, 현실에 안주하는 태도 등을 의미하고, 언론인의 물질주의는 언론에 대한 깊은 인식이나 평생직으로서 언론직보다는 물질을 숭상하는 의식을 의미한다.

9) 언론 안식년제의 도입·운영

언론은 전술한 바와 같이 전문직을 지향한다. 이 경우, 전문직이란 기술적인 차원이든 윤리적인 차원이든 높은 수준의 정보관리능력을 요구한다. 따라서 안식년제는 재충전 과정의 일환으로 필수적이라고 판단된다.

그리고 언론은 고도의 정보·지식산업이고, 정신문화산업이고, 의식산업에 해당된다. 언론은 또한 고도의 경쟁산업이고, 노동 강도가 대단히 높은 산업이고, 잠시도 쉴 수 없는 '25시간의 노동'에 해당된다. 따라서 안식년제는 필수적 과정이라 보겠다.

현재 우리나라의 언론사는 회사의 비용으로 언론인을 일정기간 동안 재충전의 과정으로 안식년제를 운영하지 못하고 있다. 일부 언론인들은 학술재단이나 언론관련 재단의 지원을 받아 일정기간 동안 해외연수를 받고 있다. 그러나 이 경우는 엄격하게 말하면 언론인 안식년제라고 말하기 어렵다.

언론사는 언론의 전문화를 위해서 사정이 허락하는 범위 내에서 소규모나마 안식년제를 착수하는 방안을 강구해나가야 한다. 아울러 언론관련 재단은 언론사의 안식년제를 돕는 차원에서 연수계획을 확대하는 방안을 마련해야 한다.

10) 기사실명제의 확대운영

언론인에게 가장 중요한 전문성은 기술적이든 윤리적이든 기사를 관리하는 능력이라 하겠다. 좋은 기자는 좋은 기사를 만들고, 좋은 기사는 좋은 신문을 만든다. 판사는 판결문으로 말하고, 기자는 기사로써 말한다는 말이 있지 않은가.

좋은 기자와 좋은 기사를 만드는 한 방법이 기사실명제이다. 우리나라의 유력한 언론사는 현재 기사실명제를 운영하고 있다. 기사실명제는 기사에 대한 독자의 신뢰를 제고하고 기사에 대한 기자의 사회적 책임감을 증진하는 데에 대단히 유익한 제도라고 말할 수 있다.

따라서 이 제도는 언론의 전문화를 위해서 가능한 한 모든 기사에게 그리고 가능한 한 모든 언론사에게 전면적으로 확대됨이 바람직스럽다.

결론적으로 전문화는 자율규제의 지름길이고, 자율규제는 언론자유를 구현하는 가장 확실한 길이다. 따라서 전문화를 통한 자율규제 능력의 정립은 언론계의 가장 시급하고 중요한 과제라고 판단된다.

한국사회는 언론인에게 보다 전문적인 능력의 행사를 요구하고 있다. 왜냐하면 펜은 칼보다 더 강력한 무기이기 때문이다.

제 14 장

언론자유를 향한 실천적 과제

1. 언론에 대한 본질적 인식의 확산

문제에 대한 해결은 문제에 대한 정확한 인식으로부터 시작되어야 한다. 비슷한 차원에서, 현상에 대한 개선방향 역시 현상에 대한 정확한 인식에 있다고 말할 수 있다.

인간 세상에 존재하는 모든 사물에는 형식과 내용이 있다. 그러니까 형식과 내용 간에 차이는 있어도 우열은 존재하기 어렵다. 형식과 내용은 사물의 성장과 발전을 위해서 상호 협력하고 상호 보완하는 통합적 존재라고 말할 수 있다.

언론현상에도 형식과 내용이 있다. 형식은 나타난 형상인데 반하여 내용은 나타나지 않은 본질이다. 식물에 비유하면 형식은 꽃인데 반하여 내용은 뿌리에 해당된다고 말할 수 있다. 인간은 뿌리보다는 꽃에 더 많은 가치를 부여한다. 왜냐하면 꽃은 나타난 현상인데 반해 뿌리는 나타나지 않은 존재이기 때문이다.

보이는 것은 보이지 않는 것의 형상이고, 보이지 않는 것이 보이는 것의 본질이란 말이 있다. 꽃과 뿌리는 식물의 성장을 위해 필요한 두 개의 핵심기둥이지만 일반적으로 꽃이 뿌리의 상태를 결정하기보다는 뿌리가 꽃의 상태를 결정하는 것이다. 따라서 사물에 대한 본질적 인식은 나타난 현상에 대한 인식보다는 나타나지 않은 본질에 대한 인식이라고 말할 수 있다.

언론의 본질이란 무엇인가. 언론의 철학적 존재 이유는 무엇인가. 언론의 본질이란 인간의 의사소통현상에 있다. 그 연장선에서 언론은 사회의 신경계통이며 말길의 관리자이며, 세상의 빛과 소금이며, 민주화의 견인차이며, 국가운영의 항해사이며, 역사의 기록자이다.

언론이 없이는 언론자유가 존재하지 않는다. 따라서 언론의 본질에 대한 정확한 인식은 언론자유를 향한 가장 중요한 실천적 과제가 된다. 언론에 대한 본질적 인식의 확산이 시급하다 하겠다.

2. 자유사상의 사회적 확산

자유란 인류의 가장 보편적 가치로서 생명과 더불어 창조주로부터 부여받은 양도할 수 없는 천부적 인권에 해당된다. 그러니까 창조주는 인간에게 자유와 생명을 동시에 부여했다는 뜻이다.

자유는 언론자유의 상위개념이며 전체개념에 해당된다. 바꾸어 말하면 언론자유는 자유의 하위개념이며 부분개념으로서 자유의 구체적 표현이라고 말할 수 있다. 따라서 자유가 살아 숨 쉬는 곳에서만 언론자유는 꽃피고 열매를 맺을 수 있는 것이다.

자유는 또한 공기와 같이 유형의 실체가 아니고 무형의 가능성이기 때문에 계속 들추어서 상기시키지 않으면 쉽게 침해되는 속성을 지닌다. 따라서 헤겔은 인류의 역사를 자유의식의 진보과정이라고 규정한다. 인류의 역사는 자유와 권위의 영원한 투쟁사라고 말할 수 있다.

그러면 무엇이 자유를 계속 살아 숨 쉬게 하는가. 자유상태를 결정하는 선행요건들은 무엇인가. 자유상태를 결정하는 대표적인 선행요건으로서 도덕적 완성, 이성에 의한 지배, 신과의 합일, 참나(眞我)의 발견, 무소유, 의지의 힘, 지성의 자발성, 구속의 부재 등이 제시된다.

자유는 또한 책임을 의미한다. 자유를 위한 자유는 현실세계에서 구현되기 어렵다. 자유는 책임을 수반하는 도덕적 권리로 이해되어야 한다. 그러니까 자유 없는 책임은 가능해도 책임 없는 자유는 불가능하다는 뜻이다.

자유에는 선천적 자유와 후천적 자유, 나의 자유와 남의 자유, 내적 자유와 외적 자유, 정신적 자유와 물질적 자유, 적극적 자유와 소극적 자유, 절대적 자유와 상대적 자유 등이 존재한다. 언론자유는 이러한 자유의 본질과 선행요건들로부터 생성된 자유이기 때문에 자유사상에 대한 인식과 사회적 확산은 언론자유를 향한 중요한 과제가 된다.

3. 언론과 정부 간의 발전적 관계 모색

언론과 정부의 관계는 국가가 추구하는 이념이나 국가가 처한 상황 등에 의해서 결정된다. 권위주의와 공산주의는 언론과 정부 간의 협조적 관계를 강조하고, 자유주의는 언론과 정부 간의 대립적 관계를 강조하고, 사회책임주의는 언론과 정부 간의 교환적 관계를 강조한다. 학자들에 따라서는 교환적 관계를 순환적 관계라고도 부른다.

선진 국가들은 언론과 정부 간의 대립적 관계를 선호하고, 후진 국가들은 언론과 정부 간의 협조적 관계를 선호하고, 중진 국가들은 언론과 정부 간의 교환적 관계를 선호하는 경향을 나타낸다.

우리나라는 자유민주주의를 국가 이념으로 삼고 있는 나라로서 국가가 처한 현실적 상황은 중진국 수준에 있다고 말할 수 있다. 거기에다 우리나라는 분단이라는 특수한 상황에 놓여있는 지구상에서 유일한 국가라고 말할 수 있다.

이러한 상태에 놓여있는 우리나라의 경우 언론과 정부 간의 바람직한 관계는 무엇일까. 언론과 정부 간의 어떤 관계가 우리나라의 이념에도 부합하고 우리나라가 처한 현실적인 상황에도 효과적으로 대처할 수 있는 관계일까.

단계적 교환관계를 한번 검토해 볼 수 있다. 단계적 교환관계란 언론과 정부 간의 고착된 교환관계가 아니고 우리나라가 처한 상황이 개선되면 그 변화에 따라서 교환관계가 대립관계로 자연스럽게 이동하는 역동적 교환관계를 의미한다.

단계적 교환관계란 궁극적 이상은 대립관계이나 현실적 요구는 교환관계임을 상정한다. 단계적 교환관계는 세상의 모든 관계가 그러하듯이 언론과 정부의 관계도 우리나라가 처한 상황의 현실적 반영일 수밖에 없다는 사실을 인정한다. 단계적 교환관계는 우리나라가 지향하는 이념에도 부합하고 우리나라가 처한 상황을 개선하는 데도 효과적인 절충적 관계라고 말할 수 있다.

4. 언론자유를 향한 사법부의 역할

언론자유에 영향을 주는 정치체계는 행정부, 입법부, 사법부 등 다양하게 존재한다. 행정부는 행정부의 특성상 언론을 대립적 관계로 규정한다. 따라서 행정부는 언론의 자유를 신장하기 위한 노력보다는 언론을 규제하는 노력에 치중하게 된다.

입법부는 언론자유의 중요성을 어떻게 인식하느냐에 따라서 언론자유의 규제기관이 되기도 하고 언론자유의 신장기관이 되기도 한다. 영국으로부터 독립한 미국의회는 언론자유의 중요성을 절감한 나머지 언론의 절대적 자유를 기본법에 규정했고, 일본으로부터 독립한 한국의회는 언론자유의 중요성을 소홀하게 생각한 나머지 기본법에 언론의 상대적 자유를 규정하게 되었다고 말할 수 있다.

사법부는 정부와 언론 간의 갈등이 발생했을 경우 갈등의 조정자가 된다. 사법부는 어느 사회를 막론하고 그 사회의 양심이며 정의의 보호자라고 말할 수 있다. 그렇기 때문에 언론자유를 향한 사법부의 책임과 역할은 지대하다 하겠다.

그러나 우리나라의 사법부는 민주주의의 후진성, 삼권분립제도의 미정착, 대통령 권한의 절대적 우위성 등으로 인해 충분한 독립성을 향유하지 못하고 있다고 판단된다. 사실상 대통령은 입법·사법·행정에서 절대적 권한을 행사한다. 대통령은 국회의장, 대법원장, 국무총리를 사실상 임명하고 있다.

어려운 여건이고 갈 길은 멀지만 사법부는 언론자유가 살아야 민주주의가 살고, 민주주의가 살아야 나라가 발전한다는 신념을 가지고 더 많은 자유가 시민과 언론에 갈 수 있도록 판결로써 말해야 한다. 사법부가 살아야 사회정의가 살고, 사회정의가 살아야 나라가 발전하기 때문이다.

5. 언론의 공적 기능과 사적 소유 간의 조화

자유주의 언론과 자본주의 언론이 당면한 가장 어려운 과제는 언론의 공적 기능과 사적 소유를 어떻게 조화하느냐에 있다. 공적 기능은 공공성을 의미하고, 사적 소유는 기업성을 의미한다.

언론조직 속에는 공공성 구조와 기업성 구조가 혼재하면서 경우에 따라서는 구조 간의 갈등을 야기하고, 또 다른 경우에는 구조 간의 조화를 이룩하기도 한다. 공익성 구조를 편집구조라 말해도 좋고, 기업성 구조는 경영구조라 말해도 좋다. 이러한 구조 간의 갈등과 조화를 언론의 이원구조라고 부른다.

언론의 공적 기능과 사적 소유 간의 조화로운 관계구축은 곧 언론조직의 성장과 발전을 의미한다. 그러면 양 구조 간의 조화로운 관계란 무엇이며 그러한 관계는 어떻게 구현하는가. 양 구조 간의 관계가 어떤 상태에 있을 때 언론발전과 사회발전에 기여하는가.

우선, 언론의 공적 기능과 사적 소유는 언론조직을 지탱하는 두 개의 핵심기둥이라는 사실을 먼저 인정해야 한다. 언론의 공적 기능은 인체의 경우 정신에 비유되고, 언론의 사적 소유는 인체의 경우 육체에 비유될 수 있다.

다르게 표현하면, 언론의 공적 기능은 언론조직의 상부구조이고, 언론의 사적 소유는 언론조직의 하부구조에 해당된다. 상부구조는 이념이나 사상구조를 의미하고, 하부구조는 물질이나 경제구조를 의미한다. 양 구조는 언론조직의 발전을 위해서 필요한 존재로서 기본적으로 상호보완적 관계에 있다고 말할 수 있다.

공익성 구조와 기업성 구조 간의 관계 설정은 조직의 구성원들이 어떤 언론을 지향하느냐에 따라 영향을 받는다. 조직의 구성원들이 공중에게 영향을 주는 권위 있는 유력지를 지향하면 자연스럽게 공익성 구조를 보다 강조하게 되고, 조직의 구성원들이 대중에게 영합하는 가볍고 흥미로운 대중지를 지향하면 기업성 구조를 자연스럽게 보다 강조하게 된다.

양 구조 간의 관계 설정은 언론의 주체인 수용자 집단이 언론에 대하여 어떤 기대와 요구를 가지고 있는가에 따라 또한 영향을 받는다. 수용자 집단이 언론에 정보와 교육의 기능을 기대하고 요구하면 자연스럽게 공익성 구조가 보다 강조되고, 반대로 수용자 집단이 언론에 흥미와 오락의 기능을 기대하고 요구하면 기업성 구조가 보다 강조되는 것이다.

공익성 구조는 언론조직의 이상이고 기업성 구조는 언론 조직의 현실이라고 말할 수 있다. 조직의 이상과 현실 간의 관계를 어떻게 설정할 것인가는 전적으로 조직 구성원에게 달렸다.

모든 결정에는 근거가 있게 된다. 언론의 공적 기능과 사적 소유 간의 조화로운 관계를 설정할 때 가장 중요시되어야 할 핵심 근거는 ① 언론의 언론됨의 본질, ② 언론이 사회 속에서 차지하는 위상, ③ 수용자들이 언론에 거는 기대와 요구, ④ 언론이 사회 속에서 수행하는 기능과 역할 등이라 하겠다.

6. 언론자유를 향한 수용자 주권의식의 함양

수용자는 언론의 객체가 아니라 언론의 주체이다. 언론의 명성과 권력은 언론사에 내재된 것이 아니고 국민의 명성과 권력으로부터 연유되는 것이다. 언론자유 역시 기본적으로 국민에 속해있는 것이지 언론사에 속해있는 것이 아니다. 그러므로 국민은 이를 단속할 권리를 가지는 것이다.

인류의 역사는 언론자유와 언론통제 간의 영원한 투쟁사라고 말할 수 있다. 언론자유는 마치 공기와 같이 유형의 실체가 아니고 무형의 가능성이기 때문에 쉽게 침해되는 속성을 지닌다. 따라서 언론자유의 중요성은 계속 들추어 상기시킬 필요성이 제기된다.

무엇보다도 수용자 주권의식의 함양이 시급한 과제로 부각된다. 언론자유는 모든 자유를 자유롭게 하는 '제1의 자유'이기 때문에 그것을 지키기 위한 수용자 집단의 의식화, 조직화, 동원화 노력이 절실히 요구된다.

언론자유의 수준은 수용자 수준과 비례한다. 언론자유는 언론사가 지키기보다는 언론의 주체인 수용자가 지키는 것이 더욱 바람직스럽다. 독일의 세계적인 문호인 괴테(Johann Wolfgang von Goethe)는 이러한 맥락에서 "실제적으로 구현되기 위한 자유는 계속적으로 재정복되어야 한다"라고 주장한다.

7. 언론의 전문화 노력

자유(自由)는 문자 그대로 자신(自)으로부터 연유(由)되는 것이다. 자유는 기본적으로 외부세력에 의해서 주어지는 것도 아니고 외부세력에 의해서 보장되는 것도 아니다. 언론자유의 경우도 마찬가지이다.

언론자유란 언론이 향유하는 자유를 의미한다. 그러면 무엇이 언론으로 하여금 자유롭게 하는가. 언론의 경우, 자유의 선행요건은 무엇인가. 언론의 자율규제가 언론자유의 선행요건이다. 자율규제는 언론의 자유영역을 확장하는 첩경이라 하겠다.

자율규제란 언론인이 자신의 도덕률이나 윤리규범으로 자신의 사고와 행동을 규제하는 상태를 의미한다. 자율구제는 정치·경제·사회·문화적 외적 통제를 막는 유일한 길이다. 세상의 모든 질서가 그러하듯이, 적은 항상 안에 있고, 문제는 항상 자신으로부터 시작하는 것이다.

그러면 자율규제의 선행요건은 무엇인가. 언론학에서는 전문화로 접근한다. 전문화는 언론의 자율규제 능력을 제고하는 길이고, 언론의 자유영역을 확장하는 길이며, 언론의 공공성과 공익성을 고취하는 길이며, 언론의 대국민 공신력을 높이는 길이고, 언론인의 평생직업의식을 정착시키는 길이라고 하겠다.

언론의 자율규제 능력을 제고하기 위해서는 ① 교육과 훈련과정을 강화해야 하고, ② 윤리규제를 제도화해야 하고, ③ 충원과정을 전문화해야 하고, ④ 조사·연구기능을 활성화해야 하고, ⑤ 심의기능을 확대해야 하고, ⑥ 비평 활동을 강화해야 하고, ⑦ 전문기구들을 효율적으로 활용해야 하고, ⑧ 대기자제도와 전문기자제도를 확대 운영해야 하고, ⑨ 언론안식년제를 도입·운영해야 하고, ⑩ 기사실명제를 전면적으로 확대해야 한다.

대개 언론에 대한 외부세력의 간섭이나 규제는 언론이 자율규제를 통해 자신을 철저하게 구속하지 않을 때, 바꾸어 말하면 언론의 비도덕성, 언론의 비윤리성, 언론의 무책임성, 언론의 비전문성이 난무할 때 개입하는 것이다.

독일의 철학자 칸트(Immanuel Kant)는 "자기가 세운 법칙에 자기가 자진해서 따름으로서 얻는 자유가 진정한 자유"라고 설파한다.

국내저서

김동률(2005), 《신문경영론》, 서울: 나남.
김동철(1987), 《자유언론 법제연구》, 서울: 나남.
김옥조(2009), 《미디어법》 개정판, 서울: 커뮤니케이션북스.
김우룡(2000), 《미디어윤리》, 서울: 나남.
김유정(1997), 《디지털시대의 법제이론》, 서울: 나남.
박용상(1988), 《언론의 자유와 공적과업》, 서울: 교보문고.
박용상(1988), 《방송법제론》, 서울: 교보문고.
박용상(1997), 《언론과 개인법익》, 서울: 조선일보사.
방석호(1995), 《미디어법학》, 서울: 법문사.
서정우(1993), 《언론통제이론》 개정판, 서울: 법문사.
______ 외(2001), 《신문학이론》 전정신판, 서울: 박영사.
성낙인(1998), 《언론정보법》, 서울: 나남.
엄기형(1982), 《신문윤리론》, 서울: 일지사.
유일상(2007), 《언론법제론》 전정판, 서울: 박영사.
이강수(1991), 《현대커뮤니케이션의 제문제》, 서울: 범우사.
이재진(2006), 《언론자유와 인격권》, 서울: 한나래.
임병국(1999), 《언론법제와 보도》, 서울: 나남.
진고훈·김광명 역(1987), 《자유의 철학》, 서울: 경문사.
팽원순(1984), 《매스커뮤니케이션 법제이론》, 서울: 법문사.
______(1989), 《언론법제이론》, 서울: 나남.

표성수(1997), 《언론과 명예훼손》, 서울: 육법사.
한국언론연구원(1995), 《세계언론법》, 서울: 한국언론연구원.
______(1998), 《세계언론판례총람》, 서울: 한국언론연구원.
한병구(1996), 《언론과 법제윤리》, 서울: 서울대출판부.
황문수 역(1989), 《자유란 무엇인가》, 서울: 문예출판사.

국내논문

김경근(1980), "내적언론자유 실현방안", 〈사회과학논집〉, 제 8집, 고려대.
김영주(1984), "한국언론사상 원류고", 〈경남대학교 논문집〉, 제 11집, 경남대.
서정우(1978), "자유언론과 공정재판의 갈등에 관한 연구", 〈성곡논집〉, 제 9집, 성곡재단.
______(1981), "언론자율규제의 비교연구", 〈연세행정논총〉, 제 8집, 연세대.
______(1982), "미디어 독점이 미디어 내용에 미치는 영향에 관한 연구", 〈연세행정논총〉, 제 9집, 연세대.
______(1985), "새로운 언론 패러다임의 탐색과 한국언론의 과제", 〈사회과학논집〉, 제 16집, 연세대.
______ 외(1991), "인도전통과 간디의 언론사상", 〈언론사회문화〉, 창간호, 연세대.
안병찬(1977), "외신의 *Gatekeeping* 과정에 작용하는 요인분석", 《한국커뮤니케이션 연구》, 서울: 민중서관.
이상희(1981), "율곡의 커뮤니케이션 사상", 〈신문연구소 학보〉, 제 17호, 서울대.
정현준(1967), "언론과 실정법", 《언론과 법률》, 서울: 한국신문편집인협회.
추광영(1981), "국가적 특성과 언론통제의 상관 분석적 연구", 〈신문학보〉, 제 14호, 한국언론학회.
홍성한(1978), "국민의 알권리에 관한 연구", 〈사회과학논집〉, 제 9집, 단국대.

외국저서

Adler, Mortimer(1958), *The Idea of Freedom*, New York: Doubleday & Co., Inc.

Chaffee Jr., Zechariah (1947), *Government and Mass Communication*, Vol. 1, Chicago: University of Chicago Press.

Commission on Freedom of the Press (1947), *A Free and Responsible Press*, Chicago: University of Chicago Press.

Cross, Harold (1953), *The People's Right to Know*, New York: Columbia University Press.

Emerson, Thomas I. (1966), *Toward A General Theory of the First Amendment*, New York: Random House.

______ (1970), *The System of Freedom of Expression*, New York: Random House.

Gillmor, Donald M. (1966), *Free Press and Fair Trial*, Washington, D. C.: Public Affairs Press.

______ (1969), *Mass Communication Law*, St. Paul, Minn.: West Publishing Co.

Hall, Richard (1972), *Organizations: Structure and Process*, Englewood Cliffs, N. J.: Prentice-Hall.

Merrill, John C. & Ralph L. Lowenstein (1971), *Media, Massage and Men: New Perspectives in Communication*, New York: David Mckay Co., Inc.

Mill, John Stuart (1954), *On Liberty, Representative Government, the Subjection of Women (Three Essays)*, London: Oxford University Press.

Milton, John (1949), *Areopagitika* (A Speech for the Liberty of Unlicensed Printing to the Parliament of England), Chicago: Henry Regnery Co.

Nelson, Harold L. et al. (1973), *Law of Man Communication, Freedom and Control of Print and Broadcasting Media*, New York: Foundation Press.

Reston, James (1967), *The Artillery of the Press: Its Influence on American Foreign Policy*, New York: Harper & Row.

Rourke, Francis E. (1961), *Secrecy and Publicity, Dilemmas of Democracy,*

Baltimore: Johns Hopkins Press.
Rucker, Bryce W. (1968), *The First Freedom*, Carbondale, Ⅲ.: Southern Illinois University Press.
Siebert, Fred et al. (1956), *Four Theories of the Press*, Urbana, Ⅲ.: University of Illinois Press.
Villmer, Howard M. et al. eds. (1966), *Professionalism*, Englewood Cliffs, N. J.: Prentice-Hall.
Wiggins, James R. (1964), *Freedom or Secrecy*, New york: Oxford University Press.
Williams, Raymond (1962), *Britains in the Sixties: Communication*, Baltimore: Penguin Books.

외국논문

Breed, Warren (1955), "Social Control of the Newsroom: A Functional Analysis", *Social Forces*, May, Vol. 33.
Lowenstein, Ralph (1966), "PICA: Measuring World Press Freedom", *Freedom of Information Center Publication*, August, No. 166.
______(1970), "Press Freedom As a Political Indicator", In John C. Merrill ed., *International Communication*, New York: Hasting House.
MacCallum, G. C. (1967), "Negative and Positive Freedom", *Philosophical Review*, July, Vol. 76.
Nixon, Raymond B. (1960), "Factors Related to Freedom in National Press System", *Journalism Quarterly*, Winter, Vol. 37, No. 1.
______(1965), "Freedom in the World's Press: A Fresh Appraisal With New Data", *Journalism Quarterly*, Winter, Vol. 42, No. 1.
Prosser, William L. (1960), "Privacy", *California Law Review*, Vol. 48.
Siebert, Fred S. (1966), "Communication and Government", in Wilbur Schramm ed., *Mass Communication*, Urbana, Ⅲ.: University of Illinois Press.

찾아보기

ㄱ

ㄴ

ㄷ

ㄹ

ㅁ

ㅇ

ㅊ

ㅋ

ㅌ

기 타

인 명

· 저자약력 ·

서 정 우(徐正宇)

1952. 2~1957. 3 마산 중·고등학교 졸업
1959. 2~1963. 3 연세대학교 문과대학 영문학과 졸업(영문학사)
1965. 9~1967. 4 미네소타대학 언론대학원 졸업(언론학 석사)
1967. 4~1970. 12 미네소타대학 언론대학원 졸업(언론학 박사)
1984. 9~1985. 9 스탠퍼드대학(미국) 객원교수
1995. 7~1995. 11 미주리대학(미국) 객원교수

1963~1964 〈한국일보〉, 〈코리아타임스〉 기자 및 주미통신원
1971~1972 미국 〈팬아시아타임스〉 편집장
1973~1977 연세대학교 정법대학 신문방송학과 조교수
1975~1976 〈연세춘추〉 주간
1977~1980 연세대학교 정법대학 신문방송학과 부교수
1980~2002 연세대학교 사회과학대학 신문방송학과 정교수
1981~1984 연세대학교 사회과학연구소 소장
1983~1984 한국신문학회(현 한국언론학회) 회장
1984~1985 스탠퍼드대학교 객원교수
1987~2002 언론중재위원회 위원 및 부위원장
1988~1995 공익광고협의회 위원장
1988~1990 방송위원회 부위원장
1989~1990 연세대학교 교수평의회 부의장
1989~1990 기독교방송(CBS) 자문위원회 자문위원장
1989~1995 한국ABC협회 회장
1992~1994 한국방송비평회 회장
1992~1994 연세대학교 언론홍보대학원 초대 원장
1992~현재 서암학술장학재단 이사
1993~1996 한국잡지협회 우수잡지 선정위원회 위원장
1995~1997 종합유선방송위원회 위원

1996～1997 한국PR협회 회장
1996～2002 연세대학교 언론연구소 소장
1996～2002 연세대학교 언론홍보대학원 원장
2000～2002 연세대학교 영상대학원 원장
2001～현재 한국언론인연합회 회장
2002～현재 연세대학교 언론홍보대학원 명예교수

주요 저서

《신문학이론》, 박영사, 1974(공저).
《비교신문학》, 법문사, 1975(공저).
《언론통제론》, 법문사, 1978(공저).
《국제커뮤니케이션론》, 나남, 1987.
《국제커뮤니케이션과 한국사회》, 나남, 1997(공저).
《언론현상의 이해》, 나남, 1998.
《현대신문학》, 나남, 2002(편).
《한국언론100년사》(1～3권), (사)한국언론인연합회, 2006(편).